UNIVERSITY OF NORTH CAROLINA AT CHAPEL HILL

DEPARTMENT OF ROMANCE LANGUAGES

NORTH CAROLINA STUDIES
IN THE ROMANCE LANGUAGES AND LITERATURES

ESSAYS; TEXTS, TEXTUAL STUDIES AND TRANSLATIONS; SYMPOSIA

Founder: URBAN TIGNER HOLMES

NORTH CAROLINA STUDIES IN THE
ROMANCE LANGUAGES AND LITERATURES
Number 143

THE LYRIC POEMS OF JEHAN FROISSART:
A CRITICAL EDITION

THE LYRIC POEMS
OF
JEHAN FROISSART:
A CRITICAL EDITION

BY

ROB ROY McGREGOR, Jr.

CHAPEL HILL

NORTH CAROLINA STUDIES IN THE ROMANCE
LANGUAGES AND LITERATURES
U.N.C. DEPARTMENT OF ROMANCE LANGUAGES
1975

Library of Congress Cataloging in Publication Data

Froissart, Jean, 1338?-1410?
   The lyric poems of Jehan Froissart.

   (North Carolina Studies in the Romance Languages and Literatures; no. 143)

   Bibliography: p. 374.
   Includes index.
   1. McGregor, Rob Roy, 1929-   ed. II. Title. III. Series.

PQ1461.F8L9 1975   841'.1   74-26591

ISBN: 978-0-8078-9143-8

DEPÓSITO LEGAL: V. 3.291 - 1975
ARTES GRÁFICAS SOLER, S. A. - JÁVEA, 28 - VALENCIA (8) - 1975

PREFACE

The only complete edition of Jehan Froissart's known poetry, that of Auguste Scheler, appeared nearly one hundred years ago. Since it was based on the inferior of the two extant manuscripts and since it is not generally available, there is a recognized need for a new one, especially one based on the better manuscript. This edition of Froissart's lyric poetry has been undertaken to remedy partially this deficiency.

I am indebted to M. Jean Lafaurie, "conservateur" of the Cabinet des Médailles, Bibliothèque Nationale, for correspondence concerning a specialized problem in Pastourelle III. Special gratitude is due Professor Robert White Linker of the Department of Romance Languages, University of Georgia, for providing from his personal library the microfilm of the two manuscripts.

The publication of this work is made possible in large part by a grant from the Faculty Research Committee of Clemson University.

TABLE OF CONTENTS

	Page
PREFACE	7
INTRODUCTION	
I. Biographical Data	11
II. The Manuscripts	17
III. Choice of Manuscript	20
IV. Language	21
V. Analysis and Versification	32
VI. Plan of the Present Edition	60
TEXT OF POEMS	
Lay amoureus	65
Pastourielles	151
Canchons royauls amoureuses	194
Balades amoureuses	205
Virelais amoureus	237
Rondelés amoureus	250
APPENDIX	291
NOTES AND VARIANTS	311
GLOSSARY	325
INDEX OF NAMES	360
BIBLIOGRAPHY	373

INTRODUCTION

I. Biographical Data

With the exception of Froissart's obituary, the only sources of biographical data are his *Chroniques* and several of his long poems, from which we can, as G. G. Coulton says, construct "an autobiography which forms one of our most precious documents for literary life in the Middle Ages." [1] Because of these restricted sources, all tratments of his life and works are virtually "standard."

Froissart himself leads us astray concerning the date of his birth. In the *Joli Buisson de Jonece,* he says, "La trentième nuit de novembre 1373, j'avais trente-cinq ans, peu plus, peu moins." This would put the year at 1338. But in the *Chroniques* (Bk. III), we read: "Sachez que l'an de grâce 1390 j'avais cinquante-sept ans." This would put the year at 1333.

In the fourth book of the *Chroniques,* he relates an incident which he heard "en l'an de grâce 1361, étant à Berkhampstead près de Londres, et pour lors j'étais espoir en l'âge de vingt-quatre ans." This would put the year at 1337, the date which is generally given by his biographers.

Mary Darmesteter points out that the chronicler's visit to Berkhampstead was at the time of the Christmas festival on the occasion of the departure of the Prince and Princess of Wales for Bordeaux. The king and queen and the entire court had come from London to bid them farewell. It is known, she adds, that

---

[1] G. G. Coulton, *The Chronicler of European History* (London, 1930), p. 21.

the Prince and Princess of Wales left England shortly after Christmas 1363. Therefore, Froissart must have been 24 years old in December 1362, and Miss Darmesteter is satisfied that "cette légère correction suffit pour mettre d'accord la première et la dernière des trois dates données." [2] Thus, with two out of three references favoring 1338, she concludes that it was in this year that Froissart was born in Valenciennes.

Kervyn de Lettenhove, on the other hand, in possession of the same information, earlier rejected this date in favor of 1333 on the basis of the word *espoir* ("perhaps") in the third quotation above, which indicates that Froissart "ne reproduisait qu'un souvenir dont la date était devenue douteuse dans son esprit." [3]

Froissart spent his first years in Valenciennes, where he was educated. His literary talents early brought him to the attention of Jean de Beaumont, the brother of the Count of Hainaut. In all probability, it was Jean de Beaumont who recommended him to Philippa de Hainaut, his niece and queen of England. Before going to England in 1361, Froissart also enjoyed the literary protection of Robert de Namur, lord of Beaufort, who engaged him to chronicle the wars of his time.

Arriving in England, he presented to the queen a book, now lost, the content of which is unknown, though it is likely that the material was in the form of poetry and dealt with the battle of Poitiers and perhaps also the battle of Crécy. Philippa was a compatriot, for she too had been born in Valenciennes, the daughter of Count Guillaume de Hainaut and Jeanne de Valois, the sister of Philippe VI, king of France. Following a brief stay in England, he journeyed back to Hainaut but returned in the same year (1361), as he had promised, to the English court, to which he was thenceforth attached as secretary to the queen, for whom he wrote gallant ditties and love poems. In 1363, Froissart, sponsored by the queen, took a three-month trip to Scotland to see King David Bruce and some of the leading princes. Back in England and in the company of Edward Despenser, he

---

[2] Mary Darmesteter, *Froissart* (Paris, 1894), p. 6. The preceding hree modernized citations from Froissart are quoted from this work.

[3] Jean Froissart, *Œuvres de Froissart*, ed. Baron Kervyn de Lettenhove, réimpression de l'edition 1867-77 (Osnabrück, 1967), I, p. 16.

visited the eastern part of the kingdom and was probably present when Jean le Bon returned to England to surrender. He wrote Pastourelle II for this latter occasion.

During the opening months of 1366, Froissart was in Brussels at the château de Caudenberg, the home of Wenceslas of Luxembourg, Duke of Brabant. Wenceslas, a poet of sorts and a friend of Froissart, wanted to collaborate with him in the long novel *Méliador*. At the end of April, Froissart was at Melun-sur-Seine, whence he probably passed through Brittany in search of data for his history. On November 1, he reached Bordeaux, where the Prince of Wales, also called the Black Prince, ruled as Duke of Aquitaine. Froissart was there at the birth of the Black Prince's son, the future Richard II of England. He accompanied the Black Prince to Dax in 1367 and expected to go with him on the imminent Spanish campaign, but the Prince sent him to England to be with his mother, the queen.

In June of the following year, Froissart was again in France, a member of the royal train which was en route to Milan for the marriage of Lionel, Duke of Clarence, second [4] son of Edward III, with Yolande (Violante), the daughter of Gian Galeazzo Visconti. He alludes only briefly to the festive celebrations and, in the words of Shears, "says nothing of his meeting with the great Italian Petrarch who was amongst the guests of honour on this occasion." [5]

The celebrated English poet Geoffrey Chaucer was once thought to have been a member of the wedding train, but, Shears points out,

> a recent discovery shows that he received a warrant for crossing the channel on the 27th July of the same year, and although he may then have been proceeding to Milan, he certainly was not present during the marriage celebrations. [6]

Following the wedding, Froissart visited Bologna, Ferrara, and Rome. Then he returned to his native Hainaut through Germany,

---

[4] According to a chart in Coulton, p. 6, he is the second son, but according to the *Grand Larousse Encyclopédique* he is the third son.

[5] F. S. Shears, *Froissart, Chronicler and Poet* (London, 1930), p. 28.

[6] *Ibid.*

then to Brabant, where, in Brussels in 1369, he learned of the death of Philippa de Hainaut (August 15, 1369), which he lamented in Lay VII.

Toward the end of 1369, Froissart was in Beaumont, where Guy de Blois, a protector of his, bestowed largesse and hospitality upon him. It was about this time, probably in 1370, that Froissart entered orders and became curé of Lestines, a small town of Hainaut, not far from Mons and about four miles southwest of Binche. The frequency and extent of his travels diminished, and his relationship with Wenceslas became closer. He visited the latter often in Brussels or in one of his castles. And when Wenceslas fell into the hands of his enemy, the Duke of Julliers, at the Battle of Bastweiler (August 22, 1371), from which captivity he was released over a year later, Froissart celebrated his return in a pastourelle (VI). It was during this period that he wrote several of his allegorical poems and drafted a portion of his history.

In 1381 he became Wenceslas' secretary and undertook the composition of *Méliador*, a long novel belonging to the Arthurian cycle. Froissart incorporated into it some of his patron's verse, but Wenceslas, dying in 1383, did not live to read the piece, finished in 1384.

Following the death of Wenceslas, Froissart came under the protection of Guy de Blois. Shortly thereafter, he abandoned his rectorate and became the chaplain of Guy de Blois, who arranged for a canonry for him at Chimay.

Not being obliged to be in residence at Chimay, the poet-chronicler was free to resume his travels. Therefore, in 1385 he visited Touraine and, in 1386, the seaport at Ecluse. Also in 1386 he went to Orléanais and Berry in the company of Guy de Blois, where, at Bourges, he was present at the wedding of Marie de Berry and Louis de Châtillon, Count of Dunois and only son of Guy de Châtillon, Count of Blois. It was memorialized by Froissart in Pastourelle XIV.

With letters of recommendation for Gaston Phébus, Count of Foix, he left Blois in 1388 with four fine greyhounds for his prospective host, who "was passionately fond of dogs, and had upwards of sixteen hundred always with him...."⁷ This visit is the subject of Pastourelle VIII.

In 1389, upon leaving Orthez, the site of Gaston de Foix' court, Froissart went to Avignon in company of Jeanne de Boulogne, Gaston's twelve-yeard-old ward, who was on her way to Riom to marry the sixty-year-old Duke of Berry. At Avignon, he was given the expectation of the canonry of Lille, to which he was never elected. It was here also that he lost the purse of eighty florins given him by Gaston de Foix. The loss occasioned the composition of the *Dit dou Florin*.

From this papal seat, he traveled to Riom, in Auvergne, to be present at the above-mentioned wedding, which figured in the writing of Pastourelle XV. Then, he went to Paris, where he found Enguerrand de Coucy, the last member of an illustrious family, whom he accompanied to Crèvecœur, Enguerrand's chateau near Cambrai, for a three-day visit, following which he went to Valenciennes. He then traveled to Holland to join Guy de Blois, who was anxious to hear about his travels.

In August of 1389, Froissart returned to Paris to gather information pertaining to the treaty between the French and English which was being discussed at Lolinghen. He also wanted to witness the state entry into Paris of Isabeau de Bavière, queen of France, another subject celebrated in a pastourelle (XVI).

From this period to 1392, Froissart's activities and whereabouts are not precisely known. But in 1392 he was in Paris at the time the *connétable* Olivier de Clisson was the near victim of an ambush, and then in 1393 he turned up in Abbeville at the conclusion of the treaty of Lolinghen.

Subsequently, he hastened to Bruges in order to see some Portuguese knights to obtain further information to complete his section on the wars between Spain and Portugal. Once there, he learned that another Portuguese knight, Don Juan Fernand Pacheco, was at Middelburg, Zeeland, whither he hastened to meet him and hear many stories and anecdotes which he incorporated into his *Chroniques*.

---

⁷ La Curne de Ste. Palaye, *Memoirs of the Life of Froissart*, translated by Thomas Johnes (London, 1801), p. 31.

It was also about this time that Froissart completed and prepared a collection of his poetry, which he intended to present to the king of England.

Taking advantage of the truce between England and France, Froissart, with letters of recommendation, journeyed to the court of Richard II, whose birth he had witnessed in Bordeaux at the court of the Black Prince. He was received very cordially. About a week later, Froissart offered to the king the volume of his poetry, which was "enluminé, escript et historié, et couvert de vermeil velours à dix clous d'argent dorés d'or et roses d'or au milieu, et à deux grands fermaulx dorés et richement ouvrés au milieu de roses d'or." [8] When he took leave of the king at Windsor in mid-October 1395, the king arranged to have him given a gilded silver goblet weighing more than two marks and containing more than a hundred pieces of gold, "dont je valus mieulx," said Froissart, "tout mon vivant." [9]

After his return from England, he resumed residence at Chimay, where he appears to have spent his last years writing the last book of his *Chroniques*. Among the last things he recorded were the dethronement of Richard II by his cousin Henry of Lancaster and his death in prison in 1400.

The death of Richard concludes the *Chroniques* and serves as a *terminus a quo* for the death of the chronicler. Shears and Coulton place it after 1404, Leleu around 1410, and Kervyn de Lettenhove in 1419. Although the year of his death is not certain, the month is: October, which is mentioned in the obituary of the collegiate church of Saint Monegunda, in Chimay.

It is very probable that Froissart died in Chimay, where, there is little doubt, he was buried inside Saint Anne's Chapel in the church of that city.

---

[8] Froissart's own description, quoted from Kervyn de Lettenhove, *Œuvres de Froissart*, I, p. 381.
[9] *Ibid.*, p. 387.

II. THE MANUSCRIPTS

Froissart's poetry has been preserved exclusively in only two manuscripts in the Bibliothèque Nationale de Paris,[10] numbers 830 and 831 *du fond français*, formerly 7214 and 7215, respectively.

The base manuscript, B. N. MS fr. 831, designated as A in this edition, is a folio volume of 201 vellum leaves, not including the endpapers. The leaves measure 10.8 by 14.6 inches and have in the upper right corner a number in ink from 1 to 202. The first endpaper is unnumbered, but the last one is numbered 202. Beginning with folio 2, above these numbers is a number in pencil, from 2 to 396 (folio 200).

The text, in Gothic script and very legible, is arranged in two columns [11] of thirty-two lines. The first letter of each line is slightly set apart and highlighted with yellow. The titles and *explicit* are in red. On the reverse side of folio 200, the bottom half of column *c* and all of *d*, as well as both sides of folio 201, are blank.

At the beginning of each work, there is a large initial letter in blue or pink on gold, from which extend vines of ivy which frame the page. The initial capitals for subdivisions are in gold on blue and mauve.

Introducing the manuscript, on the back of folio 1, is a miniature which fills about one-third of the first column. In it, against a black backdrop bearing a pattern of golden lozenges, a man is seated in a high back Gothic chair on a dais placed on grass strewn with red flowers. He is dressed in a mauve robe and blue cape and wears a gray hat. He holds an open book in his extended left hand and looks at three people on the right, a man

---

[10] In the preparation of this edition of Froissart's lyric poetry, a xerox reprint from a microfilm of both manuscripts, owned by Professor Robert White Linker of the University of Georgia, was used. Therefore, for certain features of the manuscripts, the editor has relied upon the description given by Anthime Fourrier in his edition of Froissart's *L'Espinette Amoureuse* (Paris, 1963), which originally formed part of his doctoral dissertation (Sorbonne, Paris, 1958).

[11] According to custom, the columns of each folio, front and back, are designated by *a, b, c,* and *d*.

and two women. The man is wearing a gray hat, blue cape, tight breeches with one red and one gray leg, and shoes with pointed toes. The first woman is wearing a yellow dress and the second, a mauve one. A small white dog is lying at the foot of the dais.

The contents of the manuscript are as follows:

1. *Le Paradis amoureus*
2. *Le Temple d'Honneur*
3. *Le Joli Mois de May*
4. *Le Dit de la Margheritte*
5. *Lais amoureus et de Nostre Dame*
6. *Pastourelles*
7. *La Prison amoureuse*
8. *Chançons royauls amoureuses et serventois de Nostre Dame*
9. *L'Espinette amoureuse*
10. *Ballades*
11. *Virelais*
12. *Rondeaux*
13. *Le Joli Buisson de Jonece*
14. *La Plaidoirie de la Rose et de la Violette.*

This manuscript was finished May 12, 1394, and contains poems written by Froissart as early as 1362. It was in England at the beginning of the fifteenth century and, according to a statement on the front of the first endpaper, it was in the possession of the Count of Warwick: "Se livre est a Richart le gentil fauls conte de Waryewyck." This was Richard de Beauchamp, who was Count of Warwick from 1401 until his death in 1439.

In the following century, the manuscript, supposed by Kervyn de Lettenhove to have come to France at the time of the marriage of Marie d'Angleterre and Louis XII (1514),[12] was located in the Bibliothèque du Roi (François I) at Fontainebleau, where Estienne Pasquier, in his *Recherches de la France*, mentions having seen it.[13]

Is this the manuscript offered to Richard II by Froissart? Kervyn de Lettenhove doubts it but conjectures that B. N. MS

---

[12] Kervyn de Lettenhove, I, pp. 390-391.
[13] Fourrier, p. 9.

fr. 831 is a copy of it prepared under the supervision of Froissart and presented during the same period to the Count of Warwick.[14]

B. N. MS fr. 830, referred to in this edition as B, is a folio volume containing 220 vellum leaves measuring 11 by 15 inches and numbered in ink in the upper right corner from 1 to 220, not including the front endpaper. A pagination in pencil has been added beginning with 3 (folio 3) and ending with 433 (folio 219). The last leaf is lined but blank.

The text, also in Gothic script and very legible, is arranged in two columns of thirty-two lines each. Like A, the initial letter of each line is set apart and highlighted with yellow; the titles and *explicit* are in red; each work begins with a large initial letter in blue or pink on gold, from which issue ivy vines which frame the page; and the initial capitals for subdivisions are in gold on blue and mauve. This manuscript, however, does not have a miniature.

The contents of the manuscript are as follows:

1. *Le Paradys d'Amours*
2. *Le Temple d'Onnour*
3. *Le Joli Mois de May*
4. *L'Orloge amoureus*
5. *Le Dittié de la Flour de la Margherite*
6. *Le Dit dou Bleu Chevalier*
7. *Le Debat dou Cheval et dou Levrier*
8. *L'Espinette amoureuse*
9. *La Prison amoureuse*
10. *Lais amoureus*
11. *Pastourelles*
12. *Chançons royaus amoureuses et serventoys de Nostre Dame*
13. *Ballades*
14. *Virelais*
15. *Rondeaux*
16. *Le Joli Buisson de Jonece*
17. *Le Dit dou Florin*
18. *La Plaidoirie de la Roze et de la Violette.*

The history of this manuscript and when it was placed in the Bibliothèque du Roi are unknown. According to Fourrier, "il se

---

[14] Kervyn de Lettenhove, *loc. cit.*

trouve mentionné pour la première fois dans le Catalogue dressé en 1622 par Nicolas Rigault...." [15]

Because of the similarities of these two manuscripts, Scheler says,

> L'écriture et l'ornementation sont dans les deux volumes assez uniformes pour pouvoir être considerées comme l'œuvre d'une même officine de calligraphe. [16]

But this does not mean that one is a copy of the other:

> On ne peut guère admettre que le ms. 831 soit transcrit sur le ms. 830, la disparité d'orthographe et la différence d'ordonnance s'y opposent; mais on peut, sans trop s'aventurer, attribuer aux deux une source commune plus abondante que chacun d'eux, et, pour le texte, plus rapprochée de 831, où les règles grammaticales sont plus strictement observées. [17]

III. Choice of Manuscript

Since only two manuscripts containing the lyric poetry of Froissart are extant, the problem of selecting a base manuscript is of minor difficulty. Even this difficulty diminishes in light of the fact that Auguste Scheler, who used B, expressed a preference for A:

> Nous avons désiré faire de la version du ms. 831 la base de notre travail, par la raison qu'elle observe avec une certaine conséquence les règles relatives à la déclinaison, et offre ainsi plus de clarté pour l'intelligence du sens. [18]

But due to the Franco-Prussian War, he was unable to do so, using instead La Curne de Ste. Palaye's copy of B, which was

---

[15] P. 12.
[16] Jean Froissart, *Œuvres de Froissart (Poésies)*, ed. Auguste Scheler (Bruxelles: Victor Devaux et Cie., 1870), I, x.
[17] *Ibid.*, p. xi.
[18] *Ibid.*, p. lxxi.

housed in the Bibliothèque de l'Arsenal and sent to him to transcribe. He was, however, able to spend about twenty hours in the Bibliothèque Nationale hastily collating the two manuscripts to take note of variants. [19]

The value of A as the base manuscript is enhanced by the fact that it is the last in date established during the lifetime and under the control of the author, and by the fact that the language of A is, by its forms, nearer the dialect spoken by the author than that of B, which has been largely *francisé*, whereas A more clearly maintains Picard elements. [20]

IV. Language

A complete study of the language which Froissart employed in his poetry as found in A cannot be made on the basis of the poems comprised in this edition and totaling only about 6,800 lines of a grand total of almost 24,000 lines. [21] Some notable features can be pointed out, however.

Examples of characteristic Picard elements abound. In the listing below, they are divided into two groups: (1) those which can, according to Gossen, be considered as typically Picard, and (2) those which share common traits with neighboring dialects. [22]

1. *Among the traits considered as typically Picard*
   -AUCU becomes *au, eu*: trauwé (troué), peu.
   -EUS becomes *ieu*: Dieu, Mahieu, Andrieu. This triphthong has a tendency to become *iu*, but there are no examples of it in this text. [23]

---

[19] *Ibid.*, p. lxxii.
[20] Fourrier, p. 14.
[21] B. J. Whiting figures Froissart's extant lifetime production at "very nearly sixty-five thousand lines of poetry," a figure which includes the novel *Méliador*. ("Froissart as Poet," *Mediaeval Studies*, VIII [1946], p. 189.)
[22] In identifying these elements, I have used Charles Théodore Gossen's *Petite grammaire de l'ancien picard* (Paris, 1951), but the examples are from the poems of this edition. All characteristic traits mentioned by him, however, do not occur in the poems.
[23] Gossen points out that Froissart in his *Chroniques* shows a "prédilection prononcée" for the grapheme *-ieu* (p. 60), which is also true for the lyric poems.

MELIUS becomes *mieus.*

MELIOR becomes *mieudre.*

LOCU, FOCU, JOCU become *lieu, feu, jeu, jus, jue.*

-ILIUS, -ILIS become -*ius, -ieus: sou(b)tieus, gentieus.*

-IVU becomes -*iu, -ieu* [24]: *rieu, hastieu, pensieu.*

-ELLUS, -ELLOS become -*eaus,* which becomes -*iaus: nouviaus, castiaus, fardiaus, biaus.*

-ILLUS, -ILLOS become -*eaus,* which becomes -*iaus: cheviaus, iaus, c(h)iaus* (ECCE ILLOS).

-ICULU, -ILLU, -ILIU plus *s* become -*aus: consaus.*

E (long), I (short) plus nasal become *ain-e: avaine, mains* (MINUS), *plainne, sainnier* (SIGNARE), *cains, fraindre.*

POMUM (special case) becomes *pun.*

REGULARE becomes *rieuler.*

-CE, -T plus final *s* become -*s*: CRUCE becomes *crois,* VOCE becomes *vois; fais, mos, tos.*

Very pronounced tendency to metathesize -*er-* to -*re-* and vice versa: *vremaus, fremer, fremeté, ouvreture, Vregile, gouvrener, bregiers.*

EGO becomes *jou.*

ECCE HOC becomes *chou.*

HABUIT becomes *eut,* and HABUERUNT becomes *eurent.*

First pers. pres. ind. and perfect end in -*c(h): prenc, sench, entenc, tienc, perc, sieuch, seuch, euc(h), buch.*

Affirmative imperative plus *me: vé me chi, donnés me, regardés me.*

(The intermediary position of Picard as a written language is particularly revealed in the treatment of the following forms.)

-ALIS becomes -*els, eus: tels, teus, quels.* (More specifically Picard is *tes* and *ques,* where *l* is dropped.)

-ATICU becomes -*age: ymage, eage, corage.*

E (short) becomes *ie: apriés, biel, viers, ies, iestre.*

O (short) plus *l* plus consonant becomes *au: saus, assaus.*

O plus nasal plus vowel becomes *ou: coument.*

O plus nasal plus consonant becomes *ou: couvient, couvenant, Coustantinnoble, moustre.*

---

[24] "En picard, -*iu(s)* peut changer en -*ieu(s)* par analogie." (Gossen, p. 55).

E protonic plus *yod* becomes *oi, i: otroie—otrie, esbanoiier—esbaniier, proiiere—priiere.* (Doublets are frequent.)

2. *Among the traits which Picard shares with neighboring dialects:*
   a. With Francien:
   E (short) plus *yod* becomes *i: lit* (LECTU), *delit* (DILECTU).
   Prosthetic *e* before groups *sc-, sp-, st-: escoler, espesces, estat, estant, escuçons.*
   b. With Norman:
   C plus *e, i,* C plus *yod,* T plus *yod* become *ć* (written *c, ch*): *blechier, canchon, rachine, merchi, chers.*
   C plus *a* becomes *k* (written *c, k, qu*): *cangier, calour, cose, cascun, cemin, cerquier, kas, pourkas, fourquié, oquison, Pikardie.*
   G plus Latin *a* and G plus Germanic *a, e, i* become *g* (written *g, gh, gu*): *gambe, gardin, gambons, langhe, Engherant, Hongherie, margherite.*
   L plus final *yod* becomes *-l: solel, consel.*
   c. With Walloon:
   E (short and long), I (short) plus nasal plus consonant become *en: ent* (INDE); *bende, dedens, dimence, n(o)ient, trenchier. an* for etymological *en: tamps, trambleront; en* for etymological *an: mengier.*
   VIDERE becomes *veoir, veïr,* and *vir.*
   SEDERE becomes *seoir, seïr, sir* (last two not in poems); *assir.*
   The feminine definite article *le.*
   The possessive adjectives *men, ten, sen; me, te, se; no, vo.*
   Treatment of weak perfects in UI and the imperfect subjunctive: *euistes, euissent, peuist, deuist.*
   d. With Walloon and Lorrain:
   Protonic E, O plus *s* becomes *i: congnissance, congnissiés, oquison.*
   Protonic E plus *l, n* becomes *i, ei, e: consillier, traveillier, signeur, pignonciaus, apparilloient.*
   Preservation of final -T in the endings -ATU, -ITU, -UTU, -ATE, -UTE, which become *-et, -it, -ut: congiet, prophetisiet.*
   Preservation of initial Germanic W: *wans, waucre, wivres, wagnier, wages, wastiaus.*

-W- after *u* in hiatus: *euwireus, trauwé, trieuwes, leuwier, alleuwé.*

Absence of intercalated *d* or *b* in the secondary groups *n'r, l'r, m'l*: *tenra, venra, vorroit, reponre, fauroit, humle, humlement.*

Tonic personal pronouns: *mi, ti, si.*

e. With Walloon, Lorrain and Norman:

Preservation of intervocalic *-s-* in sigmatic perfects: *fesist, presist.*

Yod plus -ATA becomes *-ie* (equivalent to French *-iée*): *essaucie, lie, baptisie, couroucie.*

Anaptyctic *e* added to future: *prendera, mettera, buveront, averons.*

MORPHOLOGY OF THE VERB

1. *Present indicative*

The first person singular form often has no inflection. However, there is frequently an inorganic *-e* in the first conjugation and an *-s* in all conjugations; *-c(h)* and *-g* are also found; and *-t* may be found in concession to rhyme.

a) without inflection: *os* (Lay I: 65); *don* (Lay IV: 4; Vir. IV: 4); *soupir* (Lay VI: 117); *remir* (Lay II: 144; IV: 38); *pri* (Lay I: 85); *savour* (Lay VII: 31); *chant* (Lay I: 61); *aour* (Lay I: 330); *aim* (Lay VIII: 165); *di* (Lay I: 134); *lo* (App. Bal. I: 7); *regrasci* (Lay II: 197); *crien, tien, abstien* (:*mien*; Lay VIII: 85, 89, 90)

b) with *-e*: *desire* (Lay III: 11, 12); *mire* (Lay III: 226); *porte* (Lay IV: 21); *appelle* (Lay IV: 64)

c) with *-s*: *los* (*loer*; Lay I: 83); *pers* (Lay I: 126); *remors* (Lay II: 179); *depors* (Lay II: 173); *prens* (Lay I: 105); *regars* (Lay IV: 186); *ains* (*aime*) (Lay I: 134, VI: 79); *mains* (*manoir*; Lay VI: 77; VIII: 214); *vifs* (*vivre*; CR III: 49; Bal. I :21; Ron. XXXVI: 3); *sers* (Lay VI: 92)

d) without inflection and final root consonant: *atour* (*atourner*; Lay X: 25); *rechoi* (Lay I: 110); *fai* (Lay II: 171, V: 199); *fa* (*faire*; Lay II: 164)

e) with *-c(h)* and *-g*: *sench* (Lay I: 79, III: 84, IV: 46); *mac* (*mettre*) (Lay VI: 188); *prenc* (Past. X: 57); *perc* (Past. XIV: 56);

preng (Lay II: 175); *crieng* (Lay VIII: 192); *doing* (Ron. XXXVI: 1); *tieng* (Lay I: 248); *tienc* (Past XII: 75); *rench* (Lay I: 186); *entenc* (Past XII: 66); *veuch* (Bal. XXXII: 4); *peuch* (Ron. LXXXI: 5); *vich* (Vir. IX: 8); *sieuch* (Bal. I: 12); *och* (Bal. XXXIV: 15) (Cf. perfects.)

f) with *-t*: *tressaut* (Lay II: 108); *estant* (= *estanche*) (Lay V: 202); *reprent* (Vir. XIII: 10)

On occasion the third person singular of first conjugation verbs has no inflection: *port* (Lay IV: 60, 69); *raport* (Lay IV: 127).

Sons (sommes) occurs in Past. V: 52, XVI: 34, XX: 59, and *van (vont)* is found in Past. XX: 55.

2. Present subjunctive

Forms employing *-ce (-che)* are found: *face* (Lay II: 107, V: 17); *mence* (App. Vir. VII: 4).

For the verb *aler*, *voie* is found (Lay III: 15) and, in the third person sing., *voist* occurs (Lay XII: 10).

3. Imperfect

For the verb *estre*, along with *estoie* (Lay VIII: 17), we have *iere* (Bal. V: 19), *iere* (3 sing.: Lay VII: 137; App. Vir. XIV: 11), *ert* (CR V: 3) and *iert* (Past. XIII: 40). The first person plural *aviens* is found with the conditional *arions* in Past. XIV: 9, 10.

4. Perfect

Sometimes in the first person singular the etymological *-s* occurs; *dis* (Past. VIII: 19; CR IV: 14); sometimes it is missing: *di* (Lay II: 6; CR IV: 23, 34, 54); *vi* (Lay I: 269, II: 14); *vei* (Past. XIX: 3; CR IV: 45).

a) AVOIR: first person sing., *oc* (*Past.* XVI: 53), *euc* (CR IV: 52), *euch* (Past. I: 10); third person sing., *ot* (Lay I: 180; Past. V: 45, 47), *eut* (Past. V: 19, 45, 48; VI: 34); third person pl., *orent* (Vir. VI: 15), *eurent* (Lay XII: 180; Bal. VI: 9)

b) SAVOIR: first person sing., *seuch* (Lay V: 2); third person sing., *sceut* (Lay VII: 142); third person pl., *seurent* (Lay XI: 174)

c) POUVOIR: third person sing., *pot* (Bal. XXXVI: 11); first person pl., *peuins* (Past. XIII: 21)

Analogical form in *-ch*: *buch* (*boire*; Bal. IX: 6).

The third person sing. weak ending *-i* is found in *vali* (= *valut*; Lay VII: 144), which does not constitute a rhyme.

The third person plural ending in *-isent* occurs in *fisent* (*faire*: Past. XVII: 72), *prisent* (*prendre*: Past. II: 45, V: 57), *disent* (*dire*: Past. X: 20, 61, XIII: 72), *misent* (*mettre*: Past. X: 33).

5. *Imperfect subjunctive*

For the most part, this form is constructed on the stem of the perfect.

a) AVOIR: *euisse* (Lay X: 73); *euisses* (Past. IV: 21); *euist* (Lay V: 215); *euissent* (Past. VII: 34)

b) ÊTRE: *fuisse* (Lay VI: 60, 167); *fuissent* (Past. XVI: 8)

c) VOULOIR: *vosisse* (CR IV: 20); *vosist* (Lay II: 171, V: 219)

Other forms that occur are: *venist* (Past. V: 54); *venissent* (Past. VI: 40); *peuisse* (Lay X: 74); *peuist* (Lay V: 206); *fesist* (CR VI: 17); *deuist* (Lay II: 6, IV: 40); *mesist* (Lay IX: 30); *morusse* (Lay IV: 12); *tenisse, cevisse, veisse, deisse* (Lay X: 76, 79, 82, 83). The third person sing. form *esjoisse* (:*tenisse*) is found in Lay X: 77.

6. *Future and conditional*

It is not unusual for Froissart to use the Picard epenthetic *-e* in third and fourth conjugation verbs in these tenses: *estindera* (Lay I: 293); *prenderoie* (Lay V: 47); *mettera* (Lay V: 61); *metterons* (Past. I: 46); *deveroit* (Past. VIII: 62); *meterai* (Vir. XIII: 26); *reponderoie* (Bal. XV: 13).

Paralleling this usage, the *-e* of first conjugation verbs whose root ends in *-r* and *-n* is regularly dropped: *plorrait* (Lay II: 76); *endurrai* (Lay IV: 174); *souspirront, desirront* (Lay X: 133, 134); *menra* (Bal. XXXVII: 10); *retourra (retourner)* appears in Past. VIII: 12; *donra* (Lay IV: 180); *donront* (Past. XIV: 62); and, with assimilation of *l*, *parrai* (Lay VIII: 57), which alternates with *parlera* (Past. XVI: 68).

In *soufferoit* (Lay II: 74, 85) and *soufferai* (Vir. IX: 22), there is an example of epenthesis following the regular dropping of the *i* in roots ending in *r*. The form can also be explained as deriving from the infinitive *souferre*, but Froissart uses *souffrir* (Lay VIII: 95; Ron. IV: 5; App. Vir. VIII: 18). Bartsch (*Chrestomathie*, 12th ed., p. 337) explains the form *soferrai* as coming from *sofrerai*, with metathesis of *r*.

Simultaneously with *sera* (Lay VII: 77), we find in the third person singular *ert* (Lay I: 215, III: 162, V: 65, VIII: 189) and *iere* (Lay V: 160, VIII: 71).

In the first person plural, we find *ariens* (*avoir*) (Vir. VIII: 15) and *arions* (Past. XIV: 10). The radical of *avera* (Past. XI: 26, XII: 26) and *averons* (Past. XX: 35) alternates with those of *arai* (Lay II: 151) and *aurons* (Past. III: 6); similarly, *sara* (Past. VII: 72) and *sauroit* (Past. V: 22).

7. *Imperative*

a) Verbs in *-er*: In the second person sing., there is an alternation in usage between the form ending in *-s* and the form omitting it: *conselles* (Past. IV: 9), *penses* (Vir. VIII: 26); *devise* (Past. IX: 67); *donne* (Past. XIV: 12); *rataconne* (Past. XIX: 50); *pense* (Lay VIII: 9; XIII: 183); *oublie* (Lay VIII: 50).

b) Other verbs: *vient* (Past. XVI: 25); *revieng* (Ron. LXXII: 1), along with *revien* (Lay VIII: 72) and *retien* (Ron. XXVII: 3); *entend* (Past. I: 25), along with *entent* (Past. XVII: 67); *ren* (Lay I: 247); *prens* (Lay VIII: 103); *ront* (*rompre*: Bal. XXVIII: 17); *fait* (Past. IX: 79), *fet* (Bal. XXVIII: 17), along with *fai* (Lay III: 72, VIII: 111, 157); *croit* (:*orendroit*; Past. IX: 148).

In connection with the imperative, we find in the text two distinctive features of Old Picard:

a) the use of *me* and *te* as stressed pronouns following the affirmative imperative: *ren te* (Lay I: 247); *vé me chi* (Lay I: 281); *devise me* (Past. IX: 67). We also find *moi* and *toi* in this construction: *di moi* (Past. IV: 42, 53); *tais toi* (Past. VIII: 58)

b) the position of unstressed personal pronouns: *le me di* (Past. I: 15). The use of the direct object personal pronoun followed by the indirect object personal pronoun is used equally in affirmative statements: *je le te dirai* (Past. I: 25). [The position of the personal pronouns after the affirmative imperative is the same as for other *oïl* dialects of the Middle Ages: *dittes le moi* (Past. V: 27). Froissart places the pronoun alternately before and after the affirmative imperative: *nous di* (Past. VI: 35); *di nous* (Past. XIII: 26), and passim in the Pastourelles.]

8. Past participles

a) Verbs in *-ier*: *-iet*: *quoelliet* (Lay I: 69); *emploiiet* (Lay V: 263); *prophetisiet* (Lay XIII: 37). In Old Picard, the feminine *-iée* becomes *-ie*: *consillie* (Lay VI: 106); *acompagnie* (Lay IX: 80); *sancie* (Lay XII: 82).

b) Verbs in *-u*: *feru* (Lay I: 91); *repus* (*repondre*; Ron. LXVI: 5)

SYNTAX

1. Declension

Generally speaking, Froissart is careful to follow the two-case system, but he does not hesitate to deviate from it in order to meet the demands of his form. For the subject, he customarily employs the objective case of the masculine singular possessive adjective (*mon, ton, son,* instead of *mes, tes, ses,* which he uses very rarely — Lay IX: 157; XI: 159) and the concomitant form of the noun.

At times he mixes agreement: *Vo fresce coulour, / Vo gent maintien, vo simple atour, / Vo biel parler... / Me font* (Lay VI: 86-89); *Vo mot sont* (CR III: 46); *leurs coers... / Congnoist* (App. Vir. III: 10; see also Past. XIII: 5; Ron. XVI: 5); *vo vair oel ... ont* (App. Vir. IV: 13-14); *vos regars ... baille* (App. Vir. XIII: 4); *Don de merci... / N'est point pour ce sitost abandonnee* (:*greee*) (CR III: 37-38); *Qui moult bien oïe l'avoit* (Past. II: 40), where the direct object pronoun is masculine; but note also absence of agreement: *Pour la grant dolour retraire / Que j'ai porté longement* (Vir. XII: 22-23).

2. Pronouns

a) Feminine personal pronoun: instead of the tonic *li,* the nominative case is found after a preposition: *a elle* (Lay IV: 60);

fors elle (Ron. VIII: 6); and as direct object: *Car d'elle veïr / Par bon loisir / Et oïr, / C'estoit plaisance a tout preudomme* (Lay VII: 192-195).

b) Reflexive pronoun for the non-reflexive and vice versa: *pour soi* (= *pour elle*) (Lay I: 104; IV: 20); *en soi* (= *en elle*) (Lay VIII: 80); *de li* (= *de soi*) (Lay VI: 1); *Lui ent garder* (= *s'en garder*) (Lay XII: 108)

c) Unstressed pronoun after the imperative: *ren te* (Lay I: 247); *vé me chi* (Lay I: 281); *devise me* (Past. IX: 67)

d) *qui* for *que* (CR I: 45; II: 45; Bal. VII: 12)

e) *que* for *qui* (Ron. LXIV: 2)

f) Omission of *qui* (Lay VIII: 82; XII: 67)

g) Omission of demonstrative: *Ne porroie / Ensievir si noble voie / Qu'est [celle] d'amour* (Lay V: 35)

3. *Conjunctions*

a) *que* (= *comme*), *li rai / Sont trenchant que fers de dart* (Lay VI: 51)

b) Expletive *que* before *de* followed by an infinitive: *Et bien est en vo poissance / ... / Que d'avoir brief aligance* (Lay I: 95 ff.); *Hardie fu que d'envaïr* (Lay VII: 188); *Se je pooie avoir tant de loisir / Que de veoir ma dame* (Ron. IV: 1 f.); *Je ne cesse nullement / Que de penser / A ma dame* (App. Vir. XVI: 8 ff.).[25]

c) Subordinate *que* omitted: *Amours, consentés / Francise et Pités / Me daignent oïr* (Lay II: 148 ff.).

4. *Constructions*

a) After a concessive clause, the main clause begins with *mais*, meaning "nevertheless": *Ja soit ensement / Qu'uns amans bien sent... / Angousse et tourment, / Mais amours li prie / Que, quant che l'esprent, / Ait presentement / En son sentement... / Esperance lie* (Lay I: 33 ff.).

---

[25] Anthime Fourrier (*L'Espinette*, p. 26) finds an expletive *que* before *de* followed by a noun in these lines: *Pour ce ne poet amans... mieuls prendre ne cuesir / Que d'un regart* (Bal. XII: 17 ff.). I have omitted this reference, reading *mieuls... que* and understanding the text thus: *mieuls faire / Que de prendre ne cuesir un regart*. Cf. Ron. LXXIV.

b) *Comment que* followed by the indicative: *Se m'i tenrai / Comment que j'en sentirai... / Maint grant esmai* (Lay VI: 41 ff.); *Comment qu'en la douce vie / D'amours li pluiseur bien sont / Navré d'une maladie / Et ne sevent pas qu'il ont* (App. Vir. III: 6 ff.).

c) *Ensi que* (when meaning "so that") followed by the indicative: *Ensi que quant il desgelle, / Font la nive* (Lay V: 233 f.).

d) In object clauses expressing a desire, the force of the imperative occasionally predominates over the subjunctive: *Je pri / Que vous en venés avoec mi* (Past. XI: 6 f.).

e) For constructions involving object pronouns with the imperative and other forms of the verb, see under Morphology of the Verb, 7.

5. *Some incongruities*

Vostre souverainneté, / Poësté, / Majesté, / A quoelliet le propre bos (Lay I: 66 ff.); *Car tant en est gente et belle / L'ordenance et la querelle* (Lay V: 225 f.). *Oultre mau temps que vault doel et soussi?* (Ron. LXIV: 1); *Or te pri... / Que se pechiés nous constraint / Et nous taint, Que no claint / Aient vois* (Lay XIII: 240 ff.; note the superfluous conjunction *que*).

RHYMES

The following list, based on the lyric poems, proposes to be a complete cataloguing of the rhymes which enter into a scheme.

-ant, -ance, -ains, -at, -ame, -art, -aille, -aut, -age, -ai, -aire, -aie, -ainne, -aint, -as, -asse, -ans, -ande, -able, -ain, -ait, -ace, -ars, -a, -amble

-er, -ent, -é, -és, -ee, -ente, -ece, -erse, -elle, -eus, -ees, -eaus (: -iaus), -erre, -ete, -ette, -ettes (-etes), -ere, -ens, -el, -ert, -eur, -eure, -endre, -eu, -erdre, -ence, -ense, -ettre, -euse, -et (Appendix), -ef (Appendix)

-ie, -iere, -ier, -i, -ire, -ir, -ist, -ite, -ien, -is, -ient, -ive, -iens, -illes, -ise, -it, -ié, -isse, -iel, -iaus (: -eaus), -ieus, -ieres, -in, -ites, -ine (: -igne), -iés, -il, -ieue (-yeue), -iegne (Appendix)

-ment

-our, -oir, -os, -oi (-oy), -ons, -ort, -ours, -oit, -oel, -ore, -ors,

-oie, -on,-oet, -omme, -ont, -ongne, -oes, -ois, -onde, -oint, -or, -ose, -orde, -onte (: -ompte), -ous
  -ure, -ui, -us, -ue, -uit, -ures, -u, -une
  -reus, -rer
  -si (Appendix)
  -té

Rhymes characteristically are of one syllable and constituted either by a vowel or by a vowel plus consonant. Consonant-plus-vowel combinations are very rare, as witness -ment, -reus, -rer, -si and -té.[26]

An examination of the words and spellings which Froissart rhymes is both interesting and instructive.

souhés (souhait): durés (duret): grassés (grasset): aprés; ivier: couchier: legier: chier: prisier; dragme: esclame; cler: curer; per: encouper; fa ge: corage: sa ge: avantage; poi (peu): anoi; hom: bon; dons: homs; mos: cops (coup); ame: larme; mains (moins): ains (aime); mos: repos: cols; vis: perils: fis; barils: mis; argus: nuls; vous: douls: rebous (rebours); fier (adj.): aidier; tristrece: empece; esvanuïs: enfuis: vuis: puis (peux); bouce: atouce: douce; hermite: Egypte; dit: escript; fris: escrips; escrips: gentils; corps: dors; esvertue: jue (joue); teus (tels): eus (eux): dolereus: seus (seuls); cevisse (vb.): servisse (n.); doi (deux): troi; esce (est-ce): adrece; espasse: grasce: passe; passés: assés: scés; bruis: anuis: truis; tempte: rente; compte: honte; benigne: fine; estrine: signe; enlumine: digne; hastieus: mieus: lieus: pensieus; pensieus: vieus; mieuls: Dieus: yeux; envieus: euls; Dieus: mieus; avient: maintien [27]; proprement: firmamant; tamps: enfans; ans: Adams; grans: tamps; aras: draps; taint: claint; canemelle:

---

[26] Virtually all *rimes riches* and rhymes of two syllables are incidental, e.g. *dangier: cangier: alegier*, but in the scheme the preceding words rhyme with *archier: gagnier*. In *Chançon royale* VI, there appears to be a rhyme in *-tion* (16 of 18 possibilities), but the combination forms two syllables of a ten-syllable line and, in the scheme, rhymes with *nom* and *union* (three syllables). The scheme is arrived at not by comparing rhymes within a single strophe, but by comparing strophes of the same poem. The rhymes are therefore listed simply as *-ier* and *-on*.

[27] This unusual combination must be considered a rhyme. Otherwise strophe ten of Lay XII would have three rhymes, as over against two in all strophes of all the other Lays. Interestingly, the combination itself forms a pattern repeated four times: abbba'a'bb. (*a* represents *-ient*).

escuielle: bielle [28]; franiaus: arbrisseaus; Paris: sis (six); roix: tournois; arbrissiel: capel: castiel: coutel: jeuiel [29]; R: terre: here; singulere: matere: considere; frefel: oel [30]; pais: soubjés: prés; fu: u (UBI): ju; presence: pense; prise on: prison; emprisonné: en prison né; marchant: Gand (B) [31]; Roÿne: disne (B); enfance: Blanche (B).

V. Analysis and Versification

Although Froissart is better known as a historian than as a poet, he was, says B. J. Whiting, "one of the most considerable poets in his age, if judged only on the convenient basis of quantity." [32] Leleu, considering also the merit of his verse, places him among the first ranks of the poets of the century and adds that "il n'est pas moins le représentant de son époque dans ses poésies que dans ses histoires." [33] And the value of his poetry to the historian is, according to Shears, "almost as essential as the *Chronicles* to our understanding of the later Middle Ages." [34]

Froissart was the product of his period, both as a maker of verse and as one conversant with and catering to the literary tastes of the elite. The quality of his verse is such that "on peut le classer à bon droit parmi les meilleurs représentants du nouvel 'art de dictier,'" [35] and, Robert Bossuat goes on to state,

> Tandis que, dans ses chroniques, il livre à la postérité le souvenir des exploits guerriers de la chevalerie déclinante, il évoque dans ses vers la vie pacifique et galante des dames et des chevaliers. L'amour qu'il nous peint n'a rien d'une passion malfaisante et mortelle; c'est un jeu de société qui fait oublier les tristesses de l'heure. [36]

---

[28] *-ielle* counts one syllable in an eight-syllable line.
[29] In each case, *-iel* counts one syllable in an eight-syllable line.
[30] One syllable of eight-syllable line.
[31] From poems not found in A but incorporated in this collection to make it complete.
[32] Whiting, p. 189.
[33] Maurice Alexis Leleu, "Les Poésies de Froissart," in *Mémoires de l'Académie des Sciences, des Lettres et des Arts d'Amiens*, XXXVI (1889), p. 32.
[34] Shears, p. 220.
[35] Robert Bossuat, *Le Moyen Age* (Paris, 1962), p. 242.
[36] *Ibid.*, p. 243.

Such are some of the modern evaluations of the poet a portion of whose verse is analyzed here from the standpoint of form and content.

Lay Amoureus

A contemporary of Froissart's, Eustache Deschamps, calls the lay "une chose longue et malaisiée de faire et de trouver," [37] an understandable judgment in light of his rules. A lay, he says, must have twelve strophes, each being divided into two half-strophes. Each strophe must differ from its neighbor in measure, rhyme, and number of lines, with the exception of the last strophe, which repeats exactly the first. [38]

Our poet also commented on the demands of the form:

> D'un lay faire c'est .i. grans fés,
> Car, qui l'ordonne et rieule et taille
> Selonc ce que requiert la taille,
> Il y faut, ce dient li mestre,
> Demi an ou environ mettre.
>   (*Prison amoureuse*, ll. 2199-2203)

Despite this attestation of difficulty, his own rules for the form are less rigorous than those of Deschamps. His lays follow the broad requirements of having twelve strophes, each being constructed on two different rhymes, and the last exactly like the first. He fails, however, to vary the length of the strophe methodically and, as a general rule, divides the strophe into fourths rather than halves. Examples of strict adherence to these rules are lays VI, VIII, X, XI, XII, and XIII. As a matter of fact, from a total of 156 strophes (thirteen lays), only five follow the rule for the half strophe (V, 1, 10, 12: IX, 8, 9), of which V, 10 repeats the length pattern four times.

The remaining seven lays show some important irregularities. An occasional strophe is divided into five parts (I, 5, 6; II, 3), others into six (V, 2, 4, 8), nine (IV, 11), ten (I, 5; III, 11), and eleven (II, 2)! Some, in addition to other irregularities, have an

---

[37] Quoted by Scheler, I, 402.
[38] Fourrier, p. 43.

odd number of lines (I, 3, 4, 7, 8, 9, 11; II, 3, 5, 6, 7, 10; III, 1, 9; IV, 4, 8). One strophe employs a rhyme pattern repeated four times with irregular line lengths (IV, 7); two employ a pattern of lengths repeated four times with an irregular rhyme pattern (V, 6, 7). Two lays have final strophes which deviate from the initial (II, III). Strophes containing other irregularities are I, 1, 10, 12; III, 5, 6, 10; IV, 4, 5; V, 5, 8; VII, 2, 9.

Critics do not generally admire Froissart's lays, which, remarks F. S. Shears, show a tendency to be reduced "to a play of rhyme, rhythm and words," with their "subtle interlacing of lines of three, four, five, six, seven and eight syllables." [39] The only lay worthy of comment is, according to him, number VII, because "it is this form, for instance, that Froissart chooses to express his sorrow at the death of his patron, Queen Philippa." [40]

Auguste Scheler, who declares of the lay in general that "rien ne démontre plus la décadence de la poésie lyrique que le genre de compositions métriques connu sous le nom de lai," [41] declares also that Froissart's lays are "artificiellement 'compassés', mais plus propres à faire admirer sa patience qu'à réjouir ou à passionner le lecteur." [42]

B. J. Whiting, without giving the lays unqualified praise, has some kind remarks concerning them.

> Froissart's lays... follow his master's [Machaut's] manner closely, but there are certain differences, some of which redound to the younger poet's credit. In the first place, although the conventional plight of the lover is seldom totally absent, there is a lighter vein observable on occasion. Froissart is able to say:
>
> > Car amours aprent
> > L'amoureuse gent
> > User leur jouvent
> > En esbatement
> > Sans melancolie.

---

[39] Shears, p. 216.
[40] *Ibid.*
[41] Scheler, I, li.
[42] *Ibid.*

Then, too, Froissart is often more concrete in his words and images than is Machaut. Thus we find a more detailed description of his lady, and, what is less commendable, a greater show of learning in a profusion of proper names. ... While Froissart's diction is sufficiently artificial he is less given to the over-use of set phrases than is Machaut.[43]

With the exception of two, the lays treat of love, and the relevant themes recur from poem to poem. The lover's heart is smitten by his lady's gentle words and "sa trés parfaite biauté / Et bonté" (I, 92-93). There is no alleviation of the sweet pain which pierces his heart. He will have no surcease of tormented joy until his lady grants his petition.

> Més, briefment, ma dame chiere,
>   Qui lumiere
> Est de ma santé entiere,
>   Ne me poet
> Garir par nulle maniere,
>   Tant li quiere,
> S'elle exaucier ma priiere
>   Ne me voet.
>   (V, 145-152)

Or until one inscribes on his gravestone

> "Ceens dort
> Chils qui mors est, et pour fame."
>   (I, 302-303)

In the meantime, he must endure restless and companionless days and nights.

> Je n'ai nul repos
> Ou jour ne en la nuitie,
> Ains soupir, pleure et larmie,
> Et fui toute compagnie.
>   (VI, 115-118)

---

[43] Whiting, pp. 208-209. The citation is from Scheler, II, 247, ll. 28 ff. (This edition, I, ll. 28 ff.)

Yet occasionally he seeks companionship so he will have someone to whom he can communicate his sad state (X, 161-168).

While patiently waiting for her to grant him *merci*, he can be comforted only by the sight of her.

>   Or ne sçai qui me peüist
>   Conforter
>   Ne oster
>   Ce qui me nuist
>   Se ne fust le regarder
>   De ma dame et son vis cler.
>
>   (V, 206-211)

And if she is not present, he can conjure up an image that will suffice.

>   ... mon douls ymaginer,
>   Quoi qu'il me faille endurer,
>   M'assouvist
>   Et me dist
>   Qu'on doit amer.
>
>   (V, 220-224)

If given the choice, he would prefer to suffer the ravages of love than to lose but a vestige of the memory of his lady.

>   J'aim mieuls languir
>   Et moi offrir
>   A ce qu'uns amans poet souffrir,
>   Que faire cose ne dire
>   Qui puist perir
>   Ne amenrir
>   En moi le trés douls souvenir
>   Qui m'esjoïst, Diex li mire.
>
>   (VIII, 93-100)

Indeed, he can do no better than to spend his time and youth in service to his lady.

>   Ma dame adiés servirai,
>   Car mieuls ne puis vraiement
>   Tamps ne jouvent
>   Emploiier.
>
>   (IV, 232-235)

Women also are smitten by the same kind of incessant yearning that haunts men! In Lay IX a woman apostrophizes her absent "douls amis," longing for his return, which is her only wish and prayer.

>   Plus n'arai
>   Ne serai
>   En esmai
> De ton corps plaisant et gai,
>   Dieu merci,
>   Quant je sçai
>   Sans assai
>   Et de vrai,
> Que sain et haitiet je t'ai
>   Dalés mi.
>
>   (IX, 37-46)

Her love has, in every whit, the passion and dignity of the great female lovers of history and antiquity.

> Onques Genevre, Ysseus, Helainne,
> Ne Lucresse qui fu Rommainne,
> Ne de Vregi la chastelainne,
> N'ama cascune tant le sien
> Que je fai toi.
>
>   (IX, 157-161)

And how does *she* want to spend her time?

>   Et mieuls emploiier
>   Mon tamps je ne quier
>   Que toi essauchier,
>   Amer et prisier,
>   Douls amis.
>
>   (IX, 165-169)

Of the two lays not treating of love one was written on the occasion of the death of the poet's fellow countrywoman and protectrice, Philippa de Hainaut, queen of England (VII), and one to the Virgin Mary (XIII).

His elegiac lay "loses in solemnity when subjected to this complicated rhythm." [44] And, as Whiting comments, "Froissart's

---

[44] Shears, p. 216.

grief was doubtless genuine but one balks at taking seriously such lines as:

> Je certefi
> Et affi
> Qu'ennemi
> Et ami
> Ont a li
> Perdu. Quant g'i vise,
> Je m'en soussi
> Et grami
> A par mi
> Et maudi
> Sans detri
> La mort qui l'a prise.

That, surely, would have aroused the envy of Ambrose Philips!" [45]

Modern sensibilities notwithstanding, the reputed difficulty of this poetic form and its honored capacity to convey the noble and revered theme of love rendered it a worthy vehicle for the poet's grief. Froissart's esteem, and that of his contemporaries, for the dignity of the form is substantiated by his use of it in celebrating the Virgin Mary, in which are mentioned the exalted themes of the Virgin Birth, the crucifixion and resurrection of Jesus Christ, and the Trinity. Moreover, if we look beyond the elegiac aspect of the poem, we will find in his description of the queen a description of the ideal woman of the chivalric code, one eminently deserving of knightly service and honor.

Pastourelles

Edmond Faral made a study of "les quelque cent cinquante pastourelles en langue française qui nous sont parvenues" [46] and divided them into four groups.

Into the first group he put those pieces in which the knight, by promises of marriage and/or gifts, is successful in seeking the

---

[45] Whiting, p. 209. This citation is from Scheler II, 290, ll. 176 ff. (This edition, VII, ll. 176 ff.)

[46] Edmond Faral, "La Pastourelle," *Romania*, 49 (1923), 209. Brian Woledge (*The Penguin Book of French Verse: To the Fifteenth Century*, 1961, p. x) says, "More than 200 Old French pastourelles have survived."

favors of the beautiful shepherdess whom he has encountered in a desert place.

Into the second fall those in which the knight, having failed to seduce the lass with fair words, tries to use force but is put to flight by the rustics who hastily respond to her cries for help.

The third group contains those pieces of a more impersonal character in which the knight is a mere witness to a scene between shepherds and shepherdesses. "En ces pièces," says Faral, "l'action, dans la mesure où elle existe, est du genre plaisant: Robin rêvant ripaille, Robin inquiété par un rival, Robin battu, Robin tenté, Robin querellé, un berger berné, un jaloux rossé." [47]

The pieces of the fourth group show the knight engaged in conversation with shepherds and shepherdesses as they discuss "une question d'amour, sans que l'entretien veuille être autre chose qu'un entretien, un simple échange d'idées." [48]

Froissart's pastourelles do not fit into either of Faral's four categories, which represent what E. Hoepffner calls "l'ancienne pastourelle française" and "le type 'classique' du genre," [49] but they do merit their designation as pastourelles because, as he says in the same place,

> Leur caractère est narratif et dramatique, et non lyrique; le poète lui-même se met en scène; la forme est dialoguée, et dans l'introduction elles donnent encore presque sans exception la vague indication de temps, l'*autrier* ou l'*autre jour*, formule d'introduction sacramentale du genre, et l'indication plus précise du lieu de l'action, le cadre de la scène champêtre.

As pointed out above, the traditional theme of the knight's or the poet's amourous escapades with an attractive young shep-

---

[47] *Ibid.*, p. 215.
[48] *Ibid.*, p. 217. Interestingly, Faral goes on to show that these types, even those individual pastourelles marked by "grossièreté," are eminently aristocratic in origin, whereas William Powell Jones, in his monograph *The Pastourelle: A Study of the Origins and Traditions of a Lyric Type* (Howard University Press, Cambridge, Massachusetts, 1931), concludes that it is altogether reasonable and highly probable that the basic theme of the genre (the baffled knight) arose from folk songs.
[49] E. Hoepffner, "La Chronologie des 'Pastourelles' de Froissart," in *Mélanges offerts à M. Emile Picot* (Paris, 1913), II, 31.

herdess does not appear once in Froissart's poems of this genre. Froissart is traditional only insofar as he preserves the objective description of the milieu, with the rustic games and dances, sentimental adventures and village quarrels and rivalry. This procedure was not unique with our poet but seems to have been born and cultivated only in Picardie and Artois. What is new in Froissart, Hoepffner points out,

> c'est le sujet de leurs entretiens; car le caractère commun de toutes ces pièces est de traiter des sujets très précis, qui n'ont au fond pas de relations directes avec la vie de la campagne, et qui préoccupaient certainement bien plus notre poète que les villageois qu'il met en scène: ceux-ci ne sont là que pour exprimer naïvement et avec une pointe de comique voulu les sentiments du poète lui-même. [50]

Of Froissart's twenty pastourelles, only seven command continuing interest. These are the "pastourelles historiques," of which Whiting says, "Froissart made an important innovation, and here appears his highest originality as a poet, when he used the *pastourelle* as a vehicle for the occasional poem." [51] For the most part, they were composed on the occasion of some historical occurrence or some personal event in the author's life and often paid homage to one of his patrons.

Hoepffner admits that it would be tempting to attribute to Froissart the creation of the historical pastourelle inasmuch as no poems of this type are found in earlier French literature. "Les 'puys,'" he says, "autant que nous pouvons en juger, ne le connaissent pas, et il ne reparaît plus, à notre connaissance, que sous la plume d'Eustache Deschamps, qui pourrait bien l'avoir emprunté à Froissart." [52]

Froissart's innovation — if it is such — did not set a new trend, much needed for the survival of the genre, whose original vigor and freshness were degenerating into licentious and indecent narrative songs. "After Froissart," says William Powell Jones, "the

---

[50] *Ibid.*, p. 32.
[51] Whiting, p. 210.
[52] Hoepffner, p. 33.

history of the pastourelle in France is a chronicle of imitation in a rather careless manner of many anonymous songwriters whose compositions were printed in small *chansonniers* with fanciful titles." [53]

The first of these seven historical pastourelles is the second, in which the poet celebrates the return of "chils qui porte les fleurs de lis" (Jean le Bon) to captivity in England.

Number three signalizes and describes a new coin which bears the effigy of

> ...uns roix entre flours de lys
> Dedens une chaiere assis
> Entre deus daufins souffissans,
> Et s'est sus deus lyons passans,
> Vestis de propres draps royaus,

and the inscription "Charles li Roix" (Charles V).

The sixth pastourelle treats of the return of Wenceslas, Duke of Luxembourg and Brabant, from his captivity at Bastweiler.

The twelfth memorializes the crossing of the river Lys by the French army and the ensuing discomfiture of the Flemish.

Number fourteen celebrates the wedding of Louis de Chatillon, son of Guy de Blois, to Marie, daughter of Jean de Berry.

The fifteenth pastourelle celebrates another wedding, that of Jean, Duke of Berry, with Jeanne de Boulogne, whom Froissart designates by the refrain "le pastourel de Berri / Et la pastoure de Boulogne."

Number sixteen, the seventh and last of the historical pastourelles, was composed on the occasion of the solemn entry into Paris of Charles VI's queen, Isabeau de Bavière.

The remaining thirteen pastourelles, the unhistorical, contain a diversity of subjects. In number one, for example, a shepherd mentions the *houppelande,* which has just come into vogue: "C'est pour la nouvelle maniere" (l. 26). A second shepherd enumerates a number of things he *has* heard of, but not a *houppelande.* Another, impressed by the garment, declares that he

---

[53] William Powell Jones, *The Pastourelle: A Study of the Origins and Traditions of a Lyric Type* (Cambridge, Mass.: Harvard University Press, 1931), p. 166.

will buy a whole *aune* of cloth and make the finest one ever worn by shepherd. But, alas, his friend informs, "il t'en faut pour doubler / Noef aulnes d'un grant drap d'Irlande."

Number four tells about a young shepherd seeking a fellow shepherd's counsel because his *amie* wants to get married and he does not. "Or sera nostre amour desfete," says he, "Se je ne fai ce qui li hete."

A wedding of "Poitevin" and "Gascogne" is the occasion, in Pastourelle V, for a banquet of roasted birds, pastry, beef, mutton, salted hams, and cakes, all in abundance. A graybeard asks whether "Poitevin" knows the shepherding business. Can he properly care for his charges? The old man is bantered because he does not know where "Poitevin" was born and who his kin are. But he learns shortly that the marriage is in truth the blending of the excellent wines of Poitou and Gascony.

Number seven depicts an outing where shepherds and shepherdesses from nearby surrounding towns have gathered for a competition. The poet arrives after the prize has been given. Curious, he asks a shepherd about the affair and receives a description of the clothing, behavior, and food of this rustic holiday. He is effectively impressed and declares in the envoi that he will one day witness this pastime even if he has to spend a hundred *parisis* and put his cloak in hock!

The eighth pastourelle, along with the ninth, was composed after Froissart's departure for Béarn in 1388, where he visited Count Gaston of Foix at Orthez. He speaks of joining some shepherdesses seated in a meadow. Honnourée laments the departure of her boy friend, who has taken four greyhounds raised by her to present as gifts, hopefully to Gaston. Another shepherdess wonders whether this Gaston, whose name and rank she knows not, is her brother's equal in frolicking and dancing. Forthwith she is apprised of the count's holdings, largesse, intelligence, and power. The poet, addressing his envoi to the "Belles," states that he will soon know whether Gaston deserves such high praise.

In the ninth, the poet hears some shepherds and shepherdesses of Béarn talking not about shepherding, but about coats of arms! Having mentioned many of them by name, they speak of the arms of Béarn, which were seen at Meaux in the protection of the Duchesses of Orleans and of Normandy and many times in battle. One shepherd, to establish his authority on the subject, announces that his father, one Thomas by name, is a painter of armorial bearings. B. J. Whiting points out that

> early biographers, ever alert to snare an elusive fact, assumed that the poet was here speaking through the mouth of his character and that the secret of his paternal vocation was revealed. It is worth mentioning that Kervyn de Lettenhove, himself an unwearying snapper-up of biographical trifles, found it impossible to swallow this piece of evidence. [54]

The tenth pastourelle tells of a rustic beauty contest in which girls from neighboring villages are vying for the rose to be given to the most beautiful. There is among the shepherds a lively debate extolling the virtues of body and face of each. The judges are hard put for a decision which, in the envoi, sends one tearful *pucelle* to a remote place to bemoan her unsuccess:

> Las! hui n'ont sceüt chil pastour
> Donner la rose a la plus belle.

Number eleven finds shepherds and shepherdesses in the successful pursuit of a shady green spot, of which one says,

> Nous y ferons une fontainne,
> Et tout chil qui en buveront
> S'entr'ameront d'amour certainne.

A shepherd couple, their ages totaling 120 years, ask, in the thirteenth pastourelle, one of their children to tell them, before he goes to school, a story from history or from fable. The lad recounts the fable of Jason and the Golden Fleece, whereupon his mother says approvingly, "Tu ies uns clers moult souffissans."

In number seventeen, shepherds and shepherdesses exalt the daisy as the most beautiful of all flowers and relate its mythological origin: Jupiter, god of the planets, caused it to rise from

---

[54] Whiting, p. 212.

the ground and adorned it with his arrows, and Zephyrus gave it its fragrance.

In the eighteenth, the poet comes upon a group of knowledgeable rustics who are discussing Saint John the Baptist's day. They comment on the virtues of certain medicinal herbs gathered on this day and take note of the fact that even "li Sarrasin," in honor of the Baptist, would not for any reason break this feast day.

The nineteenth pastourelle tells of the shepherd Oudinet Verde-Avaine, who entreats the shepherdess Yolent to make him a chaplet of daisies. She invites him to go feed his hungry sheep, while assuring him that she will always be faithful to Rogier Triquedondaine.

In the twentieth and final pastourelle, shepherds and shepherdesses, sitting around idle wondering what to do, decide to have a beauty contest and award a white turtledove to the most modest and most beautiful. Not all contestants are worthy. One stutters and limps, and another, besides being a bit too hunched and sharp-chinned, has long, hanging breasts. Others pass in review, but Lore de Saint Venant, cute-bodied and blonde, receives the prize.

As for form, Froissart's pastourelles are regular and, unlike the lays, have no variations apart from the length of the strophes, which fluctuates between 11, 12, 14, and 16 lines.

F. J. A. Davidson has presented a cogent argument to the point that Froissart's pastourelles "are, according to their form, nothing more or less than Chants Royaux." [55] They fit the following patterns [56] and are like the Chants Royaux except that the latter have no refrain and are decasyllabic:

1. ababccddedE   Pastourelles II, IV
2. ababbccddedE   Pastourelles I, III, VI, XV, XX
3. ababbccddeefeF   Pastourelles V, VIII, XIII, XVI, XVII, XVIII, XIX

---

[55] F. J. A. Davidson, "Froissart's Pastourelles," *Modern Language Notes*, XIII (1898), p. 229.

[56] The chart is based on the one in Davidson, p. 228, but has been corrected to fit the arrangement of poems based on A. Its accuracy has been verified by a tabulation made by this writer.

4. ababbccddeeffgfG   Pastourelles VII, IX, X, XI, XII, XIV

Each poem has five strophes of octosyllabic lines and an envoi that repeats the last five lines of the strophe. Masculine and feminine rhymes regularly alternate only in the opening four lines of all these poems except IV, X, and XIV.

The envois are addressed to the traditional "Princes," but VI, VIII, and XV have "Belles."

Whereas Davidson compares the similarity between the Chant Royal and Froissart's Pastourelles, Hoepffner, speaking of the latter genre, says,

> il a subit la loi générale qui régit l'évolution de la poésie lyrique aux XIVe et XVe siècles: une réglementation sévère, succédant à la liberté des temps précédents. Le nombre des strophes est désormais fixé à cinq. Le refrain, facultatif autrefois, est obligatoire à présent; réduit à un ou deux vers, il se répète régulièrement à la fin de chaque strophe. Un envoi au "Prince" termine chacun des poèmes, comme dans le chant royal. L'agencement des vers, si libre à l'époque antérieure, est maintenant indéfiniment le même, celui de la ballade et de la chanson royale. L'ancienne variété de rythmes, plus riche dans la pastourelle que partout ailleurs, fait place à une uniformité complète, l'octosyllabe restant le seul vers usité et admis. [57]

Canchons Royauls Amoureuses

Davidson points out that "Eustache Deschamps in his *Art de Dictier*, 1392, seems to understand under the name Chant Royal (Chançon Royal) a poem in five ballade-strophes.[58] In a footnote he quotes the pertinent passage:

> Item, en la dicte balade a envoy. Et ne les souloit faire anciennement fors es chançons royaulx, qui estoient de 5 couples, chascune couple de x., xi., ou xii. vers; et de tant se puevent bien faire et non pas de plus, par droicte regle.

---

[57] Hoepffner, p. 30.
[58] Davidson, p. 229.

Deschamps goes on to mention the five-line envoi, which must begin with the traditional "Prince."

This is the form which Froissart follows in the six poems in this section, with these exceptions: the envois of numbers III and IV have three and four lines respectively, and III is addressed to no one.

Froissart does not use the twelve-line strophe and uses the ten-line form only once (III), where the rhyme scheme is ababbccdcd, envoi dcd. The remaining five poems rhyme ababccddede, envoi ddede, except IV, where the envoi is dede. All six poems use the decasyllabic line, and there is no refrain,[59] although later poets employ one, as, for example, Clément Marot.

It should perhaps be noted that five of the *Canchons Royauls,* including the irregular ones, were "couronnées." Only the initial one — and this may explain the fact, inasmuch as it immediately follows the title of the section — is not so designated.

The fact that the irregular poems were "couronnés" indicates that certain minor infractions of the rules were permitted, if not everywhere, at least at Abbeville (III) and at Lille (IV).

Despite the fact that these poems are called *Canchons Royauls Amoureuses,* only the first three deal strictly with the *amour courtois* theme. The fourth one bears the rubric "chançon royal sote." The fifth and sixth are called "serventois" and were written to honor the Virgin.

The combining of these three subjects under the same general title is not so strange as may appear at first glance. The explanation lies in the evolved practice of the *puys,* those societies which were dedicated to the service and adoration of the Virgin Mary, and at which poems praising her were read.

Toward the end of the thirteenth century, a genre called the *sirventes,* designating "according to its derivation 'service poem,' i.e., song composed in the service of a lord,"[60] was borrowed from the Provençal poets and used by the *puys* for their poems celebrating the Virgin. The poetic form of the *serventois,* as it was

---

[59] Scheler (I, lii) erroneously states that the six poems are "composés chacun de 5 strophes (de 11 vers) à refrain et d'un envoi de 5 vers."

[60] Karl Bartsch, *Introduction to the History of Provensal Literature,* translated by Robert White Linker (Chapel Hill, 1963), p. 23.

called in northern France, consisted of five strophes and an envoi and was, according to Leonard E. Arnaud, "the model on which the other compositions recited before the *puy* were formed as well," and were, in fact, "nothing but parodies, distinctly non-religious in nature, of the serventois." [61] He goes on to explain the procedure:

> At the meetings, the *serventois* were recited first. Then came the *chansons amoureuses,* composed on the same pattern but inspired solely by a worldly love. The *amoureuses* were followed in turn by *sottes amoureuses* or *sottes chansons,* also composed in the identical form. [62]

The *sotte chanson,* as a parody on the *chansons amoureuses,* characteristically depicts a lover who has chosen to love someone no one else could possibly love and describes her with adoration.

In Froissart's poem of this genre (IV), crowned at Lille, the beloved is toothless and has a body as soft as a hackle. He finds her one day lying upon a soft dung heap. There he proposes to speak of love, but she will have naught to do with him until he proves his ardor in the lists. Shortly, a scurvy fellow arrives and embraces her of the hackle body. The lover is little pleased at this and even less pleased when he sees that she has, wrapped in her apron, such dainties as fresh garlic, bread, and salted bacon; so into a gully he throws them and there lets them lie.

Balades Amoureuses

There are forty-three poems of this genre, of which thirteen, indicated in the notes, are found in the longer poems. Three others, omitted from this section by the poet, have been assembled in the Appendix and enter into the following analysis.

Froissart's ballade is composed of three strophes with refrain. The strophes vary in length between six, seven, eight, nine, and ten lines, which have a rhyme scheme resembling those of the pastourelles and the *Canchons Royauls.* All the ten-line ballades

---

[61] Leonard E. Arnaud, "The *Sottes Chansons* in *Ms. Douce* 308 of the Bodleian Library at Oxford," *Speculum,* XIX (1944), p. 69.
[62] *Ibid.,* pp. 69-70.

rhyme ababbccdcD, the majuscule representing the refrain. The nine-line poems rhyme either ababbccdD or ababccdcD. Those of eight lines rhyme either ababbcbC or ababccdD; those of seven lines rhyme ababbcC, and those of six ababcC. The refrain is a single line except in numbers I and II, and I and II in the Appendix, where it is two.

The length of the lines in this group is predominately decasyllabic (twenty-two of forty-three), of which thirteen have a seven-syllable fifth line per strophe. Eleven have lines of eight syllables, of which one has a four-syllable fifth line; and ten ballades are heptasyllabic.

Four of the five poems with six-line strophes are *ballades équivoquées* (X, XXVI, XXVIII, XXX). Eustache Deschamps has this to say about the form:

> Et sont les plus fors *(difficiles)* balades qui se puissent faire, car il convient que la derrenière sillabe de chascun ver soit reprinse au commencement du ver ensivant en autre signification et en autre sens que la fin du ver precedent; et pour ce sont telz mos appellez *équivoques* et *retrogrades*, car en une meisme semblance de parler et d'escripture ilz huchent et baillent signification et entendement contraire des mos derreniers mis en la rime.[63]

All but three of the forty-three ballades deal with *amour courtois* and revolve around the ordinary themes, as, for example, the lover enduring the refusal or nonchalance of his lady, praising her grace and beauty, delighting in her presence and the *douls regars*, striving for the perfection she inspires in him, languishing in melancholy, and lamenting that his devotion and service go unrewarded. But he does not despair. No greater good can befall one in love than to think of one's lady, which he will do in youth and in old age,

> Car j'ai esté en douls pensers nouris,
> Et point ne seroie vis
> Se de bon coer certes je ne pensoie
> A ma dame, dont me vient toute joie.
> (XL, 18-21)

---

[63] Quoted by Scheler, II, pp. 476-477.

INTRODUCTION 49

In three of the love ballades, a lady is speaking. In the first (IX), she blames Cupid and Venus for the suffering she endures, and recalls the many pains of Candace for Alexander, Helen for Paris, Iseut for Tristan, and Tholomée for Nestor of Inde Majour, who was slain by Aeneas.

In the second (XIX), she realizes that lost honor is irrecoverable, but her *ami* seems not to be concerned: he smiles at her and talks to her under the scrutinizing gaze of on-lookers... and there is talk! He is so blinded by his passion that she cannot quite make him see that she has her honor to protect.

In the last of these three (XXII), the lady admits that her discreet, prudent, gay and courtly suitor is very worthy of a *belle amie*. He asks her winsomely for her love, but she refuses. Yet, he is so persistent that she deigns to let him know that she *ought* to have pity on him.

The three ballades which do not treat of love deal with as many different themes. In number XXIII, the poet tells those who are stricken with fever, gout, or mange to avoid the cold, fruit, women and cheese: cold harms; fruit, if too much be consumed, does great damage; women, who appear sweet and benign, can cause more torment than men; and cheese is hard to digest.

Number XXXI reviews a mythological subject. The goddess Diana has fulfilled her promise to Brutus to give him a land (Albion) in which to establish a new home and which will belong to succeeding generations of his heirs.

In the last of these pieces (XXXIV), the poet lists the things that refresh his spirit — mountains and valleys, vineyards, the sound of wine poured from a bottle, fine clothes, fresh meat, violets, red and white roses, rooms filled with candles, games, dancing, good beds and, to help one sleep, spices, claret and Rochelle wine.

Virelais Amoureus

Comprised under this rubric in the manuscripts are thirteen poems, of which the first ten are found in the longer poems. Sixteen others of this genre, including an incomplete one, are also found in the longer poems. They have been assembled in the Appendix and are included in the following analysis.

Froissart's virelay, generally speaking, has five strophes of five or six lines constructed on four rhymes: two in the first, third and fifth strophes, and two others in the second and fourth, where in each group rhyme and rhythm patterns correspond.

Exceptions: number II has three strophes and IX has seven; in the Appendix, X and XV are constructed on two rhymes only; and again in the Appendix, six poems (I, II, VI, VII, XIV, XV) have four lines in the first strophe, XVI has eight lines in the second strophe, and IV is incomplete.

After the third and fifth strophes, the first is repeated as a kind of refrain.

The predominant line is heptasyllabic (twenty-five of twenty-nine virelays), alternating with lines of five, four, or three syllables. The octosyllabic lines of the remaining four virelays alternate with tetrasyllabic lines. Only four poems have lines of uniform length, all heptasyllabic, but the interlacing of rhymes is different in the first and second strophes.

There are, for the total of twenty-nine poems, twenty-six different forms. Those which have the same form are IV and XI, VI and VII; in the Appendix, VIII, XI, and XII. No poem in one group is similar in form to any poem in the second.

Concerning the lyric qualities of the virelay, Maurice Alexis Leleu says,

> il est évident que la première strophe ou refrain avait son chant particulier et que la deuxième strophe avait une mélodie différente.
>
> La troisième strophe et la cinquième se chantaient-elles sur le même air que le refrain; on pourrait le supposer par la coupe de la strophe qui est identiquement la même. De même le quatrième couplet devait ressembler au deuxième pour le chant comme il lui ressemble par la combinaison des vers.[64]

The virelays, like all of Froissart's lyric poetry, do not carry musical notations, but they can, as Julia Bastin points out, be

---

[64] Leleu, p. 113.

sung to a borrowed tune. "Ainsi, au moment où le poète reçoit de son ami un virelai, il le chante sur l'air connu de: *Je sui moult hardis.*" [65]

Froissart has a reputation for facility in composing virelays. Baron Kervyn de Lettenhove, the nineteenth century editor of the *Chroniques,* says that "Froissart composait ses virelays en aussi peu de temps qu'on mettait à les chanter," [66] and, as a sort of proof text, he cites these lines from *L'Espinette amoureuse:*

> Le virelay fis en otant
> D'espace qu'on liroit notant.

Julia Bastin re-echoes this notion: "A en croire Froissart, le virelai est un genre facile, qui ne demande guère d'efforts. 'Je le fis, dit-il, en autant de temps qu'il en faut pour le chanter.'" [67]

Froissart's statement is the only support offered by either of these writers in behalf of the contention. One may find but meager support in the *Espinette amoureuse* [68] (ll. 2452-2467) in connection with the unfinished virelay, where the poet gives his reason for not completing the poem. The poet, going on a journey, had to leave his *damoiselle,* to whom he wrote a virelay. He was interrupted by fellow travelers and did not resume composition when leisure returned. The implication is, of course, that, but for the interruption, he would have completed the poem at one sitting.

There is also evidence that the lines quoted by Kervyn de Lettenhove refer only to the virelay in question ("Coers qui rechoit en bon gré," App., III).

Instead of "Le virelay," manuscript 831 reads "Ce virelay," from which obvious inferences may be drawn. This writer has no zeal to pontificate as to the original reading. Either is tolerable and follows Froissart's practice (forty-one out of forty-six times) of commenting on the particular lyrical piece which he has just

---

[65] Julia Bastin, *Froissart, chroniqueur, romancier et poète,* 2ᵉ ed. (Bruxelles, 1948), p. 15.
[66] J. M. B. C. Kervyn de Lettenhove, *Froissart. Etude littéraire sur le XIVme siècle* (Paris, 1857), II, 255.
[67] Bastin, p. 15.
[68] Scheler, I, 159.

incorporated or is about to incorporate into the longer poem. In all but four or five cases the particular poem is designated by genre and preceded by the demonstrative adjective or by the definite article, as above. In every case, the reference is specific and not general, as would be necessary if the poet were speaking of his facility with all his virelays.

It is to be noted also that the tense of the verbs in virtually all cases is the *parfait*.

"Froissart's virelays are few and conventional," [69] is Whiting's only comment on the form. The themes are consonant with those of Froissart's other poetry.

Here again we find the lover, conquered by his lady's beauty, charm, and grace, regretting her apparent lack of concern, despite his loyalty, courtesy, and discretion. He laments her protracted absence and his consequent loss of joy. He has no hope of her favors and, because of the affliction of his heart, thinks it fitting that he wear black.

All is not negative, however. He thanks *Amours* for bringing him into subjection and giving him consolation and hope. Upon leaving his *amie*, his heart is aglow with joy. The very sight of her heals him, and her deigning to look upon him cures all his pains. Everything worthwhile in him finds its source in her.

In some of the virelays, a woman speaks. She is sad because of the absence of her *ami* and hopes he will write to her. She regrets that she has been unable to tell him what is in her heart and has had to refuse him. No wonder, she says, that she loves him, for he has never been ungentlemanly and has always honored and served her well. But caution is the order of the day! Slanderers are ever vigilant. Yet, if he remains constant and offers himself wisely, he will, in due time, be rewarded for his hardship.

Rondelés Amoureus

This group of 107 poems comprises the final section of Froissart's lyric poetry. One hundred three of them are found in both

---

[69] Whiting, p. 210.

manuscripts and follow the same order. The last four are found only in A. All are isometric, having decasyllabic lines and, except for number XXI, an identical rhyme scheme constructed on two rhymes: ab/aA/ab/AB, where line 4 repeats the first line as a refrain; lines 7 and 8 (the last strophe) repeat the first strophe. (The manuscripts omit the eighth line, but it has been added in this edition to complete the four-stanza form.)

Number XXI, a 12-line rondeau, rhymes abb/aAB/abb/ABB, with lines 5 and 6 repeating the first two lines, and the last strophe repeating the first.

(In the Appendix the eight rondeaux are identical in structure to the two types mentioned above, with the exception of line length, which is heptasyllabic.)

The brief compass of Froissart's rondeau (five different lines of a total of eight) necessarily limits the development and expression of an idea or emotion. Consequently, each poem gives a very brief account of a lover's experience of limited success, with its subsequent languor and melancholy and persistent hope of *merchi* and *pité*.

As is suggested in the foregoing paragraph, what we read in the rondeaux is thematically consistent with the other poems: the poet is smitten by the lady's beauty; he wants some brief *confort* to make him happy; he would be quite satisfied to gaze upon her to heart's content. O the abundant joys of the heart when one is in love! This is the only source of pleasure, delight, diversion! Every day his love grows in intensity, and all because the sparks of her modest and amourous eyes have reached his heart. He gives himself unstintingly to this lady and waits in hope, asking only that her eyes declare "*Vé me chi*." But the joys of love are complemented by sorrow, pain, grief, jealousy, and remorse at lost time, unrewarded effort and thankless loyalty. Nevertheless, he will never weary of thinking of her, and, if he is too liberal in his thoughts, her great beauty and charming ways are to blame.

Beauty and charming ways are not, however, the only requisites for being loved. The lady must also be courteous, honorable, humble, prudent, discreet, true, and happy. And there are only a select few who are best equipped to serve their ladies loyally: "Les amoureus et cheuls qui scevent lettre...." Froissart's poet-lover declares that he will be faithful and loyal unto death and beyond: "Quant mors serai... Mes esperis le servira tous jours."

Only one of the rondeaux does not deal with the courtly love theme, and three which do are distaff expressions.

In the latter, the lady expresses her willingness and inability to comfort her *ami* and begs him to receive her attention *(regars)* as his reward (L). She confesses that the pain of her love is great and longs for a few words from him (LII). She bids him good-bye until they meet again and tells him that if wishes could come true "Vous me veriés trente fois la sepmainne" (LIX).

The single rondeau which does not treat of love (LXIV) discloses a philosophical musing, rare in Froissart's lyric poetry. After bad times, he asks, what is the use of grief and worry? One must not be distraught about anything that happens, but live every day with equanimity. We do not know, he concludes, when we shall leave here or where we shall go. The very thought humbles him.

Froissart has been criticized for not reflecting concern for the people's great suffering during his century due to famine, war, and the Black Death. "Froissart traverse ces temps affreux sans paraître s'en apercevoir," says Maurice Wilmotte. "Michelet le traite d'insouciant. Il n'a peut-être pas tort." [70] He goes on to state that Froissart shunned these unpleasant scenes as repugnant to his good health and natural optimism, and excuses the poet's omissions as due to

> la fréquentation assidue de grands seigneurs, de belles dames que sa poésie amusait [qui] l'empêchait de prêter l'oreille à d'autres récits que ceux des exploits chevaleresques ou guerriers de ses protecteurs; le bavardage affecté des réunions mondaines lui suggérait des œuvres totalement étrangères aux lamentations de l'époque. [71]

Kervyn de Lettenhove also notes his effort to please the *grands* and reminds us of the lucrative value of his poetry: "il était

---

[70] Maurice Wilmotte, *Froissart* (Bruxelles, 1944), p. 36.
[71] *Ibid.*

réduit à leur offrir sans cesse quelques nouveaux poèmes, œuvres que l'on payait d'autant plus généreusement qu'elles étaient plus étendues." [72]

There is probably some truth in each of these remarks, but the charge of being *insouciant* is mitigated by the thought expressed in the last-mentioned rondeau, a thought common to human experience: one cannot long endure being constantly obsessed with and oppressed by misfortune, a realization not different from that expressed in La Rochefoucauld's maxim "Le soleil ni la mort ne se peuvent regarder fixement" (26).

The foregoing general overview of the lyric poems makes it quite evident that Froissart's predominant theme, with the exceptions noted, is courtly love. To round out thematic considerations it may be of interest and value to take cognizance of some of the minor themes, which are subjacent to the major theme, and of some of the imagery employed by our author. It will be even more obvious from these how extensively Froissart's *poésie à forme fixe* forms an integral part with the courtly love lyrics of the Middle French period and how valid Whiting's remark is that "Froissart was not an innovator in poetry." [73]

The month of May is when it happens! [74] Blooming roses, lilies and glads accompany burgeoning love and its hope of *merci*. Once the noble passion catches fire, the happy wretch, for so he conceives himself, experiences the torment of departure and separation. He is certain that none of the great lovers of history and fable have suffered as he, and he is disconsolate until she returns, a return which normally entails a "longe attente." The renewed sight of her heals him; Nature has fashioned her so exquisitely that even *Biauté* looks only at her, whose face excels any portrait — "she's prettier than a picture!"

Sometimes the lady gives hope of *merci*; more frequently not, and his heart is so afflicted by *desespoir* that people say he

---

[72] Kervyn de Lettenhove, *Froissart. Etude littéraire*, p. 257.
[73] Whiting, p. 189.
[74] The following subsidiary themes are found generally throughout the poems in such frequency that the inclusion of references seems unnecessary.

looks like a dead man, and dead he would rather be than alive. His "merancolie," however, is so sweet that he goes out to be alone and enjoy it fully. Ah, the injustices endured by those in love; he who deserves the best does not receive it!

When the lady speaks, she makes it appear that her *ami* does not fully appreciate the delicateness of her situation. It is not that he is undeserving; her good name is at stake. Their love must be kept secret.

However, he is aware of the courtly procedures and is almost always a paragon of discretion: he avoids speaking to her and implores her to but glance at him as she passes; a glance is deeply satisfying and is more important to him than a spoken word, for the word must necessarily for propriety's sake be "Flee," while a look promises "Today." The glance will suffice as his reward for loyal service.

Froissart does not seek the unusual in his use of imagery. For the most part, his relatively sparse images have, for us as for his contempories, lost their pictorial vividness and convey almost exclusively the figurative meaning.

Battlefield terminology is widely used to depict the fierceness of love's assault: his lady's gentle words smite his heart; torment pierces it; her perfect beauty and kindness strike the blows; *Amours* fights his heart, strikes him down, plunges into him and there does combat. His lady is ready to strike, invade, attack his heart, which cannot long endure such an assault. "L'amoureuse plaie" stings and wounds *(navrer, blecier, plaier)* him. Love is his captain; she arms him with the noble shield of loyalty. *Ardant Desir* and all his subjects wage bitter war against him. *Ardeur* also wars against him and binds him fast. Without being challenged, the lover is captured by a sweet, smiling portrait of his lady. Her ardent look is a javelin *(dart)* which has delivered him such a wound *(escart)* that he will never recover. He seeks victory over the *mal* which has penetrated him. Then he will have "grant glore / Et de corps et d'âme" (Lay II: 125 f.).

Paralleling this is the use of religious imagery and terminology, a usage as conventional as the preceding. The poet-lover addresses prayers to *Amours*; he beseeches *(priier, suppliier)* her to shelter him in her will. He has hope of *merci*, honors, praises and serves his lady. He speaks of the sovereignty, power and majesty of *Amours*, whom he praises for her gifts and to whom he entrusts his heart in the hope of answered prayer. The lover does not want to repent of loving; alms ought to be given to him. Anyone who thinks incessantly about the lady he loves "vit en glore et plus qu'en paradis" (Bal. XL: 4).

In addition to these images, we find the following. Love is likened to a fire and a burning flame; it devours the heart; it is called a sickness, a cruel sickness. The lover compares his suffering to that of a martyr and speaks of his martyrdom; his melting heart is like the melting snow, and his joy soars more rapidly than a swallow; love is a thorn which pricks his heart; it is on a remote island around which he can walk but not penetrate. When his lady looks at him, he feels that his heart is like a precious stone set in gold. When love's anxiety has been removed, his heart pulls the cord of joy. Love is a prison and he is its prisoner; it holds him in thrall; his beloved's sweet glances capture him, as do her eyes; but it is in this captivity that all good things come to him.

His lady, the treasurer of beauty, is his health and his life; she is a sovereign flower, a sweet red rose and like unto a clear day; her love is more beautiful than a rose, and her heart is like a magnet and her eyes like a falcon's. Her speech and the sounds of her voice ressemble the songs of birds. [75]

In Balade VIII, the lover speaks allegorically of his lady under the figure of a flower, *le margerite*. It is more excellent than the rest (*rose, fleur de lis, perselle, pionier, mughet*, etc.). No matter what the weather, it is always "gracieuse et nouvelle, / Douce et plaisans, blancette et vermellette." His sorrow increases when he thinks of it, for it is enclosed in a tower which thwarts him night and day.

In another place (Bal. XXXVI), the poet-lover interprets the Golden Fleece allegorically as being his lady. He dares not approach it, for it is armed with *art, sens* and *refus*.

---

[75] Froissart's description of the ideal lady — and even shepherdesses — is totally conventional: blond hair, gray and/or bright (*vair*) eyes, tall, slender, white hands, etc.

The poet likens building a strong and satisfying love to the construction of a tower, whose foundation is laid only after adequate planning. The sovereign power of *Amours* collected the wood for the pilings which entered his heart (Lay I).

Masters become servants when under the power of *Loyauté*; the *ami* wishes to die a loyal servant of *Amours*, although the rewards to those who serve her well are inequitable.

Other imagery employed by Froissart lacks the coherence of the foregoing and is collected randomly below.

If *bonne amour* excavates in him, she will find a mine of loyalty; fickle Fortune changes like a wind-blown weathervane; pity is the treasurer and messenger of his misfortunes; the tongue of envious gossips turns like a windmill; *Amours* fears an inconstant heart more than a storm; his lady's pity sleeps; his eyes are like a swallow in flight seeking vainly something appealing; the lady's unwilling verbal refusal of her *ami* is like a sword drawn from her mouth to "kill" her.

Froissart's techniques for introducing and developing a poem are limited and highly conventional. Primarily the author utilizes the courtly monologue. Sometimes he apostrophizes his lady or a personified figure, as *Amours* and *Loyauté*. Sometimes he poses a question, which he then proceeds to answer. On one occasion, *Amours* commands him to compose a lay (IV). On another, the return of his beloved lady precipitates one (IX).

In the pastourelles exclusively, Froissart uses the device of a traveler who, between two towns or near a river or forest, sees a gathering of shepherds and shepherdesses whom he stops to listen to. In all twenty of these poems and in the *sote chançon* (CR IV), he uses dialogue and narrative, which give the reader the rare feeling of approaching realism.[76]

Of Froissart the poet Maurice Leleu says:

> Quand on compare Froissart aux poëtes français les plus distingués de son temps, on ne le trouve inférieur à aucun. Ils peuvent avoir leur caractère propre et qualités personelles comme aussi les qualités spéciales de style

---

[76] Unadorned narrative is found also in Bal. VI: 11-19, Bal. XXXI, and in Vir. XIV of the Appendix.

qui conviennent aux sujets divers de leurs compositions: Mais tel qui semble inférieur à un point de vue l'emporte par d'autres mérites, et n'en conserve pas moins son rang, au niveau de ses contemporains les plus éminents. [77]

Froissart's treatment of love is always chaste and largely in the abstract, whereas that of Guillaume de Machaut and Eustache Deschamps indicates a clearer intent, often bordering on coarseness. Even Froissart's *sote chançon* (CR IV) escapes crudeness. Froissart is found on occasion to treat the noble theme in a light vein (Lay I: 28-32) and, by implication, with tongue in cheek (Bal. XXIII). Many of the rondeaux display a light bantering mockery.

The poet describes his lady and his love for her with a greater show of learning in the abundance of classical and biblical names than does Machaut, for example, and is less addicted to set phrases than the latter, though he seems to be particularly fond of "bonne et belle," "gente et belle," and "belle, bonne et gente."

Whiting compares Froissart's and Machaut's metrical skill as seen in their ballades.

> The ballade, like the sonnet, is a poetical type which requires great skill if the reader is not to feel a satiety bordering on nausea. This skill, and that despite consummate metrical ability, Machaut did not have and the artificial puling melancholy and histrionic love-sick whining, the tiresome adulation and namby-pamby praise of his ballades produce a genuine sense of oppression before many pages have been read. Froissart wrote far fewer ballades than did Machaut and yet his forty contain more variety than do Machaut's two hundred. [78]

In this and the other short forms, the monotonous repetitions and banalities of the lays are somewhat avoided, and substance and form are appropriately balanced.

The reader cannot help feeling a certain shallowness of emotion in all the forms, probably because they were intended as only tokens of homage rather than declarations of passion. The demands of the forms are also contributory to this feeling of

---

[77] Leleu, p. 49.
[78] Whiting, pp. 209-210.

shallowness. To wit, the unhappy ubiquitous insertion of *chevilles*, among the most ill-timed being the one in parentheses:

> C'est raisons qu'elle m'en croie,
> Car, quele part que je voie,
>   Tant l'aim ardanment
> (Il m'est avis vraiement)
>   Que toutdis le voie.
>
> (Vir. IX: 24 ff.)

Although Froissart was not a poet endowed with the sensibilities of a creative imagination, and although he did not escape being platitudinous, repetitious and conventional, he was frequently able to write a dainty, charming and serene verse of lively, graceful and melodious movement, which, to be sure, does not count for nothing.

VI. Plan of the Present Edition

The purpose of this project has been to prepare an edition of all the lyric poetry of Jehan Froissart, using B. N. MS fr. 831 (designated A) as the base. The poems follow the order of the base manuscript, but, in the case of omissions, B. N. MS fr. 830 (designated B) served as the source, and the poems from it have been inserted here according to the arrangement in it. Poems which occur only in B bear a cross (+); those which occur only in A bear two crosses.

Spellings appear exactly as they are in the base manuscript, except for abbreviations, which have been resolved, and distinctions between *i* and *j*, *u* and *v*. Accented final *e* is written *é*, and the trema has been added for purposes of syllabification. Capitalization and punctuation follow modern usage.

The lyric poems which form a part of the long narrative poems but which were not included by Froissart in the major groupings have been collected in the Appendix.

Explanatory notes and significant or noteworthy variants may be found at the end of the text. An asterisk signals the inclusion of information in this section.

The Glossary contains those words which are deceptive cognates or are irregular in form or spelling, or which may otherwise offer difficult reading.

The Index of Names comprises all the names which occur in the text.

TEXT OF POEMS

CHI S'ENSIEVENT PLUISEUR LAY AMOUREUS

I

Quant on voelt faire une tour,   [29b]
    Li pluisour
Dient qu'on doit regarder
      Et viser
      Ou fonder   5
On le puet pour le millour,
Et le couvient sans demour,
Ains qu'on le puist maçonner
      Ne ouvrer,
      Piloter   10
    Pour donner
Fondation et vigour.
Tout ensi esce en amour;
Car coers qui emprent l'amer,
    Son penser   15
      Doit tourner   [29c]
    Et fremer
En doctrine et en honnour,
Et conchevoir le valour
      Et douçour   20
Qu'il puet par grasce impetrer
    Dedens brief jour.*

      Qui use autrement
    Ne puet longement
    Vivre bonnement   25
    Ne seürement

En joieuse vie;
Car amours aprent
L'amoureuse gent
User leur jouvent   30
En esbatement
Sans merancolie.
Ja soit ensement
Q'uns amans bien sent
Par penser souvent   35
Angousse et tourment,
Mais amours li prie,
Que, quant che l'esprent,
Ait presentement
En son sentement   40
Pour aliegement
Esperance lie.

Car espoir
Donnent voir
A l'amant   45
Confort grant,
Et plaisant
Fait* manoir   [29d]
Ou manoir,
Qui pooir   50
A d'avoir
Son servant
En garant.
Nonpourquant
Desespoir   55
M'ont ja tant
Fait doloir
Que voloir
D'esmouvoir
Ai le chant   60
Que je chant*
Triste et dolant,*
Main et soir.

Amours, tant qu'a mon pourpos,
    Bien dire os,
Vostre souverainneté,
    Poësté,
    Majesté,
A quoelliet le propre bos
Dont on a fait les pilos
Qui sont en mon coer enté;
    Piloté
    Et planté
    Tant esté
    Ont la qu'outré
M'ont cuir, char, sanc, ners et os.
  Encor y senclı les estos,
    Grans et gros,
Qui la sont enraciné
    Ou fondé.   *[30a]*
    Maçonné
    Et ouvré
Avés sus tant que m'en los.
Et quant, Amours, je sui vos,
Je vous pri en charité
    Que pité
Ait ma dame par son gré
    De ma grieté;
    Car navré
M'a le coer par ses douls mos,
Et feru en ont les cops
Sa trés parfaite biauté
    Et bonté,
    Qui tant ont los.

Et bien est en vo poissance,
    Je le croi,
Que d'avoir brief aligance
    Dou desroi
Qui le cuer me perce et lance.
    Las! pour quoi
N'a pité ma dame france

    Dont de moi,
  Qui sueffre tel penitance
    Tout pour soi,
  Qu'en riens je ne prens plaisance   105
    N'esbanoi,
Ains ai perdu d'esperance
    Tout l'arroi?
Se longes ai tel souffrance
    Que rechoi,   110
Morir m'estuet sans doubtance,
    Bien le voi,   [30b]
De che me fait congnissance*
    Bonne foi.

    Tant sui constrains   115
    Et fort destrains
Pour vostre amour, dame chiere,
    Que tous mes plains
    De grietés plains
Fai et d'esbahie chiere.   120
    C'est drois, car ains
    N'eut nuls compains
Aventure si trés fiere
    Que j'ai; dont tains
    Sui et atains   125
Si fort que j'en pers maniere.
    A vous m'en plains
    Et m'en complains,
Car vous portés ma lumiere.
    Las! de quels çains   130
    Serai je çains,
Se vous me mettés derriere?
    Tous soirs, tous mains
    Di: Certes j'ains
De biauté la tresoriere,   135
    Et sui certains
    Qu'onques nuls tains,
Ouvrés sus bos ne sus piere,
    Tant fust hautains

LAY AMOUREUS

   Ne souverains,   140
N'eut biauté qui s'i afiere,
   Dont mainte et mains
   Dient au mains
Nature en fu bonne ouvriere,   *[30c]*
  Car onques Pymalions   145
    Ne Pallés,
    Par qui fés
    Et pourtrés
Fu tamains ouvrages bons,
N'entaillierent, ne nuls homs,   150
Ymage de si biaus trés
   Comme est li trés
Plaisans corps, douls et parfés,
De ma dame, et li agés.*
    Je m'en trés   155
A Nature, qui ses dons
Y a mis et ses façons
    Par mos exprés,
Et sus lui assis ses trés*
   Tels et si fés   160
Qu'au veoir c'est grans souhés.
Ses corps est gens, drois et lons,
Sain haut assis, petis, rons
    Et bien durés;
Blances mains, bras lons, grassés.   165
Jambes droites, piés moult gés;
    Et puis aprés,
Les yex vairs comme uns faucons,
Nés tretis; clers est ses frons,*
   Et ses mentons   170
   Est moult doucés;
Belle bouce a donner pés,
    Et chevelés
    A biaus et blons;
S'est sa parolle et ses tons   175
Ossi plaisans que li sons   *[30d]*
    Des oiselés

Est a l'oïr, quant li més*
Vient et la douce saisons,
Qu'on les ot sus ces buissons   180
　　Par ces regés*
　　Au chanter prés.
Et pour ce a* tous jours més
　　Ses servans vrés;
　　Sans avoir cés,   185
Je me rench li siens soubjés,
　　Car c'est raisons.

　　Tant est honnouree,
　　Plaisans et senee,
　　De biauté paree,   190
　　De bonté loee,
　　Gente et esmeree,
　　Bien encoulouree
　　Et enluminee,
　　Sage et avisee,   195
　　A point emparlee,
　　Bien amoderee
　　Et endoctrinee,
　　Qu'en une contree
Ne seroit tele trouvee.   200
　　Or est ma pensee
　　D'amours embrasee,
　　Si a lui donnee
　　Et dou tout tournee
　　Qu'onques tour quaree,   205
　　Tant fust bien ouvree
　　Ne fort pilotee
　　Ne bien maçonnee,   [31a]
　　Ne fu si fremee,
　　Ne si fort fondee,   210
　　Qu'amours m'est entee
　　Ou coer et plantee
　　Et la dedens nee
　　Et enracinee.
　　Ja n'en ert ostee,   215

LAY AMOUREUS

Frainte ne quassee,
Meute ne planee,
Cui qu'en desagree
Ne qui s'en effree,
Tant que m'ame ara duree . 220

Car c'est d'esté et d'ivier,
Au lever et au couchier,
Au dormir, au resvillier,
Soit au boire ou au mengier,
A l'aler ou au jokier, 225
Au seoir ou au drecier,
Ou au reposer quidier*
Qu'amours si me represente
Son plaisant corps et legier,
Son maintien gai, frice et chier, 230
Sa bonté qu'on doit prisier,
Son sens ou n'a qu'ensegnier,*
Ses meurs qui sont coustumier
De bien faire et si entier
Qu'il n'i a que corrigier; 235
Ne je n'ai ailleurs entente
Ne me puis nes apoiier,
Tenir chief sus orillier,
Estre quois ne petiier,
Ne errer ne chavaucier, [31b] 240
Ne parler ne consillier,
Ne moi si ensonniier,
Estre en hostel n'en moustier,
Aourer Dieu ne priier,
Ne compagnie cerquier 245
Pour moi un peu oubliier,
Qu'amours ne dist tousjours: "Ren te,*
Je te tieng mon prisonnier,
Tu ne me pues eslongier,
Je t'ai mis en mon dangier, 250
A moi te faut obligier,
Bien te puis nuire et aidier."
La me faut pourpos cangier,

Sanc muer et fretillier,
Trambler, fremir et songnier* 255
Comment me puisse alegier
Et couvrir mon destourbier.
De tels assaus maint millier
Ai je nuit et jour de rente.

    En tel soussi 260
      M'a saisi
        Amours, qui
    Par sa merci
      Me debat
    Le coer et bat; 265
    D'un tel esbat
      M'a servi
    Depuis se di
    Que premiers vi
    Vo corps joli, 270
    Ma dame, Hé mi!
    Par cel estat,   [31c]
      Qui m'abat
      Et s'embat
      Dedens mi 275
    Et s'i combat,
      Me rens mat,
      Nu et plat,
      Et si cri
    Merci et di: 280
      Vé me chi
      Sans debat,
      Sans barat
    Et sans raccat,
      Vostre ami, 285
    Et certefi
      Que sans si
      Et ossi
      Par restat
    Et sans rabat 290
      M'est ensi.

Jusqu'a mort
N'estindera ceste flame,
    Qui si fort
Le coer me perce et entame;   295
    Se ressort
N'ai viers vous, ma chiere dame,
    Au droit port
Sui venus pour rendre l'ame
    Sans deport.   300
Or escriran* sus ma lame:
    "Ceens dort
Chils qui mors est, et pour fame."*
    Tel recort   [31d]
Poran* dire par esclame   305
    D'un acort:
Au mains au coer qui s'esclame
    Oultre bort,
Donnés le grant d'une dragme
    De confort!   310

Pour estaindre la langour,
    Qui dolour
Me fet nuit et jour porter,
    Car oster
    Ne oultrer   315
Ne le puis par nul atour,
S'il ne vient de vo hautour,
Que il vous plaise ordener
    A donner,
    Composer   320
    Et livrer
En ma dame une liquour
Qui li face ma labour
Recongnoistre et savourer,
    Car, c'est cler,   325
    Nuls curer
    Ne saner
Ne me puet de ceste ardour
Fors vous, souverainne flour,

                    Qui j'aour   330
                Et voel tous temps aourer
                    Sans nul faus tour.

                            II

                           Lay

J'ai grant mervelles de mi,
            Car souvent
                Mon corps prent   [32a]
            Esbatement
Sans oquison, a par li;   5
Mais il deuïst, je li di,
Savoir et sentir comment
            Mon coer sent
            Tel tourment
                Que, briefment,   10
            En jouvent
Onques coers tel ne souffri,
            Depuis se di
            Que je vi
                Premierement   15
            En present
            Vo jouvent,
Chiere dame, a cui m'otri.

            Par un regart,
                Se Diex me gart,   20
Fu lors mon coer si atains
                Que, quant regart
            De quele part
Chils cops vint, je sui certains
                Que de ma part,   25
            Par vostre espart,
Soudainnement dedentrains
            Rechu d'un dart
            Un tel escart

Que jamais ne sera sains,　　　　　　　　　30
　　Car tempre et tart
　　Bruïst et art
En cris, en plours et en plains,
　　Et ne scet art
　　　　De prendre esgart　　　[32b]　35
Pour confort. Las! j'en vaus mains.
　　De che l'enpart
　　Trés grande part
Fortune a ses propres mains,
　　Et li espart　　　　　　　　　　　40
　　　Comme a poupart
Devant lui tous ses complains.
　　Dont pour musart
　　Et pour kokart
Tieng mon corps, qui deforains　　　45
　　Fait le gaillart
　　Et se repart *
De confort, et ses compains *
　　Point ne se part
　　De ceste part　　　　　　　　　50
Ou il n'est hetiés ne sains;

　　Ains souspire
　　En martire
Tel qu'on ne poroit descrire
Les cent pars * de ses dolours.　　　55
　　La le tire,
　　Diex li mire,
Fortune, qui ne desire
Que de li grever tous jours,
　　Tant l'empire　　　　　　　　　60
　　Et detire
Que riens ne li lait d'entire
Fors les grans assaus d'amours.
　　Ensi frire
　　Et defrire　　　　　　　　　　　65
Le fet. Hé mi! c'est dou pire,
Car il n'atent nul secours　　　[32c]

Ne nul mire,
Dont eslire
Ne scet, quant bien se remire, 70
Que la mort, c'est ses millours. *

Et voir il a droit,
Car s'auques vivoit,
Trop il soufferoit
De grieté obscure. 75
Nuls ne le plorroit;
Dont, quant sa fin voit,
Monstrer voelt et doit
Par quele aventure
Tel grieté rechoit. 80
Amours l'em pourvoit
Qui l'en ramentoit *
La droite escripture. *
Las! qui porteroit
Ne qui soufferoit 85
Les mauls qu'il conchoit,
Dont on ne fait cure?

De mon mal qui n'a nul per
Je n'en sçai qui encouper,
Fors l'aquoel 90
Dou bel aquoel, *
Dame, de vostre vis cler.
Tout m'est pris par regarder;
Car vostre oel
Sans orgoel 95
Me font nuit et jour penser
Le maniere dou penser
Qu'en requoel
Je le voel [32d]
Belement dire et monstrer, 100
Et pour moi mieuls escuser,
Je me doel *
De vo voel,
Quoi qu'il me face porter.

Comment que desirs m'assaille, 105
  Qui me baille
Nuit et jour tamaint assaut,
  Dont tressaut
Et fremis pour la bataille,
  Qui m'entaille 110
Dedens le coer froit et chaut.
  Las! il faut
Que pités pour moi me vaille,
  Ou sans faille
Je sui mors sans nul defaut. 115

  Car trop plus encore
Tous jours en memore
M'est li ardans flame
Qui m'art et enflame
Le coer et devore. 120
Las! s'il plaisoit ore
A ma chiere dame
Au mal qui m'entame
Envoyer victore,
J'aroie grant glore 125
Et de corps et d'ame.

  Ensi me poés,
Dame, se volés,
Ocire et garir.
Se me refusés, 130
Je sui avisés. [33a]
Il m'estuet morir.
Amours, pris m'avés,
Et moult bien savés
Qui me fait languir. 135
A vous sui donnés,
Et qu'or ordonnés
Par vostre plaisir
Que soie escoutés
Et reconfortés 140
De l'ardant desir

Dont sui embrasés,
Atains et bersés,
Sitost que remir
Le bouce et le nés, 145
Les membres fourmés,
Plaisans a veïr.
Amours, consentés
Francise et Pités
Me daignent oïr. 150

  Si arai
De tous mes mauls aligance,
  Et serai
Raemplis de souffissance,
  S'ensi l'ai, 155
Onques homs n'eut tel plaisance
  Que j'arai,
Ne de biens tele habondance.

 Or vous plaise a rechevoir,
  Douce ymage, 160
  Humle et sage,
  Mon hommage;
Car, saciés, par estavoir   [33b]
  Tout ce fa ge, *
  Ne corage 165
  Ne langage
N'ai, ne n'arai aultre voir.
  Tant en sa ge *
  D'avantage,
  Car rendage 170
En fai selonc mon pooir.

 Et tous li depors
Dont je me depors
Et souvent confors
Et preng esbanoi 175
 A par moi,
C'est espoirs, dont fors
Sui par ses effors.

Quant je me remors
De son douls arroi 180
    Simple et quoi,
Je monstre au dehors
Que mon coer soit hors
De tous desconfors.
Las! més en requoi, 185
    Sus me foi,
Est bersés et mors.
Dont priés sui que * mors,
S'esperance lors
Ne cessoit un poi 190
    Mon anoi.

Car le haut don de merci *
    Qui m'aprent,
    Bonnement
    Aliegement   [33c] 195
Donne grant a mon soussi;
Dont, Amours, j'en regrasci
Vostre douls commandement,
    Qui m'esprent
    Bellement, 200
    Liement,
    Sagement
Porter mon doel, et ossi
Se ma dame a cui je pri
Reconforte nullement 205
    Mon dolent
    Coer, briefment,
Je ne dirai plus "Hé mi!" *

III

Virelay *

Pour resjoïr mon martire
Voel je mon coer mettre en voie
    D'avoir joie.

Che m'envoie
Uns douls espoirs, Diex li mire, 5
Qui me vient compter et dire
Que de riens il ne m'anoie
Ne larmoie
Ne gramoie.
Bien poroie 10
Avoir che que je desire;
Et puis qu'en confort me tire, *
C'est bien raisons que le croie
Et que soie,
Ou que voie, 15
Ne que voie *
Liés et joieus et sans ire;
Car mieuls ne poroie eslire, [33d]
Se par souhet advenoie
Ne venoie 20
Ou voloie,
Qu'en la quoie *
Ma dame amer, c'est sans dire.

Car tant est et belle et gente,
Par me foi, 25
Que Nature li deubt rente, *
Je le croi,
De donner fourme excellente.
Car pour quoi?
Atemprance represente 30
Son arroi.

Ce m'esjoïst
Et resjoïst
En confort et en leece,
Et adoucist 35
Et esclarcist
Moult grandement ma tristrece.
Amours me mist,
Quant il me prist,
Hors d'ignorance et de rudece. * 40

LAY AMOUREUS

   Point ne mesprist
   Quant il m'aprist
A amer en ma jonece.
   Ignorant
   Et non sachant   45
Que j'estoie, et jone enfant,
Me monstra sans ensegnier
   Le plaisant
   Et le poissant
Fet d'amours; j'en sçai bien tant, *[34a]* 50
Car pris fui sans manecier
   D'un samblant
   Douls et riant
De ma dame en regardant;
Ne le quier més oubliier.   55
   Son servant
   Lui servant
Me rendi par couvenant,
Que tous sui en son dangier,
   Et serai   60
   Tant com vivrai:
Ma dame adiés servirai;
Je li doi d'obeïssance.
   Quant li jurai,
   Ce fu en mai,   65
Que flours, roses, lis et glai
Prendent cruçon et substance.
   Pour ce l'ai
   Mis en mon lai
Qu'Amours, qui m'en fist l'assai   70
Par sa trés douce ordenance,
   Me dist: "Fai
   Sans nul delai
De ceste ta dame." Et j'ai
Obeï a sa plaisance.   75
   Dont espoir ai
   Qu'encor arai,

Quant mieuls desservi l'arai,
De tous mes mauls aligance,

   Se Fortune, li perverse   80
      Et diverse,
Qui maint homme au besoing faut,   [34b]
      Ne m'assaut.
Mais je le sench si cuverse,
      Le traverse,   85
Qu'elle met un homme en haut,
      Ne l'en chaut
Comment voist, puis le reverse
      Et le berse
A un trop villain bersaut.   90
      Tout tressaut
Mon coer, qui le sent si verse
M'avoit* j'en aroie faut.*
      Petit vault
Li lieus ou elle converse.   95

   La fausse ypocrite
   Sodacre et traïte,
   Elle est si despite
   Qu'elle ne fait cure
   De riens ou habite.   100
   N'a si saint hermite
   De chi en Egypte,
   S'au diffamer cure,
   Que mal n'en recite,
   Ne tout son merite   105
   Noient ne pourfite,
   Qui qu'elle asseüre
   Tantost est desdite;
   Ne poet estre escripte,
   Comptee ne dite   110
   Sa fausse nature.

      Trop felon*
      Sont si don;
      Oquison   [34c]

N'i a nulle desraison; * 115
Che dient li anchiien.
 Absalon,
 Priamon
 Ne Noiron,
Ne le roi Laomedon, 120
Ne Grieu ne li Troiien,
 Salemon
 Ne Caton
 Ne Platon,
Ne sceurent comparison 125
Faire de son fol maintien.
 Il n'est hom,
 Tant soit bon
 Ne preudon,
Qu'elle prise un seul bouton; 130
De tant le congnois je bien.

 Et pour ce s'effree
 Soir et matinee
 Mon coer grandement,
  Qui le sent 135
 Si mal avisee;
 Plus tost est tournee
 Que kocés au vent. *
  Mais briefment
 Ja la foursenee 140
 Pour sa grant posnee *
 N'ara nullement
  Sentement,
 Pooir ne entree
 Dessus ma pensee. 145
 Car elle se rent [34d]
  Liegement,
 Et est ja donnee
 Dou tout et voee,
 Au commandement 150
  Plainnement

Ma dame honnouree,
Qui de moi amee
Est si loyaument,
    Vraiement,   155
Qu'onques fame nee *
Ne fu si doubtee
Ne si liement,
    Humlement
Servie et loee.   160
Toute asseüree
Qu'il n'ert aultrement,
Sans delaiement *
    Tiengne s'ent.

Et s'ensi il avenoit   165
Que ja ne voie avenir,
    Mieuls morir
Ameroie, et a bon droit, *
Que Fortune, qui bien voit, *
    Sans desir   170
Me vosist, ne retolir
La grasce qui me pourvoit
    D'esjoïr
Et de joïr. Quanque soit,
S'ai je voloir dou souffrir   175
    Et moi tenir *
En fermeté si a droit
Que servir et obeïr   [35a]
    Sans partir
A ma dame; et ce seroit   180
Pour le Fortune asservir,
    Qui languir
Et priés perir me feroit;
Mes espoirs bien me poroit
Tout ce faire soustenir,   185
    Et servir
Que de ce m'esjoïroit
    Que desir.

Si ne m'ai que faire *
De l'espoenter,   190
Més la debonnaire,
Ma dame honnourer,
Servir sans retraire,
Cremir et amer;
Et son douls viaire, *   195
Simple, gent et cler,
Que Diex volt pourtraire
Et Nature ouvrer
Par droit exemplaire,
La me voel mirer.   200
Il me doit bien plaire
Tel vie a mener,
Je ne m'en doi taire
Mais toutdis parler;
Ce m'est necessaire   205
Pour reconforter
Et pour mon contraire
Arriere bouter.

Més tant voel je contredire
Le Fortune, qui guerroie   [35b]   210
    Et desvoie
    Et fourvoie
Tamaint coer et le martire,
Que ja pour tout son mestire
Ne sera, quoi qu'estre en doie,   215
    Ne m'esjoie
    N'esbanoie *
    Et que n'oie
Volontiers jeuer et rire,
Car espoirs li rent estire,   220
Et a lui il se raloie.
    Il le loie
    Et desloie
    Et le ploie
Et le fait a ses piés gire.   225
En son bon confort me mire

Et ossi, s'el en faisoie,
   Je seroie
   En le voie
Et ou point dou desconfire.   230

IV

Lay

  De coer amoureusement
    Et liement
Voel commenchier a faire un lai, *
Car j'en ai commandement
    Presentement   5
D'Amours; més voir je ne sçai,
Quant bien m'avise, comment
    Joieusement
Le puisse faire, car j'ai
Demoré en un tourment   10
    Moult longement: [35c]
C'est li poins pour quoi m'esmai.

    Car je n'oi
    Ne ne voi
Cose qui riens me puist plaire;   15
    Peu m'esjoi,
    Ains larmoi,
Quant ma dame est si contraire
    Deviers moi,
    Quant pour soi *   20
Porte au coer grieté et haire,
    Et bien croi
    Morir doi
Puis qu'elle voelt le cop traire.

  Elle est preste dou ferir,   25
    D'envaïr
    D'assalir
Mon coer, qui ne puet souffrir

Longes tel assaut.
Et tout ce ai par veïr   30
   Et oïr
   Et sentir
Nuit et jour l'ardant desir,
   Qui si fort m'assaut
Que je ne fai que languir;   35
   Ne joïr
   N'esjoïr
Ne puis. Quant tout bien remir,
   Douls espoirs me faut,
Qui me deuïst secourir   40
   Et garir,
   Moi tenir
En fremeté sans perir *;   [35d]
   Or voi le defaut.

   Car une estincelle   45
   Sench sous la mamelle
   Qui m'art et fretelle,
   Dont main a maisselle
   Tieng et fai maint plour
      Nuit et jour.   50
   Il n'est damoiselle,
   Dame ne pucelle,
   Qui puist ma querelle
   Conforter fors celle
   Pour laquele Amour   55
      Tel langour
   Si me renouvelle.
   S'Amour ne s'en melle,
   Qui bonne nouvelle
   Port de moi a elle,   60
   Veoir ne puis tour
      Dont douchour
   Me puist estre isnelle;
   Mais je l'en appelle
   Qu'a la bonne et belle *   65
   Me soit trés loiielle

Et die que pour *
  Le sejour
Grant mal port et celle.

Las! més longe atente   70
De moi parlemente
Et en mon coer ente
  Desespoir;
  Més pooir
    N'ara voir   [36a]   75
Ja sur moi, ne rente,
Quoi qu'en moi s'assente
Fortune dolente,
Qui si m'espoente
  Main et soir,   80
  Dont avoir
  Le coer noir
Me fet et tourmente.
Mais je me contente
D'esperance gente,   85
Qui me represente
  Bon espoir
  Et voloir
  Sans mouvoir *
De l'eure presente;   90
Et s'ai bien entente,
Quoi que me demente,
Ma dame excellente
  Conchevoir,
  Perchevoir   95
  Et savoir
Puet bien qui me tempte.

Et quant esperance,
  Qui tous biens avance,
  Et ma dame france   100
  Ont la congnissance
De ma cruel maladie,
  Vivre ne doi mie

En nulle doubtance
Que n'ai aligance 105
De ma penitance
Et de le grevance
Qui si fort me contrarie; [36b]
Et s'elle detrie,
J'ai de pourveance 110
Par bonne ordenance
Toute souffissance,
Qui est grant substance
Tant qu'en l'amoureuse vie,
De grasce et d'aïe; 115
Car quant souvenance
Me poise en balance
Et elle me lance
De sa dure lance,
Je rechoi sen envaïe 120
Par droite mestrie.

Si voel donter
Et enditer,
Mon petit coer si trés fort
Par tel effort 125
Que pour raport
Qu'on li raport
Ne puist gouster
Ne savourer,
Més prendre garde au deport * 130
Et au deport
Et au confort
Sans desconfort
Qui vient d'amer;
S'il voelt penser 135
Com plaisant en sont li sort,
Nesun ressort, *
Villain ne ort
Ne oultre bort,
Ne poet porter [36c] 140
Ne endurer;

Més dur Refus trop fort mort. *
  Quant il s'amort
  Sans bon remort,
  C'est dure mort.   145

 Et pour ce que santé quier,
A jointes mains te requier,
Amours, dedens mon tretier,
Que tu voelles consillier
  Ma dame,   150
Pour qui mon coer s'art et enflame, *
Que mon mal voelle alegier
Et son coer humiliier,
Car si refus sont si fier,
  Par m'ame,   155
Que je ne puis ceste flame
Porter ne moi apaisier,
Ne je ne l'ose aprochier;
Ensi fui che que j'ai chier,
  Et ame *   160
Requoi, souspir, mainte larme,
Et le tamps passe a dangier;
Dont je ne fai que criier,
Desirer et souhedier
Que mors me puist herbergier   165
  Sous lame.
Je n'i arai point de blame,
Se d'amours prens tel leuier.

 Car tamains homs a bien pris
La mort par tele aventure   170
  Que j'endure,
  Pesme et dure,   [36d]
  Sans mesure,
Et endurrai, ce m'est vis,
Tant que ma dame ara mis   175
En ma grief desconfiture
  Confiture
  Douce et pure

LAY AMOUREUS

Qui peuture
Me donra; lors sui je fis 180
Que je serai resjoïs
Et garis de la pointure
    Qui d'ardure
    Taint et cure
    Ma figure 185
En manieres plus de sis;
Car quant regars son douls vis
Et de ses yeux l'ouvreture,
    Pour vrai jure
    Que Nature 190
    Par droiture
La fourma a son devis.

Car il n'a en sa maniere
    Point d'orgoel,
Ne riens qui bien ni afiere 195
    A mon voel.
Bien seant sont en sa chiere
    Si vair oel;
Sa biauté est li archiere *
    Bel aquoel, 200
Car il n'est coers que ne fiere
    Son aquoel,
Et pour che d'entente entiere
    Je le voel   [37a]
Servir, et s'elle m'est fiere, 205
    Ne m'en doel;
Encor ai je le priiere
    Qu'avoir soel.

Et ossi ma dame gaie
    Mie ne vorroit 210
Qu'outree fust si la plaie
    Que morusse endroit;
Car prendons que la mort traie, *
    Riens n'i conquerroit.
Et tousjours d'entente vraie 215

            Amours m'en pourvoit
        Dou bien servir; ne m'esmaie,
            Seüre estre en doit,
    Se sa grasce me delaie; *
            Moult bien scet et voit   220
    Quant il est tamps que je l'aie,
            S'elle y regardoit;
    Et espoir qu'elle m'assaie.
            S'elle ensi faisoit,
    Quant elle voelt, se me paie;   225
            A son plaisir soit.

    Car je ne quier aultrement
            Mon coer dolent
    Desconforter, més, pour vrai,
    Reconforter bellement   230
            Et humlement.
    Ma dame adiés servirai,
    Car mieuls ne puis vraiement
            Tamps ne jouvent
    Emploiier. Dont de coer gai,   235
    Atendans son bon talent,   [37b]
            Trés liement
    Nuit et jour je chanterai.

V

Lay

    S'onques amoureusement
    Seuch faire ne liement
            Lay ou canchon,
    En mon chant a un douch son,
            Qui sentement   5
    Me donne presentement
            Et oquison
    De faire un lay bel et bon
            Et par couvent,
    J'en ai le commenchement   10
            De le façon

Pris en la clere façon
  Et ou corps gent
De ma dame. Et vraiement
Vis m'est, par mon jugement,
   J'ai bien raison
Que j'en face mention
   Trés grandement
En mon coer secretement,

 Et ailleurs non;
Et che qui me donne don

  D'esbatement,
C'est uns douls pensers qui sent

  Le guerredon
Dont Amours a grant fuison
  Paie sa gent.

   Ce m'envoie
   Toute joie,
S'est bien raisons que je soie   [37c]
   Sans dolour
   Et sans tristour.
   Se n'amoie,
   Ne poroie
Ensievir si noble voie
   Qu'est d'amour,
  Més la douchour
   M'i emploie
   Et m'i loie,
Et la simple, douche et quoie,
   Qui la flour
  Est de valour.
   Or li proie
   Que m'otroie
Sa grasce; car, se faloie,
   Mon retour
  En grief langour
   Prenderoie.

                    Tost morroie,
            Ou en languissant feroie,
                    Sans sejour,   50
                Maint diviers plour;
                    Plus n'aroie
                    Ne veroie
            Le confort qui me resjoie
                    Nuit et jour,   55
                Si l'en aour.

            Or ai espoir et entente,
                    Dieu merci,
            Que la belle, bonne et gente
                    Qui je pri, *   60
            Mettera sus ceste atente   [37d]
                    Tant et si
            Bonne ordenance excellente.
                    La m'afi
            Qu'esperance ert bien contente   65
                    Dedens mi;
            Ce m'a des mois plus de trente
                    Resjoï,
            Et fera; car c'est la rente *
                    Propre ossi   70
            Que bonne amour represente
                    Son ami.
            Or m'est au besoing presente,
                    S'en grasci
            Le penser qui en moi l'ente,   75
                    Car par li
            Joie me semont et tempte;
                    Tant en di
            Qu'a tous esbanois m'assente,
                    Je l'otri.   80

                Esleecier
                Et solacier
            Voel mon cuer. Bien me fet mestier;
            Car il me donne congnissance

             Que d'un dangier   85
             Dur, aspre et fier
Est si navrés qu'il faut songnier
Comment puist avoir aligance.
             Més besongnier
             Ne esploitier   90
N'en puis, se ne me vient aidier
Amours, qui par sa grant poissance
             M'a fait liier   *[38a]*
             Et aliier,
Mon coer donner et otriier   95
A ma trés douce dame france,
             Dont tousjours quier,
             D'un desirier
Ferme et loyal, bon et entier,
Servir en bonne obeïssance,   100
             Regratiier
             Et essauchier
Chelle qui me puet envoiier
Grasce, confort, joie et plaisance.

             Car le trés douls souvenir *   105
Qu'esperance fet venir
             En mon recort,
             A d'un acort
             Un vrai desir.
Ce me donne grant confort   110
Et m'a ja par son effort
             Fet garantir
             Et resjoïr
             Contre la mort.
Si voel ma dame servir,   115
Honnourer et chier tenir,
             Car mon ressort
             Et mon deport
             Y peus veïr.
Aultrement j'aroie tort   120
Se n'esjoïssoie fort
             Le douls plaisir

Qui de joïr
Me donne enort.
    J'amerai, *   [38b] 125
    Servirai,
    Cremirai
Et a lui obeïrai
    D'umle voloir,
      En espoir 130
    De veoir
    Et d'avoir
Grasce et confort, car, pour vrai,
    Mestier en ai;
    Si tenrai 135
    Le corps gai
    Et arai
Ferme, loyal coer et vrai
    A mon pooir,
    Car j'espoir 140
    Mieuls valoir
    De manoir
En loyauté main et soir;
    Pour ce le fai.
Més, briefment, ma dame chiere, 145
    Qui lumiere
Est de ma santé entiere,
    Ne me poet
Garir par nulle maniere,
    Tant li quiere, 150
S'elle exaucier ma priiere
    Ne me voet.
Més bonne amour, qui me moet
    Et promoet,
Troeve en moi, quant elle y foet, 155
    Le miniere
Le loyauté; il l'estoet, *   [38c]
    Ne s'en doet
Mon coer, més ensi qu'il soet,
    Toutdis iere. 160

Car enracinee
S'est en moi et nee
La douce pensee
    Qui me vient
De la desiree,   165
Ma dame honnouree,
Qui de moi amee
    Est; or tient
En sa douce agree
Que s'amour me gree.   170
S'elle le desgree,
    Il n'est nient
De ma retournee.
Ma vie est alee
Quant en recelee   175
    Me souvient
Que s'amour me vee;
Soir et matinee
Mon coer s'en effree
    Et se crient   180
Que la destinee
Ne soit fortunee
Sur moi, qui denree
D'eür ne retient, *

    Fors seul tant *   185
    Qu'en pensant
    Au samblant
Simple, douls, vair et riant
    De ma chiere dame;   [38d]
    Et lors, quant   190
    Par devant
    Me vient, grant
Confort me donne et garant
    Dou mal qui m'entame.
    Or creant,   195
    Qu'oms servant *
    En vivant
Ne prist confort si plaisant *

   Que je fai, par m'ame;
    Car le chant   200
    Que je chant
    Point n'estant, *
Quoi que se mette en avant *
   L'amoureuse flame

Qui mon coer art et bruïst.   205
Or ne sçai qui me peüst
    Conforter
    Ne oster
   Ce qui me nuist,
Se ne fust le regarder   210
De ma dame et son vis cler.
    Ce nourist,
    Embellist
   Mon douls penser
Et nuit et jour l'esjoïst.   215
Autrement mon coer euïst
    Pour amer
    Plus d'amer
   Qu'il ne vosist,
Més mon douls ymaginer,   220
Quoi qu'il me faille endurer,   [39a]
    M'assouvist
    Et me dist
   Qu'on doit amer.

 Car tant en est gente et belle   225
L'ordenance et la querelle,
Que coers qui bien pense a celle
En l'amoureuse estincelle,
   Faut qu'il vive,
Et pour ce que je le celle,   230
Mon coer font, pleure et fretelle,
Or le sench sous la mamelle,
Ensi que quant il desgelle,
   Font la nive.
Il n'est dame ne pucelle   235

Qui me puist donner querelle
De confort, fors la loielle
Que ma souverainne appelle.
  Vive, vive
Ma droite dame, car elle
Tout mon bien me renouvelle;
Dont ma joie est plus isnelle
Qu'en l'air ne vole arondelle,
  Tant soit vive.

  Car le penser de present
M'envoie, et mon coer le prent,
  Possession
De grant consolation,
  Certainnement;
S'en regrasci humlement
  Vo bon renom
Et vo corps qui porte nom
  Trés reverent,
Ou Nature mist forment
  S'entention
Au fourmer; bien le voit on
  Tout clerement,
Car en vo contenement
N'a regard n'amendement,
  Tant vous pris' on; *
Et pour ce vostre prison
  Mon corps se rent.
Emploiiet moult sagement
  Ai ma saison,
Car de tous mauls garison
  Ai plainnement
A avoir tant seulement
  L'avision
De la douce impression
  De vo jouvent.

VI *

Lay

    Pour ce qu'on scet mieuls de li *
Parler que d'autrui afaire,
Ai je voloir de retraire
Comment il m'est, Dieu merci.
J'ai ja un long temps servi   5
Amours en espoir de plaire;
Mais d'un trop petit solaire
M'a mon service meri.
Nonpourquant s'ai je obeï
A ce qu'il a volut faire.   10
Or n'i a que dou parfaire;
Dou tout a lui je m'otri,
Et a ma dame suppli
Qu'elle me soit debonnaire   [39c]
En ce qui m'est necessaire,   15
Et prende en gré ce lay chi,

Que j'ai de bon sentement
    Presentement
Ordonné certainnement
    A mon pooir,   20
Selonc ce que mon coer sent,
    Non autrement.
Et s'aucun amendement
    Y poet avoir,
A vostre commandement,   25
    Dame, usés ent;
Car mon coer dou tout se rent
    En vo voloir; *
Mais je sçai trop mieuls comment
    Il m'est souvent,   30
Que nuls ne fet; ce m'aprent
    Au dire voir.

    Car, quant je pense, ne sçai,
    Se Diex me gart,

Comment osai 35
Onques emprendre le quart
De la painne ou mon coer art,
    Mais g'i entrai
    Liet et gaillart,
    Se m'i tenrai 40
Comment que j'en sentirai,
    Seul et a part,
    Maint grant esmai.
Més se ma dame y regart
Et de sa douçour me part, 45
    Confort arai   [39d]
    En quelque part
    Que me trairai,
Més trop fort esprouvé ai
    De son regart 50
    Comment li rai
Sont trenchant que fers de dart.
Et point ne sont trop espart,
    Més d'un atrai
    Simple et couart, 55
    Plaisant et gai.
Quant premiers les avisai,
    Moult me fu tart
    Qu'en cel assai
Fuisse entrés par aucun art. 60
Or en ai si bien ma part,
    Que j'en assai
    Che qu'en depart
    Amours, pour vrai.

  Et sui encor tous certains 65
    Que li tains
Dont mon coer fu trais et tains,
En un regart prist l'entame,
Dont jamés ne serai sains, *
    Car prochains 70
Est si li cops * premerains
Que de nul autre, par m'ame, *

Ne poet cangier n'estre estains;
Car atains
Fu lors d'uns douls yeux humains, 75
Plus biaus ne poet porter fame.
En ce penser tousjours mains,
N'en voel mains; [40a]
Car sur toutes je vous ains,
Ma trés souverainne dame. 80

Et s'empris ai plus grant labour
Que dou porter n'ai la vigour, *
S'em pardonne ja la folour *
Mon coer, quel fin ne quel retour
Qu'en doie prendre. 85
Car pourquoi? Vo fresce coulour,
Vo gent maintien, vo simple atour,
Vo biel parler, plain de douchour,
Me font a trés parfaite honnour
Penser et tendre. 90
S'ai bien cuesi pour le millour,
Quant je vous sers, ains et aour,
Ma droite dame de valour,
A mon pooir, sans nul faus tour;
Tels me voel rendre. 95
Or aiiés en record le jour
Que, pour alegier ma dolour,
Tous diseteus, plains de paour,
Je vous priai de vostre amour,
Sans riens mesprendre, 100

Et vous, ma dame jolie,
Comme noient avoiïe
De moi faire a ceste fie
Une si grant courtoisie,
Respondistes tos: 105
Que pas n'estiés consillie,
Ne trop bien apparillie
Que lors me fust otriie
L'amour de quoi je vous prie.

LAY AMOUREUS

  Hé mi! com durs mos!   *[40b]* 110
Bien voi, vous ne sentés mie
Comment Desirs me mestrie
Pour vostre amour, et me lie, *
Si que heure ne demie
  Je n'ai nul repos 115
Ou jour ne en la nuitie,
Ains souspir, pleure et larmie,
Et fui toute compagnie.
D'otel, et plus que ne die,
  M'est cargiés li cols. 120

Et s'adont fui entrepris
  Et souspris
  Quant je pris
De vous, ma dame de pris,
Une response si dure; 125
Je n'en doi estre repris
  Ne despris;
  Car j'espris
Mon coer, lors que je compris
La biauté de vo figure. 130
Puis m'en sui tenus toutdis
  Mains hardis
  D'avoir mis,
Pour paour d'estre escondis,
Ma priiere en aventure; 135
Car s'avoie mal sur pis,
  Il m'est vis,
  Li perils
Seroit si grans, j'en sui fis,
Que de moi n'aroie cure. 140

  Més en lamentant
  Et en languissant   *[40c]*
  J'ai bouté avant
  Le temps que noiant
  M'a tenu de joie, 145
  Fors seul tant

Que quant esbatant,
Jeuant et parlant
Vous veoie, esrant
Ensi qu'en emblant 150
Lés vous me mettoie,
  Regardant
Vostre douls samblant,
Cler, simple et riant;
Lors ymaginant 155
Et en moy pensant
A par moy disoie:
  "Hé mi! quant
Verai mon vivant
Un peu plus joiant 160
Ne l'ai maintenant?
Mestier en ai grant."
Et lors me partoie
  Tous tramblant

Et queroie aucun refui 165
  Ou de nullui
Je ne fuisse aperceüs
  Ne congneüs;
La ploroie mon anui;
  Jusqu'au jour d'ui 170
Ai bien esté pourveüs
  D'otant et plus.
Ensi, ma dame, atains fui,
  Et encor sui, [40d]
Par vos douls regars agus. 175
  Dont * la vertus
De confort et de refui,
  Non en autrui,
Gist en vous. Or mettés jus
  Vos grans refus, * 180

Car tant me font a souffrir
Que je ne m'ose enhardir,
Ne dou monstrer n'ai loisir,

Par quel maniere
Tout ce m'estuet soustenir, 185
Dont souvent me faut fremir.
Més quant vo gent corps remir,
    Tout mac arriere, *
Soussi, esmai, dur oïr, *
Je n'en voel nul souvenir; 190
Car tant me fait de plaisir
    Vo lie chiere
Qu'espoir, penser et desir
Me font souvent resjoïr
Et penser a quoi je tir, 195
    Ma dame chiere.

    Tout ensi me tient Plaisance
        En balance.
Dont maniere et contenance
    Cange en moi 200
        Sans ordenance;
Car sus heure elle me lance,
        Puis s'estance,
Apriés reprent sa poissance.
    Més trop poi 205
    Ai d'aligance,   [41a]
Se ce n'estoit Esperance,
    Qui m'avance
A son plaisir souffissance.
    Petit voi 210
    De recouvrance,
Més j'ai tant de congnissance
    Qu'elle sance
En partie ma souffrance,
    Si m'i doi 215
    Traire en fiance.

A qui dont hé mi! hé mi!
Fors a la trés volontaire,
Qui en parler et en taire
Poet bien aidier son ami, 220

Et ma droite dame ossi,
A cui tout mon coer s'apaire,
Poet bien planer ce contraire.
Autrement mors je me di,
Et riens ne m'a garandi, 225
Fors son simple et douls viaire
Et che qu'elle est blonde et vaire,
De maintien gai et joli.
Nature pas ne falli
De li sagement pourtraire, * 230
Car un regart a pour traire
Un coer et perchier par mi.

VII

Lay de la Mort la Royne d'Engleterre *

Morte est et ensepelie
   La bonne dame
Qui en toute honneur, sans blame,
   Usa sa vie.
Pour li doit estre espanie   [41b] 5
   Tamainte larme,
Fait maint plour et maint esclame
   De vois blecie.
Moult fu de noble lignie,
   Qui bien l'entame: * 10
En Haynnau prist son baptame,
   La fu nourie;
Des fleurs de lis est partie *
   De par le fame.
Or gist desous une lame, 15
   Dont il m'anuie.

    Car d'onnour,
    De retour
    Et d'atour
A esté la souverainne 20
    Puis le jour
    Que demour

LAY AMOUREUS

Et favour
A eü et son sejour
En la terre qui est plainne 25
    De dolour,
    De tristour
    Pour s'amour. *
Et c'est bien raisons que pour
Tele dame doel on mainne: 30
    Quant savour
    Sa valour,
    Sa douchour,
Ne m'esmervel se tout plour
Sont pour lui a longe alainne. 35

    Quant la bonne et belle,
    La sage et loiielle,   [41c]
    Sans juiste querelle, *
    Mort, tu nous a pris, *
    Fausse t'en appelle 40
    Et trés desloiielle.
    Las! quele nouvelle
    Pour tous ses amis!
    Tamainte pucelle,
    Dame et damoiselle, 45
    Ont perdu a elle
    En pluiseurs pays.
    En dons fu isnelle, *
    N'est drois qu'on le celle.
    Phelippe on l'appelle, 50
    Fille fu jadis

    Au bon conte Haynnuier, *
      Le preu, le fier.
Diex li voelle a l'ame aidier!
Car quant a la roÿne pense, 55
    Moult bien en doient priier
      De coer entier
    Roy, duch, conte, chevalier
Et dames de grant reverense.

Honneur ama et tint chier 60
   Et de legier
Sa vie poet tesmongnier
Comment resgna en grant prudense.
   Son vivant fist dediier
      A Wesmoustier 65
   Sa sepulture et taillier
Ricement et par excellense.

   Ensi que dame avisee,
      Considerans en pensee [41d]
   Que ceste vie esgaree 70
   N'a q'un petit de duree,
   Pluiseurs fois a recelee
      Disoit che as siens:
"Mors est cose aseüree
A pluiseurs; ma porte * on gree * 75
Que, lorsque serai passee,
De priés leur sera gardee."
Et lors la dame honnouree
   Departoit ses biens.
Par li a esté donnee 80
Mainte ausmosne et estoree,
Tamainte messe chantee,
Mainte eglise reparee;
Onques ne fu saoulee
   De dire a tous "Tiens." 85
Dou sien a esté doee
Mainte dame et mariee,
Mainte pucelle assenee,
Mainte vesve confortee,
Et tout chil de sa contree. 90
   Car sur toutes riens

   Les gens en amoit,
   Prisoit et looit;
   Dou sien leur donnoit
   Et les retenoit. 95
   Sans nulle sevrance

Bon usage avoit;
L'eglise honneroit,
Son signeur prisoit,
Ses enfans veoit 100
De plainne habondance; [42a]
Tous temps lie estoit,
Jeuoit et chantoit,
A tout s'esbatoit,
Car elle y prendoit 105
Solas et plaisance.
Hé mi! qui poroit
Recouvrer de droit
Tele, ou qu'elle soit,
Par foi, on feroit 110
Riche recouvrance.

    Car liece
  Et gentillece,
Francise, sens et noblece
Se doelent ores moult fort. 115
    Las! ou esce
  Ou m'i adrece,
Qu'onneur, renom et largece
Poront prendre leur ressort
    De jonece, 120
  Tant qu'en foiblece,
A esté voie et adrece
De tous biens plus qu'oultre bort.
    Las! tristrece
  Le coer m'empece 125
Et souvenirs moult me blece,
Quant si noble corps voi mort

Que la roÿne hiretiere
  D'Engletiere,
Qui d'estre large aumouniere 130
Onques heure ne se faint.
De conquerre un coer legiere
  Et ouvriere [42b]

Estoit; maint en sont derriere.
Trés bon chevalier remaint, 135
Bacheler et a baniere,
  Qui ja n'iere *
Avanciés, més ma trés chiere
Dame les y a ataint, *
Tant par dons que par priiere; 140
  Le maniere
En sceut. Or ait s'ame entiere
Glore ou sont saintes et saint.

 Elle vali tant,
 Son bien recordant, 145
 En considerant
 Et ymaginant
 Ses nobles semilles,
 Que clerc en lisant
 Et prestre en chantant, 150
 Ordenés mendiant,
 Canonne en priant
 Messes et vegilles
 En diront errant,
 En lui lamentant 155
 Et recommendant
 Son estat poissant
 Et les domicilles
 De lui, en disant:
 Il furent si grant 160
 Qu'il est apparant.
 Elle eut son vivant *
 Sept fils et cinq filles,

  Preu et hardi,
   Agensi [42c] 165
   Et garni
   Et joli
   Et furni
  De sens et d'emprise.
   D'elle n'issi , 170
   Je le vi

                Et servi,
                Tant en di,
                Par merci,
            Qu'onneur et francise.   175
                Je certefi
                Et affi
                Qu'ennemi
                Et ami
                Ont a li   180
            Perdu. Quant g'i vise,
                Je m'en soussi
                Et grami
                A par mi,
                Et maudi   185
                Sans detri
            La mort qui l'a prise.

        Hardie fu que d'envaïr,
                Pour nous tollir,
                Le desir   190
        Et l'amour de maint gentil homme;
                Car d'elle veïr *
                Par bon loisir
                Et oïr,
        C'estoit plaisance a tout preudomme.   195
                Toutes gens cherir,
                Bel retenir,   [42d]
                Conjoïr
        Les savoit si bien que sans somme
                De doel et d'aïr   200
                Plaindre et fremir
                Et gemir
        Las! me couvient quant je le nomme.

            Et si li coers m'atenrie
                Que priés me pame,   205
            Més humlement vous reclame,
                Virge Marie,
            Que l'aiés en compagnie

Et que soie ame
Soit, pure comme une jame, 210
Es chieuls ravie,
Et li soiés bonne aïe,
Car de droit fame,
Sans reproce et sans diffame
Et sans envie, 215
Fu au monde. Or soit garie
De ceste flame
Qui nuit et jour art et flame,
Je vous en prie.

VIII

Lay

A Dieu, souspirs, de tous biens plains!
A Dieu, loyaus et chiers compains!
Tu as maint jour
Pris en mon coer ton droit sejour,
J'en sui certains; 5
A Dieu, qui es li souverains
De tous mes confors dedentrains!
A Dieu, mon plour!
Je t'empri, pense en quel dolour [43a]
Pour toi remains; 10
A Dieu, pensers vrais et hautains!
A Dieu, douls souvenirs humains!
Ta grant douchour
M'a conforté en ma langour
Tous soirs, tous mains. 15
A Dieu, a Dieu, biens deforains!
En grant pensee estoie orains,
Més en grignour
Demeur pour toi, et se je plour,
Je n'en puis mains, 20

Quant si prestement,
Si secretement,

  Sus un pensement
Ensi de moi t'esvanuïs,
  Si ne sçai comment   25
  Ne com sagement
  Au departement
Es enfourmés, et si t'enfuis. *
  Je t'empri, aprent
  Quels desirs m'esprent,   30
  Car souvent mesprent
Messagiers d'entendement vuis;
  J'ai ja longement
  Sans aliegement
  Usé mon jouvent.   35
Riens celer ne te doi ne puis;

   Car tu m'as,
   Haut et bas,
   En tous estas,
 Tenu compagnie; or vas   40
   A l'aventure.
    De moi as *   [43b]
   En tous kas
   Les certains kas
 Que pour grasce avoir pourkas.   45
   Or t'aventure;
   Quant venras
   Ou veras
   Ma dame, helas!
Di li, ne l'oublie pas,   50
   Les mauls qu'endure.
   Tant sui las
   N'ai solas
   Ne nuls esbas,
 Et comme bons advocas,   55
   Fai l'ent seüre.

  Plus je ne parrai *
  Ne ne souspirrai,
  Ains quoi me tenrai,

Tant que te verai 60
Retourné arriere.
En estant serai
Ou je me serrai **
Ou je me girrai
Et lors penserai 65
A ma dame chiere;
Més, voir, je ne sçai
Comment m'astenrai
De criier hahai!
Quant ne te porai 70
Sentir ou que g'iere.
Revien sans delai,
Car sans toi je n'ai
Nul bien ne n'aurai, [43c]
Et pour ce brief fai 75
Toute ma priiere;

    Di li bien
    Que mi bien,
Sans regart et sans moiien,
    Sont en soi; 80
    Je n'ai rien
    Ne soit sien.
Encor au partir retien
    De par moi,
    Que tant crien 85
    Le maintien
Des mesdisans et l'engien
    Qu'en euls voi,
    Que j'en tien
    Et abstien 90
Souvent le corage mien,
    Par me foi.

    J'aim mieuls languir
    Et moi offrir
A ce q'uns amans poet souffrir, 95
Que faire cose ne dire

LAY AMOUREUS

Qui puist perir
Ne amenrir
En moi le trés douls souvenir
Qui m'esjoïst, Diex li mire.   100
Mon vrai souspir,
Mon douls espir,
Prens dont congiet au departir,
Et si conchoi mon martire.
N'ai pas loisir   105
De toi * furnir   [43d]
Toute ma vie et mon desir,
Més encor te voel descrire:
Il n'est joie
Qui m'esjoie.   110
Or te pri, fai dont que j'oie
Brief nonchier
Ce que j'ai chier:
C'est qu'on croie
Et qu'on voie   115
Qu'a ce grant besoing t'envoie
Tesmongnier
Mon destourbier.
Ne poroie
Ne n'aroie, *   120
Ce m'est vis, en celle voie
Messagier
Mieudre * envoiier,
Ne qui doie
L'oevre moie   125
Mieuls monstrer ne que je soie
Ou dangier
Dont n'ai mestier.

Car ma maladie
A ta departie   130
N'est point amenrie,
Ains se monteplie
Toutdis plus en plus,
Ne je ne voi mie

Quel cose m'aïe 135
Quant ta compagnie
Me faut et t'aïe,
Dont toute vertus [44a]
M'est ou coer nourie.
Las! or m'est cangie 140
Ma joieuse vie *
En merancolie,
Se m'en troeve nus
De plaisance lie.
Et pour ce te prie, 145
Ma besongne oïe,
Revien, quoi qu'on die;
Je ne requier plus

Que toi brief ravoir
    Ou manoir * 150
  Et ou pooir
Dont tu ies partis;
J'ai trés grant voloir
    De savoir
    S'en noncaloir 155
Me tenran * toutdis.
Fai bien ten devoir
    De veoir
    Et conchevoir
En quoi j'ai mespris: 160
Di que coer plus noir
    Dou mien, voir,
  Ne sans espoir
N'a en che paÿs.

  J'aim ton depart 165
  Pour ce qu'il part
  De celle part
Ou li mauls de plus priés me touce,
  Mais il m'est tart,
  Se Diex me gart, [44b] 170
  Que chil espart *

Qui me sont issu de le bouce,
    Aient leur part
    D'un douls regart
    Et qu'on les gart 175
Telement que nuls n'i atouce,
    Fors celle a part
    Pour qui espart
    Sont sans faus art;
Di le ensi a la simple et douce. 180

Et qu'elle soit enfourmee
Que si loyaument amee
Est de moy, qu'i n'est riens nee *
Qui me plaise ne agree,
Fors l'enterine pensee 185
    Que j'ai devers li;
Més celle est si bien fourmee
Dedens mon coer et fremee
Que jamés n'en ert sevree.
Més ton departir m'effree 190
Pour ce qu'a la trés looe
    Que j'aim et crieng si,
Ne dies a le volee
Comment ma vie est menee.
Atens temps, heure et journee, 195
Et quant tu l'as avisee,
Di par parolle atempree:
    "Certes je le vi,
Quant de li fis dessevree,
Qu'a face toute esploree 200
Et de samblance esgaree,
A vois basse et priés oultree, [44c]
Me dist a une alainnee
    Seulement: hé mi!"

Revien, souspirs, trop m'ies lontains; 205
Revien, m'amour, et si estains
    La grant ardour
Qui me fait taindre la coulour

En pluiseurs tains.
Revien, confors, et ne te fains, 210
Et si me soies plus prochains,
Car ta vigour
Me poet bien oster la rigour *
En quoi je mains;
Revien, et si regarde au mains 215
Les cris, les larmes et les plains
Que je savour;
On poroit bien en ma suour
Laver ses mains.
Revien, revien, vrais sens mondains, 220
J'en sui pour toi pales et tains *
Et en tristour,
Més je serai a ton retour
Hetiés et sains.

IX

Lay

Douls amis, ta revenue
M'esvertue,
Et mon coer se rit et jue
Pour t'amour,
Car il prent en ta veüe, 5
Que veüe
N'ai de long tamps, grant ajeüe *
De baudour,
Et si sui par ton retour [44d]
De vigour, 10
De plaisance et de douçour
Pourveüe;
Si t'en grasci et aour
Nuit et jour,
Quant tu m'as pour le millour 15
Secourue.

Amis, je soloie,
Quel part que j'aloie,
Estre simple et quoie,
Ne en moy n'avoie   20
Nul esbatement,
Ains ymaginoie
Que tousjours pensoie, *
Quant seule j'estoie,
Comment je veroie   25
Ton plaisant corps gent,
El ne desiroie *
Ne a Dieu prioie,
Fors qu'aucune voie
Te mesist a voie   30
Du retournement.
Dont or me resjoie
La venue toie,
Car elle m'envoie
Souffissance et joie,   35
Saches vraiement.

Plus n'arai
Ne serai
En esmai
De ton corps plaisant et gai,   40
   Dieu merci,   [45a]
   Quant je sçai,
   Sans assai
   Et de vrai,
Que sain et haitiet je t'ai   45
   Dalés mi;
   S'en ferai
   Et vorrai
   Mon hahai
Muer en joie, et en glai   50
   Mon soussi,
   Et dirai,
   Ou g'irai
   Et venrai,

A bonne heure t'enamai, 55
    Mon ami.

Car si sui de souffissance
Et de parfette plaisance
    Raemplie,
        Qu'i n'est mie * 60
    Fame en vie
A cui de tant monteplie
Qu'elle fet par habondance
A moy selonc m'esperance.
    S'en grascie 65
    Et mercie
    La mestrie
D'Amours et la signourie,
Quant par sa douce ordenance
Je sui de sa pourveance 70
    Si partie
    Qu'assouvie
    Et garnie, [45b]
Confortee et consillie
De tous biens a ma seance, 75
Et m'en troeve en contenance
    Envoisie,
    Gaie et lie
    Et jolie,
Dont je sui acompagnie. 80

Car la grande loyauté,
Garnie de verité,
   Qui est en toi,
Et la parfaite bonté,
Plainne de hardieté, 85
   Que g'i perçoi,
Me tient en jolieté,
En leece et en santé,
   Més, par me foi,
Un yvier et un esté 90
Ai forment pensieve esté,
   Ensi le croi.

Car qui bien aimme, il li faut
    Maint assaut
De paour prendre et souffrir;   95
En peu d'eure coers tressaut,
    Et lors saut
D'aventure un sovenir
Qui le coer tire au bersaut
    Et l'assaut   100
Telement qu'il fet tenir
Souvent le chief bas et haut,
    Dont de saut
J'ai eü moult a sentir.

    Car je pensans,   [45c] 105
    Regardans,
Considerans
Et ymaginans
La grief aventure
    Des assalans,   110
        Deffendans,
        Requerans,
Et les perils grans
Ou on s'aventure,
    Trestous li sans   115
        Fremissans,
        Fourmians
M'estoit; car je sans
Toi noient ne dure.
    Or m'est li tamps   120
        Deduisans
        Et plaisans;
Seans et estans,
Toute m'asseüre.

    Qui poroit   125
    Ne qui saroit
A mon coer confort donner,
    Se n'estoit
    Ce qu'on te voit

                    Sain, liet et gai retourner. *   130
                        Sans cesser
                       Tout mi penser
                  Ne soloient autre esploit
                          Aviser
                        Ne deviser,   135
                  Fors comment on te veroit.
                         Or rechoit   [45d]
                       Mon coer et boit
                  Toute doucheur sans amer,
                         Quant perchoit   140
                       Toi qui me doit *
                  Par raison reconforter.
                         Ton jeuer,
                       Ton douls parler
                  Me soustiennent orendroit;   145
                          Soëler,
                        Au regarder
                  Toi, ne me puis; or m'en croit. *

            Tu ies ma souffissance plainne;
            Tu ies ma joie souverainne;   150
            Tu ies li confors qui sans painne
            Me tient en plaisance et en bien.
            Je ne sui de riens si certainne
            Qu'il n'a sur moi n'en mon demainne
            Coer, amour ne pensee humainne   155
            Dont dire ne poes "C'est tout mien."
            Onques Genevre, Ysseus, Helainne,
            Ne Lucresse qui fu Rommainne,
            Ne de Vregi la chastelainne,
            N'ama cascune tant le sien   160
            Que je fai toi. A ce m'amainne
            Amour qui m'a en son demainne
            Et qui a son gré me demainne
            Pour ten amour, saches le bien.

                      Et mieuls emploiier   165
                       Mon tamps je ne quier

Que toi essauchier,
Amer et prisier,
  Douls amis. [46a]
Car ton corps legier, 170
Ton corage fier,
Ton sens droiturier,
Et ce que si chier
  M'as toutdis,
Me font solacier 175
Et esbanoiier,
Nuit et jour vellier
Et estudiier
  Par avis,
Comment de legier 180
Me doi efforcier
Et a tous noncier
Par grant desirier
  Jeus et ris.

  Tant me souffist 185
    Qu'onques ne fist,
    Je sçai de fit,
Mieuls ne si bien que maintenant;
    Mon coer le dist,
    Qui s'esjoïst 190
    Et resjoïst,
Douls amis, en toi regardant.
    Car ton samblant,
    Douls et riant
    Et atraiant, 195
De souffissance me remplist;
    Et saces, quant
    Tu m'ies devant,
    Que j'ai otant
De joie qu'onques fame en prist. 200
    Tout ce nourist [46b]
    Et assouvist
    Mon coer qui vit

En estat gai et deduisant.
    Il se derit 205
    Et se defrit
    Et si s'escrit
Li trés joieus d'or en avant,
    Car esbatant,
    Reconfortant 210
    Et confortant
Troeve souvent mon esperit,
    Regrasciant
    En joie grant
    Et merciant 215
L'eure qui au retour te mist.

    Car toute joie deüe
      M'est creüe
Ne plus ne se taint ne mue
      Ma coulour, 220
Qui longement s'est tenue
      Pale et mue,
Et moult a esté batue
      De dolour.
Certes, amis, c'estoit pour 225
      Ton demour,
Dont j'en ai mainte paour
      Soustenue.
Més, Dieu merci, a bon tour
      Sont mi plour 230
Reverti, quant par honnour
      Te salue.

X*

Lay [46c]

Ou sont li vrai amoureus?
Au mains que j'en aie deus
    Tels que desir;
Nonpourquant dou requerir

Sui outrageus, 5
Més mon desirier est teus
Que, se je pooie entre eus
Estre a loisir
Pour regarder et oïr
Les diseteus, 10
Plains de souspirs dolereus
Et de regrés langereus
Long de joïr,
Ce me feroit resjoïr.
Car uns homs seus 15
Est trop merancolieus;
Compagnie li est preus.
La voel venir,
Et ossi de moi garir
Sui convoiteus. 20

Car la dolour
Que je port
M'a priés mort
Sans nul retour,
Dont tels m'atour 25
Que n'ai port
De deport,
Fors doel et plour,
N'en ma langour
N'a confort 30
Qui m'aport
Nulle douchour. [46d]
Or pri Amour,
Se j'ai tort,
Foible ou fort, 35
L'aie en brief jour.

C'est priiere sans pecié;
Et se mon coer sench blecié,
J'en ai acquis le marcié,
Au dire voir, 40
Car j'ai pluiseurs fois priié

Et requis et suppliié
Qu'Amours m'euïst herbergié
    En son voloir.
Or ai si avant marcié 45
Que je voi mon coer lacié,
Affremé et attacié
    En son pooir,
Més c'est en lieu sans pitié,
Sans confort, sans amistié 50
Et sans regart adrecié
    De nul espoir.

  Las, ou me trairai?
    Que dirai,
    Que ferai, 55
Ne de qui arai
Consel des mauls que j'endure?
    Qui compagnerai?
    Je ne sçai;
    Si m'esmai 60
Ou trouver porai
Confort ne qui m'asseüre
  De mon grant esmai.
    Je vorrai   [47a]
    Sans delai 65
En criant hahai
Compter par quel aventure
  La dolour que trai
    Et trairai,
    G'i morrai. 70
  Acquise l'ai, *
Et si n'est qui m'en face cure. *

  Au mains s'un petit euïsse
De samblant ou je peüsse
Nul reconfort esperer, * 75
Plus liement m'en tenisse;
Més riens n'ai qui m'esjoïsse,
Ne regars ne douls parler;

Ne sçai comment m'en cevisse,
Car je voel en ce servisse 80
Mon temps et ma vie user.
Dont s'un compagnon veïsse,
A cui mon estat deïsse,
Trop me peuïst conforter, *

    Car li doi 85
    Ou li troi,
    D'un otroi
  Et d'une foi,
Ont trop plus grant congnissance,
    Bien le voi 90
    Et perchoi
    A par moi,
  Assés le croi,
Que n'ait uns seuls, sans doubtance.
    Pour ce doi, 95
    Je qui boi   [47b]
    Maint anoi
  En mon requoi,
Avoir desir et plaisance
    Que li ploi 100
    Ou m'enploi
    Soient quoi,
  Garni d'arroi,
D'espoir et de souffissance,

  Et q'un bon compagnon aie, 105
Sentans l'amoureuse plaie
Qui me point et navre et plaie.
A celi fiablement
Dirai par parolle vraie
Comment bonne amour m'adaie 110
Pour ma douce dame gaie.
Et chils, de son sentement,
C'est raisons qu'il me retraie,
Se tels assaus il assaie
Ne si se crient ou esmaie, * 115

Ou s'il a aliegement.
Par ensi faire on s'esgaie
Et n'est mauls qu'on ne delaie,
Car le temps on passe et paie
Par tamaint esbatement. 120

Li pluisour si sont
Tel qu'il n'ont,
Ne n'aront,
Ja nul espoir dont
Il puissent estre conforté, 125
Ne riens ne veront
Ne oront
Ne feront, [47c]
Qui leur soit adont
Plaisance en leur adversité; 130
Anchois trambleront,
Fremiront,
Souspirront,
Et si desirront
Trop plus le mort que leur santé. 135
Ensi se confont
Coers qui font
De parfont
Et chil qui ne font
Pas le tamps a leur volenté. 140

Dont, pour moi esbaniier
Et ma dolour oublier,
Un compagnon voel cerchier,
Qui bien me puist consillier
De ma besongne. 145
Et se tel l'ai que requier,
Amoureus vrai et entier,
Je li dirai de legier
Le maniere dou dangier *
Que je ressongne; 150
Lequel je truis toutdis fier
Ne je ne le puis brisier

Pour parler ne pour priier,
Anchois me reboute arrier
    Et fait le frongne. 155
Tant le crieng, mentir n'en quier,
Le traÿtour, le mourdrier,
Que je ne l'ose approchier.
Avis me faut taire et muchier
    Del je besongne. [47d] 160

  Car compagnie desire,
Et la raison qui m'i tire
    Tempre et tart,
C'est pour monstrer par quel art
Je sui sus le desconfire, 165
Et pour mon coer assouffire,
Qui a toute heure souspire,
    Frist et art;
Ne onques il ne se part
De jalousie, au voir dire, 170
Car je voi jeuer et rire
Celle qui pas ne consire
    Mon regart,
Com humlement le regart
En grant cremeur et sans ire. 175
S'elle sentoit mon martire,
Je croi que, quant elle espire,
    Si espart
N'iroient ja celle part
Ou il vont pour moi ocire, 180

  Ains les retrairoit;
Las! si me feroit
    Grans secours,
Car nuls ne creroit
Q'uns amans rechoit 185
    De dolours,
Quant sa dame voit
Jetter ou que soit
    Ses amours,

Fors a li qui doit 190
Sentir, s'on voloit,
  Les douchours   [48a]

Q'uns douls regars savereus, *
Donnés par attrais joieus,
  Vault au desir, 195
Qui souvent se voit ferir
  D'assaus nuiseus.
Ce sont cop trop perilleus,
Quant d'uns douls yeux gratieus
  On voit issir 200
Samblans pour autrui servir;
  Et li piteus,
Plains de souspirs lamenteus,
En tous ses fés cremeteus,
  S'i voit fallir. 205
Las! que poet il devenir?
  Il pert tous jeus
Et s'enfuit mas et viseus,
Tristes, pensieus, anoieus,
  Sans souvenir, 210
Ne il n'ose revenir,
  Tant est honteus.

XI *

Lay

Ardanment me voi espris,
  Et sans confort,
Dou feu d'amours qui me mort,
  Si que tous fris.
Ou coer m'est chils feus escrips, 5
  Qui me remort
Le gent corps, le bel deport
  Et les douls ris
De ma dame qui m'a pris
  Par son effort. 10

LAY AMOUREUS

Se brief n'ai son reconfort,   *[48b]*
  En che pourpris,
Qui tous est d'ardeur pourpris
  Et oultre bort,
Demorrai jusqu'a le mort,   15
  J'en sui tous fis.

   Car d'ardour
Plainne de vigour
  Et de calour
Trés aspre et trés fiere,   20
   Sans sejour
Me voi nuit et jour
  Espris et pour
Vous, ma dame chiere;
   S'en savour   25
Si cruel estour
  Qu'a ma dolour
N'est mauls qui s'afiere.
   Vostre amour
Maint plaint et maint plour   30
  Par grant tristour *
M'a fet mettre en biere.

   Lamenteusement,
Cremeteusement
  Et secretement,   35
   Bellement,
Quant j'en ai espasse,
Di en moi comment
Li tamps me sousprent,
Qui point ne m'aprent   40
   Nullement
De seüre grasce;
Anchois me deffent   *[48c]*
Tout esbatement,
Car je voi souvent,   45
   Vraiement,
Qu'il me fuit et passe

Trop legierement,
Sans aliegement
Ne confortement 50
   Dou tourment
Qui si fort me lasse.

C'est bien cose pour perir,
   Quant joïr
   Ne resjoïr 55
Ne conforter ne me puis;
Ains me faut ensi tenir
   Et sentir
   L'ardant desir
Dont je sui ars et bruïs. * 60
Qui me fait plaindre et gemir
   Et ouvrir
   Tamaint souspir
Plains de dolours et d'anuis.
Et ne sçai ou refuïr 65
   Pour garir
   Ne amenrir
Les grietés qu'en moi je truis.

   Més quant mon coer examine
      Et le mine 70
Jusques au fons de le mine,
Je m'avise nonpourquant
   En pensant *
Que vous estes si benigne,
   Douce et fine, 75
Que ceste ardeur qui m'afine   [48d]
Me fera, je ne sçai quant,
   Confort grant;
Car vostre bonne doctrine
   Me doctrine 80
Que, s'a point estes estrine,
C'est tout en reconfortant
   Le plaisant
Fet d'amours; car si douls signe,

J'adevine, 85
Ont leur cours un seul termine
Pour esprouver un amant
Bien servant.

Dont je ne vorroie,
Se Diex me doinst joie, 90
Estre en aultre voie
(C'est drois qu'on m'en croie) *
Que je sui.
S'une heure m'anoie,
L'autre m'esbanoie; 95
Quant je me fourvoie,
Tantost me ravoie
Par autrui.
Ardeur me guerroie,
Quel part que je soie, 100
Et si fort me loie
Que ne la diroie
A nullui.
Més quoi que je voie
Et qu'amours m'envoie, 105
Douce, simple et quoie,
Tantost perderoie
Mon anui,

Se vos vairs yeus, [49a]
Frans et gentieus 110
Dagniés assir sus mon regart;
Més si lentieus
Ou si hastieus
Les voi venir de celle part,
Que petit mieus 115
Voir en tous lieus
En est a mon coer qui tous art:
S'en sui entieus
Et trés pensieus
Quant Fortune ensi me depart 120

De ses biens a golonnees.
Quel priesse a a tels donnees,
Qui sont si infortunees
Et si trés mal ordonnees,
Que les creatures nees, 125
    Presens et passés, *
Dou congnoistre acoustumees,
Dient que ce sont fumees
De dolour environnees,
Et que de tels corrvees * 130
De deus ou de trois denrees
    On a plus qu'assés.
Fortune, ensi tu m'effrees,
Car je crieng tant tes ponees
Et tes dures destinees, 135
Je ne sçai a quoi tu bees.
Or les voes, or le desvees. *
    De riens ne t'est sés.
J'ai ja servi matinees,
Soirs, nuitiés et journees, 140
Termes et mois et anees;   [49b]
De quoi sont recompensees
Mes painnes ne mes pensees?
(Vide MS.)
    Di le, se tu scés.

    Et pour ce que grant et petit 145
Te tiennent en si grant despit,
Je croi ossi, se Diex m'aït,
    Que tu ies si despite
Tu as maint coer mort et mourdrit;
En toi croire n'a nul pourfit; 150
Tes oevres et tout ti delit
    Ne vallent une mite.
Dangier, Refus et Escondit
Me sont contraire et ennemit.
Je n'ai ne trieuwes ne respit, * 155
    Heure tant soit petite.
Mes coers souspire, font et frit;

Je sçai de voir, on le m'a dit,
Que quant je pleure, tes coers rit,
    Tant ies fausse et traïte.   160

    Trop felons *
    Sont ti don;
    Oquison
N'i a nulle de raison,
Ce dient li anciien: 165
    Absalon
    Et Sanson
    Et Noiron
Et le roi Laomedon,
Et Grieu et li Troiien.   170
    Salemon.
    Ne Caton,
    Ne Platon,   [49c]
Ne seurent comparison
Faire de ton fol maintien. *   175
    Il n'est hom,
    Tant soit bon
    Ne preudon,
Que tu prises un bouton;
De tant te congnoi je bien.   180

    En toi a tant de contraire
Qu'on n'en poet dire ne faire *
Nul bien ne nul exemplaire
Qui puist ne qui doie plaire;
    S'en sui tous abus.   185
Nonpourquant je m'en voel taire,
Et au douls penser retraire
De ma dame debonnaire,
Comment en son douls viaire
    Je sui tous embus.   190
Car la douce, simple et vaire,
A un droit regart pour traire
Un coer, retraire et atraire,
Car Nature y volt pourtraire
    Moult de ses virtus;   195

Tant sont si oel secretaire
De gentil et noble affaire
Et si paiant sans fourfaire,
Que nuls coers en poet meffaire
    Qui en est ferus.   200

Et pour ce mes esperis
    Onques ne dort,
Ains velle et travelle fort,
    Pensans toutdis,
Et appelle un paradis   [49d] 205
    Le plaisant port
De ma dame et le ressort
    De son cler vis.
Nuit et jour y sui ravis
    Et pas n'ai tort.   210
Ossi j'ai espoir d'acort,
    Qui m'a proumis
Que je serai resjoïs,
    Dont tel recort
Rendent a mon desconfort   215
    Trop grant advis.

XII *

Lay

Quant je vi premierement
Ma trés douce dame chiere,
Sa grant biauté fu archiere
De moi navrer telement
Que, se Pité n'i entent,   5
Qui doit estre tresoriere
De mes mauls et messagiere,
J'ai trop dur commenchement.
Or li suppli humlement
Qu'elle voist a lie chiere   10
A ma dame et li requiere
Qu'avoir puisse aliegement.

Au jour de l'apointement
Je dirai: Traiiés arriere.
Nulle n'en scet la maniere 15
Fors elle tant seulement;
Car si douls regart m'ont navré
Et entamé
Le coer, et si avant mené
Que sus le point de desconfort, [50a] 20
Dont c'est trop fort
Que retourner puisse a santé. *
Il m'ont un biau samblant monstré
Sans volenté,
Car il se sont diminué 25
Tant que n'en puis nul bon recort
Ne vrai raport
Dire ne faire en vérité.
Las! que ne parle Loyauté
Avoec Pité 30
A ma dame et li dient: "Hé!
Vous avés vostre servant mort
A trop grant tort,
Qui tousjours vous a tant amé,
Servi, obeï et doubté 35
Et foy porté,
Et or li monstrent cruaulté
Vostre oel qui sont si reconfort;
Par vostre acort,
Amours ne vous en scet nul gré." 40

Il n'est saisons qui ne paie
Ne mendians qui n'assaie.
C'est drois que grant painne j'aie,
Car j'ains, par figure vraie,
L'ymage Pymalion: 45
Quoique li fols crie et braie
Et ses dolours li retraie
Et le viest d'or et de saie,
Il n'est riens qu'il en estraie

Fors ymagination. 50
Ensi Plaisance me plaie;
Ou coer m'a mis une plaie [50b]
Qui trop grandement m'esmaie,
Je ne sçai ou je m'en traie
Pour avoir ent garison, 55
Fors a ma querelle gaie
Qui a le fois me resgaie.
Je sui enclos en le haie
La ou Melampus abaie
Apries son mestre Acteon. 60

Je ne sui pas Orpheüs
    Qui par ses canchons
Et ses douls melodieus sons
Endormi les dieux de la jus,
    Més sui li las Tantalus, 65
    De qui li mentons
Joint a l'aige et voit jusqu'au fond *
Et n'en poet estre repeüs.
    Ensi fui je ja ferus
    D'uns cevelés blons 70
Et d'uns dois deliiés et lons
Et d'uns vairs yeux a point fendus;
    Acilles ne Narcissus
    Ne Euchalions,
Tristrans, Paris, Los ne Jassons 75
N'en eurent viers moi granment plus.

Ceste maladie,
Qui se monteplie
En moi et me lie
De merancolie, 80
Ne sera garie
Ne sancie,
Bien le voi,
Ja jour de ma vie [50c]
Se Pité n'en prie 85
Et s'en esonnie,

Car Biauté jolie
Et Plaisance lie
  L'ont nourie
  Dedens moi.   90
Pour ce plour et crie
Ha! Amours aÿe!
Je vieng a l'aÿe
Par ta courtoisie,
Par quoi Jalousie,   95
  Qui guerrie
  Mon arroi,
En moi ne puist mie
Heure ne demie
Clamer signourie,   100
Car sa compagnie
Engendre folie,
  Quoi qu'on die,
  Et anoi.

En lui sont tout mal et amer: 105
  Noient parler
  Et maint penser,
  Lui ent garder, *
  Point arester,
  Mais esquiever   110
  Bon le fait,
Car qui s'en lait enfunceler *
  N'en entamer *
  Ne endebter,
  Sans point cesser *   115
  Son coer presser   [50d]
  Voit et berser
  Et se met
En trop plus grant peril qu'en mer.
  Or doit viser   120
  Et aviser
  Homs, c'est tout cler,
  Coument oster

                    Puist et planer
                        Ce meffet   125
            Par lui sagement ordonner
                        Et gouvrener,
                        Par bien amer,
                        Par bien celer
                        Par lui rieuler   130
                        Et par porter
                            Un coer net

            Et li garder de meffaire.
            Aultrement on n'a que faire
            Dedens l'amoureus afaire   135
                    Trés joli,
                    Assouvi
                    Et garni
            De tous biens oultre solaire.
            Ha! Pité trés debonnaire,   140
            Regardés moy ou viaire;
            Quels je sui, je m'en doi taire,
                    Més je di
                    Et affi
                    Que sur mi   145
            N'a fors que doel, painne et haire.
            Or m'est trop fort necessaire
            Pour mon esperit refaire,   [51a]
            Que bellement voelliés traire
                    Viers celi   150
                    Qui feri
                    Tout par mi
            Mon coer par son douls atraire,
            Et li doucement retraire
            Ma dolour et mon contraire.   155
            Et encor pour tout parfaire,
                    Je vous pri,
                    Tout ensi
                    Dites li
            Et l'en fachiés exemplaire: 160

"Si parfaitement s'est mis
    En vostre amour
    Qu'il li est vis
    Que nuit et jour
    Voie l'atour   165
    De vo cler vis,
Et appelle un paradis
    Garni d'onnour
    Et de delis
    Vostre valour   170
    Et grant douçour,
    Dame de pris,
Comment que ses esperis
    Ou lit de plour
    Gise toutdis   175
    En tel dolour
    Et telle ardour
    Qu'il en vault pis.
Ne Acilles ne Paris
    N'eurent grignour,*   [51b] 180
    Qui de jadis
    Par tel estour
    Et par tel tour
    Furent bien pris.

"Or regardés la substance   185
D'amours et la grant poissance,
Comment, et en vostre instance,
    Gist et maint
    Chils qui jour maint
A souffert grant penitance,   190
Qu'or y mettés attemprance
Et li donnés aligance
Par si courtoise ordenance,
    Que si plaint
    Et si complaint   195
Se refourment en plaisance.
Par quoi en desesperance

Ne tourne li esperance
Qu'il a eü, car doubtance
  Le constraint   200
  Et le destraint
Si qu'il en piert contenance;
Se n'estoit obeïssance,
Qui le tient en l'aloiance
De bonne perseverance,   205
  Mal tamaint
  A dur estaint
L'assaudroient d'abondance.

"Car souvent avient
Que quant vous estes presente   210
Et Plaisance li presente
Vostre maniere excellente   [51c]
  Et gai maintien,
  Pris ou liien
Se voit ou ja fu, que n'en mente,   215
Ypomenes pour Atalente.
  Tant vous aimme et crient
Et d'amour qui si s'augmente *
Que de soi s'espoente
Qu'il n'a pooir ne entente,   220
  Art ne engien
  De dire rien,
Mais se taist et de vous s'absente
Ou seuls a par soi se demente. *
  Ensi le maintient   225
Ardans Desirs qui le tempte,
Et s'a cel assaut de rente
En trois jours des heures trente,
  Et se sçai bien
  Que pour sen bien,   230
Quoique Plaisance le tourmente,
Nuls ne nulle ne parlemente,
  Et pour ce couvient
  A le fin qu'il se contente,
Ossi qu'il ne se repente,   235

Que vostre humelité sente
　　L'afaire sien
　　Par tel moiien
Comme je sui, ma dame gente,
Car il trait vie trop dolente." 240

　　Se Pité, qui bien procure
Pour tous ceuls dont elle cure,
Me voloit oster l'ardure
Qui me vient de la pointure　　[51d]
Amoureuse, a mon cuidier, 245
Elle feroit belle cure,
Car je gis en chartre obscure
Ou point de desconfiture;
Et si muast la nature
De Refus et de Dangier, 250
Car par ces deus tant endure
D'angousse et de painne dure
Ne la diroit creature,
N'en n'i a nul qui ne jure
Qu'a mort me vorront tretier; 255
J'en sui en grant aventure.
Or tost! Pité en Droiture, *
Alés vous ent bonne alure
A ma dame, et ceste injure
Comptés li sans mençongier. 260

　　Et se li dittes comment
Chil doi, qui sont dur que piere,
Pour conforter leur baniere
Ont en leur commandement
Des envieus plus de cent, * 265
Espart devant et derriere,
Et si cargier la quarriere
Qu'on n'i encontre aultre gent.
Tant me font d'empecement
Que mon bon temps en arriere, 270
Car leur langhe mal parliere
Tourne que moulins au vent.

Il me courouchent souvent,
Ne sçai comment les conquiere,
Ou par don ou par priiere 275
U par faire esbatement. [52a]

XIII *

LE LAY DE NOSTRE DAME

Fleur d'onneur trés souverainne
En qui virginité maint
Et parmaint,
Yauls tamaint
Sont gari de l'ardant painne 5
Que **temptation** amainne
Par l'ennemi qui nous chaint
Et constraint
Et destraint
A toute heure et nous fourmainne. 10
Mais de tous biens ies si plainne
Qu'ens es sains chieuls ne remaint
Sainte ou saint
Qui se faint
De loer a longue alainne 15
Ta vertu noble et hautainne,
Qui ne se mue ne fraint,
Ce estaint
Et restraint
Nostre adversité prochainne. 20

Et pour ce te doi *
De coer et de foi
Honnourer, loer et servir,
Car chils ou je croi
Descendi en toi 25
Sans virginité amenrir.
Sains Jehans au doi
Nous ensengne quoi?
Ton Fil, qui pour nous volt morir,

No nouvelle loi
    Confrema par soi   *[52b]*
Quant homs mortels volt devenir.

        Anciennement,
        Par mainte gent,
        Et justement 35
Selonc l'Anciien Testament,
Estoit prophetisiet et dit
        L'advenement
        Dou saint Advent;
        Et proprement, 40
Par les signes dou firmamant
Veoient li saint homme escript
        Tout clerement
        L'aliegement
        Dou dampnement 45
Qu'Eve et Adam par le serpent
Avoient fait et entredit.
        Dont purement,
        Divinement
        Et castement, 50
Conchius, Virgene, et dignement
Le Fil, et dou Saint Esperit.
        Edefiïe
        Et raemplie,
Et ceste oevre auctorisie * 55
Estoit un grant temps devant
        Apparant,
Demonstree et prononcie
        Par Ysaïe,
        Par Jheremie, 60
Par David et par Helie *,
Et par la vois dou Criant,
        En criant   *[52c]*
Ou desert, fu averie
        La prophesie. 65
        Lorsque Marie
Se dist ancelle et amie

De Dieu, en lui saluant,
Fu errant
Parolle en char convertie, 70
Dont la lignie
D'Adam perie,
Confremee et baptisie,
Est sauvee, parmi tant
Qu'en creant 75
Le glorieus fruit de vie,
Qui desconfi
L'ennemi,
Quant en celi
Descendi 80
Qui nous rendi
Et ouvri
De tenebres joie et lumiere.
Moult nous cheri,
Et ossi 85
Bien nous servi,
Quant ensi
Il se vesti
Et offri
A nostre humanité legiere. 90
Homs nous perdi,*
Et je di
Que chils homs chi
Acqueri,
Quant mort souffri [52d] 95
Et pendi
En crois, nostre glore hiretiere.
Je sçai de fi
Et affi
Que puissedi 100
Tout par li
Resurrexi
Et issi
Hors dou saint monument de piere.

LAY AMOUREUS

    Par vertu noble et divine,   105
Lois juïse, * or adevine
Comment et par quel doctrine
Chils qui le monde enlumine,
Couchiés ou monument digne,
Resuscita dou tombiel.   110
On te dist et endoctrine
Que Jhesucris, face encline,
Morut en crois par haÿne;
Au tierch jour, a bonne estrine,
Brisa d'infier la saisine   115
Et issi dou saint vaissiel;
Bien en trouverent le signe
La Magdelainne benigne
Et la Cleophee fine,
Et Salomé leur cousine.   120
Qui bien no loy examine,
Riens n'i troeve que tout biel.
Croi dont en la virtu trine,
Un seul Dieu qui tout affine,
Et en la Virgne roÿne,   125
Et en sa sainte jesine, *
Et le salu ymagine   [53a]
Dou saint angele Gabriel.

      Si saras
      Et aras   130
    Grant douçour,
  Car en l'errour
    Que tu as,
  C'est uns estas
    Sans honnour.   135
    Que diras
    Quant veras
    Ton Signour
Au darrain jour?
    Mas et las   140
Tous trambleras
  De paour.

             Tu oras
             En ce cas
               Que pluisour   145
         Aront s'amour
           A plains bras,
         Et tu iras
             En tristour
               Et plorras, *   150
             Gemirras
             Sans sejour
         A grant dolour,
             Ne poras
           Avoir un pas   155
             De retour.

             Dont entroes
           Que bien tu te poes
       Et as loisir dou retourner,   [53b]
               Si t'esmoes,   160
           Et ton coer promoes
       Au justement considerer
               Quels conquoes, *
           Li Viels ou li Noes
       Testamens te puet pourfiter.   165
               Se tu voes,
             Tu ies chi a l'oes
       Pour toi perdre et pour toi sauver.

             Met ton advis,
               Et soies fis   170
       Qu'il est infiers et paradis,
       Et que tous corps humains a ame.
             Peres et Fils,
             Sains Esperis,
       En ces trois est uns seuls compris; 175
       Et le Fil conchut Nostre Dame.
               Dont se tu lis
               Tous nos escrips,
       C'est chils qui a Moisy jadis

Parla ens ou buisson sans flame, 180
    S'estoit il vis
    Qu'il fust espris.
La Virgne, ensi pense·y, Juïs,
Conchut le Fil de Dieu sans blame.

    Par oevre noble et secree, 185
        Trés discree,
        Acordee
      Et ordonnee
De la sainte trinité,
Onques n'en fu violee * 190
        Ne grevee,   [53c]
        Mais paree
      Et aournee
Sa sainte virginité.
Et pour ce la trés loee, 195
        Honnouree,
        Est nommee
      Et figuree
A la racine Jessé; *
Car en lui vint la rousee 200
        Des chieux nee,
        Inspiree,
      En char fourmee,
Quant li angeles dist: Avé. *

C'est li buissons resplendissans, 205
    Non amenrissans,
        Mais croissans
    Et edefians
Tous biens par divine ordenance.
Et ses Fils, ce dist Sains Jehans, * 210
    Est li feus plaisans,
        Non ardans
    Mais enluminans
Tous coers qui en lui ont fiance,
Qui descendi, ja fu li tamps, 215
    Entre ses enfans,

Inspirans
Et euls alevans,
Et leur donna plainne poissance
De convertir tous coers errans,   220
Et les fist si grans
Que parlans *
Et bien entendans   [53d]
Toutes langhes sans variance.

Virgne, c'est cose certainne: 225
Toutdis li biens faire vaint
Et convaint
Et rataint,
En la creature humainne,
Le pechiet qui le demainne;   230
Dont la sainte ame se plaint
Et complaint.
Mais no plaint
Sont remis a voie sainne
Par ton Fil, qui nous ramainne   235
Le crois ou on le vit taint
Et destraint
Et ataint
De mort horrible et villainne.
Or te pri, Virgne purainne,   240
Que se pechiés nous constraint
Et nous taint,
Que no claint
Aient vois ens ou demainne
La ou toute joie maint.   245

Explicit Lays Amoureus et de Nostre Dame.

CHI S'ENSIEVENT GRANT FUISON DE PASTOURIELLES *

I

Entre Aubrecicourt et Mauni *   [54a]
Priés dou cemin, sus le gaschiere,
L'autre jour maint bregier oï,
Ensi qu'a l'eure de prangiere. *
La disoit Levrins Cope-osiere: 5
"Signeur, veïstes vous point hier *
Chevauceurs par chi chevaucier
Ne houpellandes deviser?
J'en vi cascun une porter,
Mais j'en euch joie si trés grande   10
Qu'onques puis ne fis que viser
A vestir une houpellande."

"Houpellande, vrais Diex, hé mi!"
Ce li dist Willemes Louviere,
"Et que poet estre, or le me di!   15
Bien cognois une panetiere,
Un jupel et une aloiiere, *
Unes wages, un agillier,
Un lievre, un coler, un levrier,
Et se sçai bien moutons garder,   20
Sainnier et le pousset oster;
Més je ne sçai, si te demande,
Qui te poet mouvoir de parler
A vestir une houpellande.

"Je le te dirai, entent chi: 25
C'est pour le nouvelle maniere,

Car l'autrier porter une en vi, [54b]
Mance devant, mance deriere;
Ne sçai se li vesture est chiere,
Més durement fet a prisier; * 30
Bonnes sont esté et yvier,
On se poet ens envoleper,
On y poet ce qu'on voet bouter;
On y reponroit une mande,
Et c'est ce qui me fet penser 35
A vestir une houpellande."

"Par ma foi," dist Ansiaus d'Aubri,
"Je sçai bien qu'au temps cha arriere
Bregiers les portoient ensi,
Més c'estoit de toille legiere, 40
Car encor ai je le premiere
Qui fu a mon taion Ogier."
Dont dist Adins, li fils Renier:
"Ansel, pour le corps Saint Omer,
Voelliés le demain aporter, 45
Se metterons sus no viande,
Car ossi puis je desirer
A vestir une houpellande."

"Signeurs," dist Aloris d'Oisi,
"Et foi que je doi a Saint Piere, 50
G'irai a Douay samedi,
S'achaterai une aulne entiere
De drap, se ferai le plus fiere
Qu'on vit ains porter sus bregier.
En aroi je assés d'un quartier 55
De drap pour faire ent une ouvrer?"
—"Nennil; il t'en faut pour doubler
Noef aulnes d'un grant drap d'Irlande."
—"Haro! trop me poroit couster [54c]
A vestir une houpellande." 60

Princes, la les vi aviser
Et dire entre yauls et deviser:
C'est bon qu'a tous bregiers on mande

Que cascuns se voelle acorder
A vestir une houpellande. 65

II

Pastourielle

Entre Eltem et Wesmoustier,
En une belle praerie
Cuesi pastouriaus avant ier;
La avoit en le compagnie
Mainte faitice pastourelle, 5
Dont au son d'une canemelle
Cascuns et cascune dansoit.
Dist uns bregiers qui la estoit:
"Efforçons nous, pour Saint Denis,
Car errant par chi passer doit 10
Chils qui porte les fleurs de lis."

Adont dist Marés dou Vivier:
"Or me dittes, je vous en prie,
Porte il ces fleurs en un panier,
Ou il les donne, ou il les crie? 15
Qu'en vent il plain une escuielle?
C'est une flourette moult bielle;
De le fleur de lis orendroit,
Qui un chapiel fet en aroit,
Il en seroit trop plus jolis; 20
Je croi que bien en fineroit
Chils qui porte les fleurs de lis.

"Pour ce me vorrai avancier
Et aler ent a chiere lie
Vers li, et li vorrai priier [54d] 25
Qu'i m'en doinst par sa courtoisie,
Et il ara me cornuelle,
Le musette et le flahutelle,
Dont mes freres m'esbanioit."
Dist Raouls qui oï l'avoit: 30
"Esce or a bon sens que tu dis?

Cuides tu c'uns bregiers ce soit
Chils qui porte les fleurs de lis?

"Nennil, point n'est de no mestier,
Ains est rois de noble lignie, 35
Si que, pour li mieuls festiier,
Il nous couvient a ceste fie
Mettre en ordenance nouvelle."
—"C'est voirs," ce respont Peronnelle,
Qui moult bien oïe * l'avoit, 40
"Et si bien se desgiseroit,
Més qu'il euïst tous ses abis,
Que ja ne le congnisteroit
Chils qui porte les fleurs de lis."

Lors prisent a entrecangier 45
Leurs abis de le bregerie.
Gobins vesti un grand loudier
Et Guios une soukanie,
Sus se çaindi d'une cordelle;
Et Perrotins sus une asselle 50
D'un blanc bastonciel tamburoit,
Et Adains le danse menoit,
Qui souvent disoit par grans ris:
"Diex, pour quoi ores ne nous voit
Chils qui porte les fleurs de lis?" 55

Princes, je les vi la endroit,
Ou cascune et cascuns chantoit [55a]
A l'usage de leur pays:
"Li trés bien venus ores soit
Chils qui porte les fleurs de lis!" 60

III+ *

Pastourelle [140b]

Pour aler a Melun sus Sainne,
Ens ou droit chemin de Paris,
Assis dalés une fontainne

Vi l'autrier bregiers jusqu'a sis.
La oÿ que li plus faitis
Dist: "Signour, nous aurons bon tamps,
Car on a, ens es lieus des frans,
Fait forgier florins tous nouviaus,
Més je croi qu'onques pastouriaus,
Fust de Piquardie ou d'Artois,
N'a point veü parels de ciauls,
Qui vaudront vint saus de tournois."

"Vint saus!" ce dist Perros du Mainne,
Qui dou parler fu esbahis;
"Ma mere, qu'on appelle Helainne,
A de saus tous plains ses courtis
Et d'arbrissiaus, grans et petis,
Qu'elle y fait planter tous les ans,
Car mon bon pere, sire Adams,
Les aimme moult, et les auniaus,
Les cornilliers et les franiaus,
Et toutes manieres de bois.
Parles tu pour tels arbrisseaus,
Qui vaudront vint saus de tournois?

"Et se me cognois bien a lainne,
S'elle est de Meaus ou de Senlis,
Et quant une brebis est sainne;   [140c]
Et se sçai bien mengier pain bis,
Maton, bure et frommage pris;
Et quant il est li Sains Jehans,
Je sçai moult bien aler aus champs
Coeillier lettues et poriaus,
Et se sçai moult bien faire aniaus
De jons qu'on met dedens ses dois,
Et d'estrain aussi tels chapiaus,
Qui vaudront vint saus de tournois."

Dist Perros, qui de ce se sainne:
"Or pert bien que tu es chetis,
Quant tu as ja plus de quinzainne
Demoré dedens ce pays

Et se ne cognois, ce m'est vis,
L'ordenance qui est plaisans."
—"Més, Dieu, non," ce dist Engherans,
"Je cognois trop mieulz mes agniaus,
Mes brebis et mes moutonciaus, 45
La saison, le terme et le mois
Soit aux bouchiers ou aux maiseaus,
Qui vaudront vint saus de tournois."

Ce dist cils: "Se tu y rens painne,
Je t'arai assés tos apris 50
Des florins la cause certainne:
C'est uns roix entre flours de lys
Dedens une chaiere assis
Entre deus daufins souffissans,
Et s'est sus deus lyons passans, 55
Vestis de propres draps royaus.
Li ouvrages en est moult beaus;
Ens est escris "Charles li Roix *."
Et royaus appelleran * chiaus   [140d]
Qui vaudront vint saus de tournois." 60

Princes, je respondi a yaus,
Tout ensi m'aÿt Sains Marciaus,
"Se florins me donne li roix,
Je recognisterai bien ceauls
Qui vaudront vint saus de tournois." 65

IV

Pastourielle [55a]

Entre le Louviere et Praiaus,
L'autre jour deus bregiers oï,
Si entendi que li uns d'iaus
En complaindant disoit: "Hé mi!
M'amie se voelt marier, 5
Et point ne m'i voel acorder;
Or sera nostre amour desfete,
Se je ne fai ce qui li hete. *

Conselles m'ent." Et respont chieus:
"Et puis qu'avoir poes la tousete, 10
Oserois te demander mieus?" *

"Je ne sçai," che respont Ansiaus,
"Car mi parent m'ont dit ensi
Que j'arai a ces quaremiaus,
Més qu'a leur gré m'ordonne ossi, 15
Abit pour moi renouveler,
Coroie, espee et bouqueler,
Gans, wages, jupel et houcete
Et cote a mon point trés bien fete.
Se tu avoies tels hostieus, 20
Si en euïsses le disete,
Oserois te demander mieus?

"Et s'ai, que brebis et qu'agniaus,
Environ un cent et demi;
On dist qu'il n'i a jusqu'a Miaus 25
Nul plus rice bregier de mi,
Ne qui mieuls se doie assener."
—"Va," dist chils, "qu'on te puist tuer, [55b]
Més que ce soit d'une bourlete;
Quant la trés douce bregierete 30
Tu refuses, c'est grans orghieus:
Se tu poes avoir la tousete, *
Oserois te demander mieus?"

De ce que dist Thieris li Viaus,
Ansiaus forment se resjoï, 35
Et li bregiere as blons cheviaus,
Qui gardoit maint mouton joli,
Les fist de celle part tourner.
Thieris le prist a regarder
En apoiant sus se holete, 40
Et dist au fil dame Noirete:
"Di moi, plus lours q'uns kokevieus,
Se elle voet estre t'amiete, *
Oserois te demander mieus?"

    Li tousete o tout deus capiaus   45
Vint la, s'en baille un son ami.
Adont y fu grans li reviaus,
Car cascuns le prist endroit li,
Et puis prisent a caroler,
Et la bregierete a chanter   50
Une canchon moult nouvelete,
Et disoit en se canchonnete:
"Di moi, Ansel, si t'aït Dieus,
Se je voel estre t'amiete,
Oserois te demander mieus?"   55

    Princes, je les vi, lés le frete,
Tous trois seoir sus l'erbelete, *
Et chantoient par mos gentieus
Avoec une basse musete:
"*Oserois te demander mieus?*"   [55c] 60

V+ *

Pastourelle   [141b]

    Ens uns beaus prés vers et jolis,
Assés prés de Bonne Esperance,
Bregieres et bregiers assis
Vi l'autre ier en bonne ordenance,
Car il orent de pourveance   5
Oisons rostis et gros pastés,
Boef, mouton et gambons salés,
Bon frommage, puns de jouvent,
Mices tant en voes, tant en prent, *
Vins en barils et en flacons.   10
Dist li uns, qui estoit de Mons:
"Beau seignour, c'est drois que je songne
Qu'un mariage ci faisons
De Poitevin et de Gascongne.

    "Car Poitevins est mes amis,   15
S'est moult bien raisons que l'avance,
Et s'ai esté en son paÿs,

Se sçai bien qu'il a grant puissance."
Dont dist uns qui ot barbe blanche:
"Cils Poitevins dont vous parlés,
Esce uns bregiers acoustumés?
Sauroit il faire un ongement,
Une houce ou un vestement,
Ou un jupel a alerons?
Cognoist il brebis et moutons,
Les scet il garir de la rongne?
Dittes le moi puisque parlons
De Poitevin et de Gascongne." [141c]

Dont respondi Sohiers li gris,
Qui au prendre un hanap se lance:
"Par ma foi, tu es uns chetis
Et plains de trés grant ignorance,
Quant tu as tant esté en France,
Et se ne cognois ne ne scés
Encor ou Poitevins fu nés,
Qui sont si frere et si parent.
Il a des amis plus de cent;
Moult vault sa grasce et ses bons noms;
Amés est de tous compagnons,
Et pour tant, somme de besongne, *
Le mariage ci ferons
De Poitevin et de Gascongne."

"C'est voirs," ce respondi Thieris,
Qui fu homs de grant cognissance,
Car il ot esté a Paris
Aux escoles trés son enfance,
S'ot moult tost conçut la substance
Dont Sohiers les ot enfourmés.
"Beau seignour," dist il, "or versés
De ce vin bien et largement
En ces beaus gobelés d'argent,
Et puisqu'assis en revel sons,
Jamés de ci ne partirons,
Et venist le duc de Bourgongne,

Tant que fait la droiture aurons 55
De Poitevin et de Gascongne."

Dont prisent flacons et barils
Et verserent sans detriance;
Le rouge avec le blanc ont mis
Pour faire ent certainne alliance [141d] 60
A euls oïr pris grant plaisance,
Car Sohiers, qui fu li ainsnés,
Lor dist: "Beau seignour, regardés
Comment Poitevins se desfent:
Il sault et trepe et frit et fent 65
Celle Gascongne; or en buvons,
Entroes que le goust en avons.
Il soit pendus qui le ressongne,
Car li mariages est bons
De Poitevin et de Gascongne." 70

Princes, il burent jusqu'au fons
De leurs barils grans et parfons,
Telement que par yvretongne
Il ordenerent la chançons
De Poitevin et de Gascongne. 75

VI *

Pastourielle [55c]

Entre Binch et le bos de Hainne, *
En l'ombre d'un vert arbrissiel,
Vi bregieretes en grant painne,
L'autre jour, pour faire un capel;
Et la disoit la fille Ansel: 5
"Ce capelet, quant fait l'arons,
A cui or le presenterons?
Je le donrai endroit de mi
A Sohelet, mon douls ami,
Qui me dist her soir en riant 10
Que le duch ravons, Dieu merci,
De Lussembourch et de Braibant."

Adont li respondi Helainne:
"Chil parler me sont moult nouvel,
Car on disoit l'autrier a Brainne 15
Qu'on le tenoit en un castiel,
Car il, de glave et de coutel,
Comme nobles et vaillans homs,
A cheuls de Jullers et des Mons
Et de Gerles se combati, 20
Et li dux avoit avoec li,
En arroi noble et souffissant,
Maint chevalier preu et hardi
De Lussembourch et de Braibant.

"T'esbahis te se je me sainne * 25
Quant on tenoit un tel jeuiel?
Que de Bar et de Lorainne *
Et de Haynnau li plus isnel,
Et de Namur li damoisel,
De Franche et d'autres nations, 30
Escuiers, chevaliers, barons, [55d]
De combatre prest et garni,
Ensi que recorder oï,
Eut au jour dont on parla tant
Le dux, que tu ramentois chi, 35
De Lussembourch et de Braibant.

"Or nous di qui le nous ramainne,
Car, foi que doi a Saint Marsel,
N'oï parolles de semainne
Qui me venissent si a bel." 40
Adont respondi Yzabel:
"Par le poissance le ravons
L'empereour, qui tant est bons,
Son frere, qu'onques je ne vi,
Mais on dist, et il est ensi, 45
Que chils que j'ai nommé devant
A la duçoise le rendi
De Lussembourch et de Braibant."

"Il n'est cose riens plus certainne,"
Che dist la touse dou Hamel,   50
"Que nous ravons no capitainne,
Le duch au corage loiiel,
Qui est issus de sanc roiiel *;
Dont bien resjoïr nous devons,
Car nos brebis et nos moutons,   55
Sans avoir doubte ne soussi,
Garderons; car, pour voir vous di,
De sanc plus noble ne plus grant
Onques mais dou paÿs n'issi
De Lussembourch et de Braibant."   60

"Belles," di je, "je vous affi,
Jamés ne revenrai par chi,
S'arai veü par couvenant   [56a]
Le duch et la duçoise ossi
De Lussembourch et de Braibant."   65

VII

Pastourielle

Entre le Roes et le Louviere
Vi awoen desous un ourmel,
Ensi qu'a basse remontiere,
Mainte touse et maint pastourel,
Car on avoit la un jeuiel   5
Donné, ensi que dire oï;
S'en estoient moult esbahi
Li pastouriel d'oultre le bos,
Et en tenoient leurs gros mos
De ce qu'il leur fu escapés,   10
Més li pris eut esté donnés
A sen droit, ce me dist Thieris,
Car onques més ens ou païs,
(Ce tesmongnoient li plus sage)
On ne vit bregiers si faitis   15
Selonc le bregerois usage.

"Or m'en recordés le maniere,"
Di je a celi, "pour Saint Marsel."
—"Volentiers," dist chils, "par Saint Piere.
Il estoient tout d'un hamel, 20
Et avoit cascun un jupel
De toille long et le vesti,
Et estoient sus çaint par mi
A replois ou ventre et ou dos,
Holetes portans a leurs cols 25
Et eurent solers takenés,
A quatre noiaus reversés,
Wans, wages, caperons petis
Et capiaus sus leurs testes mis, [56b]
Qui leur acouvroit le visage. 30
N'estoit ce mie uns bons habis *
Selonc le bregerois usage?

"Riens n'est qui au mestier afiere,
Qu'il n'euïssent tout de nouvel:
Sakiaus, trellis et panetiere 35
Lacie au costé d'un cordel,
Aloiiere, bourse et coutel,
Escorgies, boistes ossi
Et clokettes de Saint Remi,
Pipes, canemiaus et flaios 40
Et musettes a bourdons gros,
Tamburs et esclifes trauwés,
Feces de soilles et de blés,
Ongement a oindre brebis,
Chiens en laisse, colers, rivis, 45
Et se parloient un langage,
Onques si bons ne fu oïs
Selonc le bregerois usage.

"Et pour faire le feste entiere
Et mieuls avenir a revel, 50
Cascuns bregiers eut sa bregiere,
Arree gentement et bel
De blanc cainse et de court mantel,

Qui leur avenoit jusqu'a chi,
Et mis un chapelet joli 55
De perselles et de pavos,
Et portoient godés et pos
Ou dou buvrage avoit assés,
Tous tels qu'il keurt parmi les prés.
Et quant il se furent assis, 60
Wastiaus saquierent et pain bis, [56c]
Aus, porions, sel et froumage.
Ne deurent chil avoir le pris
Selonc le bregerois usage?

"Et chiaus que tu vois la derriere, 65
Qui s'assamblent en un tropel,
Il sont de Thier et de Triviere
Et ont juré Saint Daniel
Pour ce qu'on donra un agniel
Dimence a le feste a Givri; 70
Dou wagnier se sont ahati,
Se bienfaires poet avoir los,
Car nuls ne sara leurs pourpos,
Si les vera on acemés.
Ossi tu vois a l'autre lés 75
Chiaus de Seneffe et des Bastis,
Qui prendent entre yauls un avis
Comment il feront ce voiage,
Et en yauls desgisant toutdis
Selonc le bregerois usage." 80

Princes, j'en jurai Jhesucris
Que pour despendre cent parsis
Et de laiier me cloke en gage,
Je verai les jeus dessus dis
Selonc le bregerois usage. 85

VIII *

Pastourielle

    Entre Luniel et Montpellier,
Moult priés d'une grant abbeïe,
Vei pastourielles avant ier
Seans en une praerie.
Je me mis en leur compagnie 5
Pour leur ordenance veoir,
Aussi pour nouvelles sçavoir.   [56d]
Si entendi que Honnouree
Disoit a sa serour l'ainnee:
"Las! mon ami que j'aimme tant 10
Se part de moi, et ne sçai quant
Il retourra en ce paÿs,
Mais il prist congiet en riant,
Li biaus, li bons et li jentis.

    "Autrement, Diex me puist aidier, 15
J'euïsse esté trop couroucie,
Mais au partir me vint baisier
Et me dist: 'Adieu, douce amie!'
Et je li dis a chiere lie:
'Adieu, Robin, tant qu'au revoir.' 20
Il s'en va; c'est pour mieuls valoir,
De ce sui toute asseguree.
Mais je sui en coer trop tourblee;
Car il enmainne tout jeuant
Tristran, Hector, Brun et Rollant, 25
Quatre levriers que j'ai nouris;
Faire en devra un present grant
Li biaus, li bons et li jentis."

    Lors respondi la fille Ogier:
"Or nous dittes, belle Soussie, 30
Quel part est il alés logier?
Esce or en Prouvence ou en Brie,
En Auviergne ou en Pikardie?

Le t'a il point dit au mouvoir?" *
—"Oïl," dist celle, "j'ai espoir 35
Qu'il s'en va en une contree
D'un prince de grant renommee,
Sage, large, noble et vaillant;
Nommer le vous voel maintenant: [57a]
Gaston s'apelle en ses escrips, 40
Fois et Berne tient, je m'en vant,
Li biaus, li bons et li jentis."

"Gaston," dist la fille Olivier,
"Par le corps la virgne Marie,
Onques més je n'oï bregier 45
Nommer ensi jour de ma vie,
Ne en toute la letanie
Nul Gaston n'i puis percevoir.
Mais or nous di de Gaston voir:
Scet il de no mestier denree, 50
Ne d'une canemie lee
Saroit il jeuer tant ne quant,
Ne danser au piet de Braibant *
A la maniere de jadis,
Si com fait mon frere Engherant, 55
Li biaus, li bons et li jentis?"

Adont dist Marés dou Rosier:
"Tais toi, fole bien adrechie;
Quant tu voes mettre un tel princier,
De si noble et si grant lignie, 60
En nombre de la bregerie, *
On t'en deveroit bien ardoir.
Saces qu'il a sens et povoir
Et largece continuee,
Et tient terre si bien gardee 65
Que nuls n'i fourfait un besant,
Tant c'omme, femmes et enfant
En regratiant Jhesucris;
Di, vit dont en bon couvenant *
Li biaus, li bons et li jentis?" 70

"Belles," di jou, "je vous creant,   [57b]
Aler me ferés si avant
Que j'esprouverai, j'en sui fis,
Se tels est comme alés disant
Li biaus, li bons et li jentis."   75

IX*

Pastourielle

En un biau pré vert et plaisant,
Par dessus Gave la riviere,
Entre Pau et Ortais seant,
Vi l'autrier ensi qu'a prangiere
Maint bregier et mainte bregiere   5
Qui devisoient des estas,
Des haus, des moiiens et des bas,
Sans parler de leur bregerie,
Mais d'armes et d'armoierie
Leur oÿ biau cop deviser   10
France et Engleterre nommer,
Portugal, Castille aux castiaus,
Navare, Arragon et Bourdiaus,
Osterice, Bretagne et Blois,
Et pas n'oublioient entre iauls   15
Les armes de Berne et de Fois.

Et encores trop plus avant
Je leur oÿ nommer Baiviere,
Flandres, Lussembourch et Braibant,
Bourgongne, Haynnau et Dompiere,   20
Savoie, Sausoirre et Riviere,
Boulongne, Geneve et Damas,
Campagne, Artois, Cippre et Bandas,
Coustantinnoble et Hermenie,
Alemagne, Bar, Hongherie,   25
Lancastre, Herbi et Mortemer;
Et puis leur oÿ rassambler   [57c]
Wivres, fasses, chiés et labiaus,
Bendes, bares, peuls et aigliaus,

Coquilles, hamedes et crois, 30
Et encor y nommoit Buriaus
Les armes de Berne et de Fois.

   Adonques vi un bregier grant,
Qui s'appelloit Ogier Louviere,
Qui salli tantost en estant 35
Et mist main a une aloiiere
En disant: "Signeur, par Saint Piere,
Je puis bien parler de tels cas,
Car mon pere, signeur Thoumas,
En fu ouvriers toute sa vie, 40
Et tant servi chevalerie
Qu'il y aprist a blasonner;
Et encores pour l'esprouver,
Tenés, vela en deus fardiaus
Banieres et escuçons biaus. 45
Or regardés dedens les plois
Se point trouverés entre chiaus
Les armes de Berne et de Fois."

   Adont vi un bregier normant
Qui copa tantost la laniere * 50
D'un fardiel, et dist en riant:
"Oïl, par Sainte Geneviere,
Vé les ci d'armoiriere chiere *
Ouvrees sus bon camoukas.
Biau signeur, or n'oubliiés par 55
Le vaillant conte qui les crie.
La duçoise de Normendie
Et ceste d'Orliens, c'est tout cler,
Peut un jour les vies sauver   [57d]
En France, en la cité de Miaus. 60
En batailles et en cembiaus
A on bien veü pluiseurs fois
En baniere et en pignonciaus
Les armes de Berne et de Fois."

   Adont dist la fille Engherant: 65
"Feroit on riens a ma priiere?"

—"Oïl, quoy?" — "Devise me errant
De l'armoiriere la maniere."
—"Comment les voes tu? En baniere?"
Respont Ansiauls. "Tu les aras. 70
Li camps est d'or, c'est uns biaus draps, *
Mais d'Arragon il se campie,
Car il en descent de lignie,
Si les puet et doit bien porter;
Et Berne est, au voir ordouner, 75
De deus vaques en rouges piaus
Passans, et a leurs hateriaus
Ont esquieres d'azur, c'est drois.
Or va, fait poindre en tes jupiaus
Les armes de Berne et de Fois." 80

    Princes, encor li dist Ansiaus:
"On t'a bien tailliet tes morsiaus;
Par raison ores tu congnois,
Se plus lourde n'ies q'uns vaniaus,
Les armes de Berne et de Fois." 85

X

Pastourielle

    En un pré gratieus et gent,
Priés d'un bois entre deus rivieres,
Vi l'autrier en esbatement
Moult de bregiers et de bregieres.
Cainses, jupiaus et aloiieres   [58a]   5
Portoient selonc leur usage;
La se tenoient li village
Tout d'un lés par bonne ordenance.
La estoit mise en remonstrance
Laquele enporteroit le pris, 10
Car fais avoit esté uns cris
En pluiseurs hamiaus la autour,
Que par plaisance et par amour,
Sur qui que ceïst la merelle,

On devoit sans faute en ce jour 15
Donner la rose a la plus belle.

 La oÿ noumer Yolent:
Celle fu toute des premieres
Et soustenue longement;
Et puis disent Jehans et Pieres 20
Que Kateline de Linieres *
L'avoit gaegnie d'avantage,
De gent corps et de biau visage
Et de trés frice contenance,
On mist ceste cose en souffrance 25
Tant que li voirs en fust oÿs.
Ce consel donna Vacaris,
Qui leur dist ensi: "Biau signour,
Encor y a tele de Dour,
Qui est si gente pastourelle 30
Qu'on ne puet ailleurs par honnour
Donner la rose a la plus belle."

 Lors se misent en jugement
Li pastouriel sus les bruieres.
Ce dist Raouls: "Or tost, comment 35
Ferons nous, qui sera jugieres,
Ordonneres ne consillieres *   [58b]
Des pastoures dessus l'erbage?"
—"Ne sçai," dist Oudins dou Crousage;
"Avés vous point veü Constanse, 40
Une vestie toute blance,
Trés belle est de corps et de vis?"
—"C'est voirs," ce respondi Davis,
"Elle est de gratieus atour,
Et ja voelent chil de Baudour 45
Moult fort soustenir sa querelle,
Et pluiseur qui sont venu pour
Donner la rose a la plus belle."

 Ja li voloient le present
Acorder, més Guis de Fouquieres 50
Leur dist: "Vous veés en present

Venir Yzabelet des Pieres:
Sur lui ne faut herbes ne pieres
Pour estre gratieuse et sage,
Frice en maintien, douce en langage, 55
Et sa biauté oultre habondance
Au regarder prenc grant plaisance.
—"C'est voirs," ce respondi Thieris,
"Quant vous le verés, j'en sui fis,
Vous li acorderés la flour." 60
A ces mos disent li pluisour:
"On voist viers li ou on l'appelle,
Puis que nous devons sans demour
Donner la rose a la plus belle."

Li uns d'iauls parla sagement, 65
Ce fu Dan Jehan de Poquieres,
Et dist: "Signour, certainnement
Chi a gens de pluiseurs manieres;
En droit ne faut dons ne priieres; * [58c]
Soions d'un fait et d'un corage, 70
Par quoi on ne tiegne a outrage
Nostre oevre ne a desplaisance."
Chil qui ont bonne congnissance,
"C'est bon"; ce respondi Henris,
"Mais Yzabelet, c'est mes dis, 75
Gagnera de son droit l'estour."
Adont sonnerent un tabour,
Et si s'en sont venu viers celle
Chil qui doient com jugeour
Donner la rose a la plus belle. 80

Princes, puis vi en un destour
Une touse en doel et en plour,
Et disoit ensi la pucelle:
"Las! hui n'ont sceüt chil pastour
Donner la rose a la plus belle." 85

XI

Pastourielle

   Entre Lagni sus Marne et Miaus,
Priés d'un bos en une valee,
Pastourelles et pastouriaus
Vi l'autrier en une assamblee,
Et la oÿ dire Honnouree   5
A toutes et a tous: "Je pri
Que vous en venés avoec mi.
Je vous menrai en lieu plaisant,
Biel et ombru et verdoiant,
Et se croi qui y foueroit   10
Aige nouvelle y trouveroit,
Car vallee y a priés d'un mont,
Arbres autour qui ombre y font;
Nous y ferons une fontainne,
Et tout chil qui en buveront   [58d]   15
S'entr'ameront d'amour certainne."

   "Je le voel," ce respont Ansiaus,
"Belle me seroit la journee,
Se la pastoure a blons ceviaus
Estoit de moi enamouree   20
Et de tel buvrage abuvree
Que je sui pour l'amour de li;
Onques si bonne aige ne vi.
Las! je l'ai amé jone enfant
Et amerai tout mon vivant;   25
Mais elle noient ne m'en croit
Que pour s'amour mon coer pris soit;
Quant je prie, riens ne respont.
Ensi sa durté me confont.
Or me dittes qui ai la painne,   30
Ysabiel, comment no coer dont
S'entr'ameront d'amour certainne?"

   "Volentiers," ce dist Ysabiaus,
"Toute nouvelleté agree; *

Li lieu ou nous alons est biaus, 35
Nouvelle aige y sera trouvee:
Li pastouriel de la contree
Et les pastures autressi
Esbatre y venront: je te di,
T'amee y venra, et lors, quant 40
Tu l'i veras, tout en riant
Diras: 'Buvés.' Et s'elle boit,
Tu buveras, ja n'aies soit;
Et lors ti oel li monsteront
Comment ton coer pour s'amour font, 45
Si com Paris fist pour Helainne,
Et lors vo coer, qui jone sont, [59a]
S'entr'ameront d'amour certainne."

"Par ma foi," ce dist li tousiaus,
"Tu ies sage et bien avisee. 50
Ensi le ferai." Lors entre iauls
S'en sont venu en une pree
D'arbes autour environnee;
Moult y faisoit vert et joli.
Dist la bregierette: "Vechi 55
Le lieu, or n'alons plus avant;
Fouons chi." Il fueent errant
De leurs holettes la endroit,
Et li aige qui desiroit
A issir, leur saut contremont. 60
Il le voient, grant joie en ont,
Si dient tout a vois hautainne:
"Fontainne, chil qui te veront,
S'entr'ameront d'amour certainne."

"Signeur," ce leur dist Bustiniaus, 65
"Il faut qu'elle soit carollee."
—"C'est voirs," ce respondi Croustiaus.
"Or prendés! Je prenc Fouqueree."
—"Et jou Sarre," ce dist Soustree.
La prist Guis la fille a Fedri, 70
Et Robins Tassine d'Aubri,

Oudins Blance de Saint Venant,
Et Perros la fille a Hermant,
Thumas Marion de l'Aunoit,
Et Hubiers Hetrut dou Busquoit. 75
En carolant tout autour vont
De la fontainne, et au reont
Il dient tout: "Joie nous mainne,
Chil et chelles qui chi venront [59b]
S'entr'ameront d'amour certainne." 80

   Princes, la tout d'un acord sont
Que la fontainne appelleront
Plaisance, pour ce qu'elle est sainne,
Et chil qui s'i ombrieront
S'entr'ameront d'amour certainne. 85

XII+ *

Pastourelle [145c]

   Entre Lille et le Warneston,
Hors dou chemin en une pree,
Vi le jour d'une Ascension,
Droit a heure de relevee,
De pastoureaus grant assamblee, 5
Més pas n'estoient en revel.
La oÿ Oudin Willemel
Qui dist: "Beau seignour, cils fort erre
Qui aime ne desire guerre;
Car guerre nous a tous honnis. 10
Tant soloie avoir de brebis
Que ne les savoie ou bouter;
Or n'en sauroie une ou trouver, [145d]
Et se n'ai eü nul marchant,
Fors ce, au vrai considerer, 15
L'orgoeil de Bruges et de Gand.

   "Més cils orgieus, qui sans raison
A duré entre euls mainte anee,
M'a fait perdre tamaint mouton

Et mainte brebis bien tousee." 20
—"Je t'en croi bien," ce dist Poupee,
"Aussi ai je, et tamaint agniel,
Maint boef, mainte vache et maint vel,
Je ne cognois ne B ne R,
Més je sçai bien qu'en celle terre 25
N'avera paix, ne ou paÿs,
Se le pooir des flours de lys
Ne vient la chose refourmer."
Adont oÿ dire a Gommer,
Un pastourel de Saint Venant: 30
"C'est fort qu'on voie ja cesser
L'orgoeil de Bruges et de Gand.

"Car ce sont villes de grant nom,
Plainnes d'orgoel et de posnee,
Et li homme y sont trés felon, 35
Qui ne s'entr'aimment de riens nee.
Leur haÿne a en la contree
Fait ardoir tamaint bon hamel
Et fait trencier maint haterel
De mainte grosse riche here. 40
Com plus vient la chose, et plus serre."
—"C'est vrai," ce respondi Henris,
"Perdu y ai de mes amis,
Qui ne font pas a recouvrer,
Et quanque je puis desirer, [146a] 45
C'est que je voie traire avant
François, pour faire ravaler
L'orgoeil de Bruges et de Gand."

"Or ferai ferrer mon plançon,"
Ce dist Robins de la Bassee, 50
"Mon camail et mon haubregon
Roller, et fourbir mon espee;
Més que j'aie la teste armee
Et au costé mon grant coutel
Et ou poing plommee ou martel, 55
Pour grasce ou pour honnour conquerre,

Telement les irai requerre
Qu'on dira que je sui hardis."
—"Je sui des tiens," ce dist Thieris,
"Car je ne puis orgueil amer, 60
Més nous devons de coer penser
Au roy Charle, ce jone enfant, *
Comment il vient de coer oster
L'orgoeil de Bruges et de Gand.

"Beau seignour," ce lor dist Guedon, 65
"J'entenc que hier de la journee
Passerent de nos gens foison,
Car la riviere est conquestee;
A baniere desvolepee
Sont deça passé li roiiel 70
Et espars entre Ippre et Cassel."
Lors dist Rogier de Sauveterre:
"Riens que faire n'a d'euls acquerre; *
Puisque gaagnié ont le Lis,
Je tienc Flamens pour desconfis, 75
Contre nous ne poront durer,
J'en voeil deus dousainnes tuer; [146b]
C'est fait, on en voit l'apparant;
A ces cops verés vous finer
L'orgoeil de Bruges et de Gand.

Princes, puis oÿ dire Omer:
"Nos testes brisons au parler,
Brugois et Gantois sont si grant,
Que tousjours verés vous regner
L'orgoeil de Bruges et de Gand.

XIII

Pastourielle [59b]

L'autrier vi bregier et bregiere,
Qui bien avoient sis vins ans
Entre euls deus, garder a prangiere
Leurs brebisettes sus les camps.

La vint li uns de leurs enfans, 5
Qui voloit aler a l'escole,
Et demanda a dame Cole,
Sa mere: "Ça, mon avantage!"
—"Tu n'aras ne pain ne froumage,"
Respondi celle, "par ma foi, 10
S'aras * a ton pere et a moi
Dit quelque voir ou quelque fable."
Et chil respondi: "Je l'otroi:
Dou mouton d'or est il notable." *

   Pere et mere sont tret arriere, 15
Qui avoient des cheviaus blans
Bien pour emplir une aloiiere,
Et dient: "Tu ies ja tous grans,
Et si t'avons tenu long tamps
La ou les aultres on escole; 20
Onques més ne peuins parole
Avoir de toi en ton eage
Qui nous peüist donner corage
De doctrine ne de castoi,
Et puisque tu ies en bon ploi, [59c] 25
Di nous par voie raisonnable
Ou on troeve ne en quel loi
Dou mouton d'or est il notable."

   Dist chils, qui a la remontiere
Voet avoir ou tartes ou flans; * 30
"Quant Diex ot fait ciel et lumiere,
Terre et mer et poissons noans,
Puis fu une beste apparans
En Colque en l'ile d'Astropole:
De mouton avoit fourme et mole, 35
Tonson d'or portoit cest ymage;
Serpent et troi toriel sauvage
Le gardoient de tout anoi,
Nuls n'osoit aler jusqu'a soi,
Tant iert la cose espoentable. 40

Quant j'ai parlé, aler m'en doi,
Dou mouton d'or est il notable."

Lors dist sa mere a lie chiere:
"Tu ies uns clers moult souffissans.
J'ai des brebis sus la bruiere 45
Qui sont bonnes et bien mengans;
Tu en aras, je ne sçai quans,
Escript tout cela en ton role."
Dist ses maris: "Vous estes fole,
... ... ⁕ 50
... ...
Encor n'a il dit ce ne quoi.
Ne nul sens en lui je ne voi
Qui me soit bon ne agreable.
Or me destintés mieuls, Joffroi, 55
Dou mouton d'or est il notable."

Respont chils: "Ceste beste fiere,
Avoecques ses crueuls servans
Qui li gardoient sa barriere, [59d]
Fu tant dedens Colque habitans 60
Q'uns chevaliers preus et vaillans
—Jasson ot nom chils dont parole—
Quant parler oÿ de l'ydole,
Pour conquerre enprist le voiage;
Et le conquist par vasselage 65
Avoecques l'aÿde et l'arroi
De Medee, la fille au roi,
C'est cose toute veritable.
Or dittes, se men temps j'emploi.
Dou mouton d'or est il notable." 70

Princes, pere et mere tout doi
Disent: "Biaus fils, par Saint Eloi,
Tu serras aumés a no table,
Car bien nous as monstré l'envoi.
Dou mouton d'or est il notable." 75

XIV+ *

Pastourelle [146d]

Assés prés de Roumorentin,
En l'ombre de deus arbrisseaus,
Vi l'autre jour en un gardin
Pastourelles et partoureaus,
Et la ordonnoient entre eaus 5
Chapelés de belles flourettes,
Et la oÿ deus bregerettes
Dire tout hault a leurs amis:
"Se sus le chiés vous aviens mis
Ces chapiaus, en arions gré?" 10
—"Oïl," ce respont Fouqueré,
"Donne moi ent un, je t'en pri,
Se m'en irai de coer joli [147a]
A Bourges veoir, car c'est drois,
La pastourelle de Berri 15
Avec le pastourel de Blois."

Respont ceste: "Par Saint Martin,
Se tu voes qu'il soit bons et beaus
Et loiiés de fillet de lin
Qui fu pris ou marchié a Meaus, 20
Et qu'encor y ait trois houpeaus
De flours blanches et vermillettes,
Ou qu'il soit tous de violettes,
Ensi que je le t'ai prommis,
Tu me diras tout ton avis, 25
Pourquoi ores tu as parlé,
Ne qui te moet en volenté
De maintenant partir de ci
Et d'aler ent sans nul detri
Veoir a Bourghes ceste fois 30
La pastourelle de Berri
Avec le pastourel de Blois."

"Belle," dist cils, "par Saint Martin,
Point ne me sera li chapeaus

Retollus; pour dire ent la fin, 35
C'est uns mariages nouveaus,
Ou moult grans sera li reveaus
De bacelers et de filletes,
Et se sont les noces estrettes
De lyons et de flours de lys. * 40
Li mariés a nom Loÿs; *
Il est de Haynau d'un costé,
Et de Flandres pour verité,
Et s'est fils au bon conte Gui
De Blois; siques pour bien te di 45
Veoir vendras, se tu m'en crois, [147b]
La pastourelle de Berri
Avec le pastourel de Blois.

"On aura la et pain et vin,
Gras moutons, cabrils et agneaus; 50
Se nous y portons un cretin,
Nous aurons des bons glous morseaus."
—"Haro," ce respondi Anseaus,
"Reponre me fault mes germettes,
Mes moutons et mes brebisettes; 55
Se je les perc, je sui honnis."
—"Va, meschant," ce dist Aloris,
"Tu as trop simplement visé:
Ce sont seignour tant honnouré,
Si hault, si noble et si garni, 60
Que tout en serons enrichi;
Tous biens nous donront en ce mois
La pastourelle de Berri
Avec le pastourel de Blois."

"C'est voirs," dist la fille a Robin, 65
"Or vestons donques nos jupeaus
Et alons la le bon matin,
Et si emportons nos freteaus,
Nos muses et nos canimeaus,
Et pas n'oublions nos holettes, 70
Ne nos panetieres bien fettes,

Les signours en auront grant ris;
Car aussi ai je ja apris *
Qu'a Cambrai se sont espousé
Frere et soer, soer et frere né 75
De Bourgongne et Haynau aussi,
Dont nous sommes tout resjoÿ;
Tout ce dirons a hautes vois:
La pastourelle de Berri
Avec le pastourel de Blois." 80

   Princes, quant de la me parti,   [147c]
En ordenance je les vi
Pour venir veoir, trois et trois,
La pastourelle de Berri
Avec le pastourel de Blois. 85

XV+ *

Pastourelle

   Assés prés dou castiel dou Dable,
Liquels est au conte Daufin,
Vi l'autre ier ordonner leur table
Breghieres et breghiers, a fin
Que sus n'avoit pieument ne vin, 5
Més pain et sel, aus et ongnons.
Dist li uns: "Beau seignour, buvons
De la fontainne qui sourt ci,
Bien devons estre resjoÿ,
Et mettre arriere toute songne, 10
Pour le pastourel de Berri
Et la pastoure de Boulongne.

"C'est chose toute veritable,
Car a Rion fui hier matin,
La vi en estat honnourable 15
Ceuls qui sont estrait de hault lin;
Pas n'estoient vesti de lin,
Més de garnemens beaus et bons;
La vi chevaliers et barons,

Dames, damoiselles aussi, 20
Et bien sçai que quanque la vi,
Fait estoit, sans mot de mençongne,
Pour le pastourel de Berri
Et la pastoure de Boulongne."

"C'est voirs," ce dist la fille Orable, 25
"Car l'autre jour mist son roncin
Uns escuiers en nostre estable,
Qui sievoit auques ce chemin,
Et que chevalier fin, *   [147d]
Desquels il me nomma les noms, 30
En ont travillié vauls et mons.
Sausoirre nomma, je t'afi, *
Riviere, la Tremoulle, Assi;
Cil quatre ont mené la besongne
Pour le pastourel de Berri 35
Et la pastoure de Boulongne.

"Encores me dist un notable
Li escuiers en son latin,
Lequel j'ai moult a agreable:
Quoique la touse ait a cousin * 40
Le pape, qui a maint florin
Et qui poet donner des beaus dons,
Se l'a gardé uns puissans homs,
Li contes de Fois, et nouri
Environ noef ans et demi; 45
En ce n'a blasme ne virgongne,
Pour le pastourel de Berri
Et la pastoure de Boulongne."

"Signour," ce dist Robins Coursable,
"La chose vient a bonne fin, 50
Et se nous est moult honnourable,
Quant Boulongne aurons a voisin.
Or voeil cote de camelin
Faire, j'ai tondu mes moutons,
Et vous pri que nous en alons 55
A Rion. J'emporte avec mi

Flagot, muse et fretel joli
Qu'on m'a envoyé de Coulongne,
Pour le pastourel de Berri
Et la pastoure de Boulongne."   60

"Belles," di je, "je vous affi,
Avecques vous irai aussi,
Et si ferai quelque besongne
Pour le pastourel de Berri   [148a]
Et la pastoure de Boulogne."   65

XVI+ *

Pastourelle

Assés prés dou Bourch la Roÿne
En l'ombre d'un vert arbrissel,
Vi l'autrier a l'eure qu'on disne,
Mainte touse et maint pastourel,
Lesquels en joie et en revel   5
Chantoient motés et chançons,
Et bien l'adonnoit la saisons
Qu'il fuissent en esbatement.
La disoit Robins Hume-Vent:
"Seignour, il me vient en plaisance   10
Que je compte sans detriance,
Car dou dire sui bien garnis,
Comment la roÿne de France
Est premiers entree en Paris."

"Par ma foi," ce dist Valentine,   15
"Tu sauroies mieuls d'un busiel
Tuter et oster une espine
De ton doi et oindre un agniel,
Que nous riens dire de nouvel."
—"Pourquoi?" ce respont Bietrisons,   20
"Ja est Robins uns valetons
Qui a assés bon sentement
Et qui scet bien et sagement
Parler, car apris l'a d'enfance."

—"Or vient dont ça," ce li dist Blanche, 25
"Beau Robin, et se nous descris
Comment la roïne de France
Est premiers entree en Paris."

Et cils, qui au parler s'arine,
Les fist venir en un tropel 30
Et dist: "Dimence, a bonne estrine,
Quant on ot disné bien et bel, [148b]
De Saint Denis, ce bon hamel,
Parti la dame a qui nous sons;
O lui dus, contes et barons 35
Et des dames moult largement
Aournees, si richement
Que onques ne vi tel puissance."
Adont li demanda Constance:
"As tu bien justement compris 40
Comment la roïne de France
Est premiers entree en Paris?"

"Robin," ce li dist Katherine,
"Je te garde un trés bon morsel:
J'ai un saquelet de farine 45
Dont je te ferai un gastel,
Se tu me voes en un rolel
Escrire des seignours les noms."
—"Va, lourde," ce li dist Symons,
"Il ne le sauroit nullement." 50
—"Pourquoi?" dist Robins. "Vraiement
Je fui par presse en tel penance,
Que j'oc si esquaté la pance
Que point n'ai pour noient apris
Comment la roïne de France 55
Est premiers entree en Paris.

"Berri tout premiers vous assine, *
Et Bourgongne en estat roiiel;
Bourbon aprés vous determine
Et Tourainne le damoisel; 60
Lorrainne y vi en un jupel

D'un riche drap qui fu moult bons,
Et d'Ostrevant, uns jones homs,
Que Guillaume conte on entent,
Bar, Namur, Couci et tant gent 65
Avec les dames d'onnourance, [148c]
Que bien croi que de l'ordenance
On parlera en maint paÿs
Comment la roïjne de France
Est premiers entree en Paris." 70

   Princes, pour faire ent souvenance,
J'ai bien mis aillours * la substance,
Et pour l'onnour des flours de lys,
Comment la roïjne de France
Est premiers entree en Paris. 75

XVII

Pastourielle [59d]

   Pastourielles et pastouriaus
Vi l'autrier en une vallee
Garder brebis, moutons, agniaus,
Et la oÿ touse senee
Qui dist comme bien avisee: 5
"Toutes et tous, voelliés oÿr,
Ma mere a cui doi obeÿr
M'envoia orains a flouretes; *
Or en ai toursiaus et bougetes
De pluiseurs diverses coulours, 10
Mais trop sui mal de mes serours,
Car je soustieng une querelle
Et certefi entre les flours
La margherite a la plus belle."

   Adont li respondi Ansiaus, [60a] 15
Qui fu homs de grant renommee,
Et dist: "Belle, par mes ceviaus,
Ceste matere fort m'agree
Et chi sera determinee,

Se jusqu'au fons je sçai venir,   20
Mais il le vous fault esclarcir,
Car les voies sont trop orbetes.
Pourquoi laissiés vous violetes
Et roses, qui ont bien leur cours
Et qui font pluiseurs biaus secours   25
A mainte dame et damoiselle,
Et vous nommés chi et aillours
La margherite a la plus belle?

"On en voit paré ces praiaus;
On en aroit une caree,   30
Voire quatre, pour deus roiaus,
Et vous l'avés tant alosee,
Et point ne nommés en pensee
Trois aultres flours qu'on doit cerir,
Faites pour l'omme et Dieu servir: 35
Bled, vin et lin; ces trois sont nettes.
Encor en y a des parfettes, *
Sans nommer ne ronses, ne hours,
Ne genés dont on cauffe fours:
Le lis, pione et la perselle;   40
Cestes ne tenront a nuls jours
La margherite a la plus belle."

"Ansiel, Ansiel," dist Ysabiaus,
"Quant la violette est fenee
Et roses dont on fait capiaus,   45
Et il vient froit temps et gellee,
Lors ai tantost une esculee   *[60b]*
De margherittes, sans mentir,
Se jusqu'au camps je voel courir;
J'en troeve en cemins et en fretes,   50
Et lors entre nous bregheretes
En faisons capiaus as pastours;
Adont se doublent les honnours,
Quant on en a en temps qu'il gelle;
Lors tiennent amant par amours   55
La margherite a la plus belle.

"Plus avant, Cepheÿ li biaus, *
Nés de Thessalle la contree,
Pour qui Heros * reut * par ruissiaus
Plours et larmes..., en Galatee, 60
La fu premierement trouvee
La margherite sans falir;
La le fist hors de terre issir
Jupiter, li diex des planetes,
Qui l'aourna de ses saiettes; 65
Zephirus li donna oudours.
Entent, Ansiel, se tu n'ies lours,
Grant matere te renouvelle
Pour soustenir en toutes cours
La margherite a la plus belle." 70

    Princes, adont li dist Guibours,
Ossi fisent Guis et Raimbours:
"D'or en avant tenrons, pucelle,
Par camps, par villes et par bours,
La margherite a la plus belle." 75

XVIII++ *

Pastourielle

    Maint pastouriel de noble afaire
Vi l'autre jour, en un requoi,
La entre iauls un argument faire; [60c]
Si oï dire Godefroi
Ou Beneoit: "Baptiste croi 5
Saint Jehan pour le plus proçain
De Dieu et le plus souverain,
Le plus digne et le plus begnin
Qui soit ens ou trosne divin,
Car tant l'ama, c'est cose clere, 10
Diex qu'ens ou ventre de sa mere *
Le saintefia et beni,
Et pour chou au loer me pere
Le jour que chils haus sains nasqui."

"Tu as droit," ce dist Robins d'Aire, 15
"Il ne tint pas estat de roi, *
Mais vie simple et debonnaire,
Et se vesti, scés tu de quoi?
D'une cote a un large ploi,
Faite d'un camel tout a plain; 20
Prophete et hermite le claim,
Car il en tint bien le cemin,
Ne onques il ne but de vin,
Ne menga cose singulere
Qui de goust li donnast matere, 25
Fors herbelettes, je te di,
Si que tous biens je considere
Le jour que chils haus sains nasqui.

"Sa venue nous doit moult plaire,
Car no baptesme avons par soi, * 30
Qui nous purge de tout contraire.
Encores nous moustre il au doi *
Le Fil de Dieu, ou croire doi,
En signe d'un agniel humain.
Encores te di pour certain [60d] 35
Que proprement li Sarrasin
Le jour Jehan "menge coffin" *
L'appellent et en font mystere,
Ne pour riens le jour de sa fere
Ne briseroient, je t'affi, 40
Mais recorde li fils au pere
Le jour ou chils haus sains nasqui."

"C'est voirs," ce respondi Helainne.
"Car j'ai oÿ dire a Joffroi,
Un escuiier de no repaire, 45
Qui bien a veü leur arroi;
Car la fu le jour Saint Eloi,
Qui siet dou droit a l'endemain, *
Et recorde que point de pain,
Char ne poisson ne aultre arrin, 50
Ne menguent sen jour, a fin

Qu'il soient gardé de misere,
De contraire et de mort amere;
Tant ont il grant fiance en li
Que cascuns en bien persevere 55
Le jour ou chils haus sains nasqui.

"Encores en devons retraire
Un exemple biel en no loi,
Douquel je ne me voel pas taire;
Car en son propre jour je voi 60
Que pluiseurs gens par bonne foi
Quellent herbes dou soir au main,
Dont il font onguement si sain
Qu'il le vendent bien un florin;
Encores en gari Robin 65
Anten Oudinet, un sien frere,
Et dame Mainseus, sa commere, *[61a]*
Des bonnes herbes que coelli
En un gardin, chiés son compere,
Le jour ou chils haus sains nasqui." 70

Princes, la dist Mauvoisin d'Ere:
"Je lo que nuls ne se differe
Au canter ceste cançon chi
Qu'on chante en tamaint monastere
Le jour ou chils haus sains nasqui." 75

XIX

Pastourielle

Dalés le rieu d'une fontainne,
En l'ombre d'un vert poupelier,
Veï par un jour Saint Helainne
Mainte bregiere et maint bregier,
Liquel pour feste commencier 5
S'apparilloient, ce m'est vis,
Et faisoient capiaus jolis.
La avoit presse a l'empetrer;
La les venoient demander

Li pastouriel moult doucement 10
En disant amoureusement:
"Ha, belle, sui je point merites
Que je porte presentement
Un capelet de margherites?"

La voi que cascune se painne 15
De son capelet avancier;
La voit on, c'est cose certainne,
Trop bien, quant ce vient au priier,
Lequel elles ont le plus chier
Et qui est le mieuls leurs amis. 20
La en y a des esbahis
Et priés sus le point de plorer.
De quoi, pour la feste aviser, [61b]
Je me mis en l'esbatement,
Si oï dire a Yolent: 25
"Belle, vechi des flours petites,
Or m'en faites apertement
Un capelet de margherites."

Et celle, qui ne fu pas nainne,
Respondi sans lui consillier: 30
"Oudinet, vous perdés vo painne,
Alés vous ailleurs pourcacier;
Je n'oevre fors que pour Rogier,
Mon ami, je li ai proumis;
Alés rassambler vos brebis, 35
Car elles voelent prangeler."
Et quant chils s'oÿ ravaler,
A painnes que de doel ne fent,
Si jura par grant mautalent
Et dist: "Hui soient flours maudites, 40
Quant avoir ne puis nullement
Un capelet de margherites."

La vint Rogiers Triquedondainne,
Qui fu priés sus le courecier
A cel Oudinet Verde-Avainne, 45
Pour tant qu'il le veoit joquier

Dalés la belle au corps legier,
Ou il a dou tout son coer mis;
Se li dist: "Part de chi, caitis;
Va, rataconne ton soler! 50
Tu n'ies pas tailliés de porter
Capiel de flours entre tel gent;
Par Dieu, elle en aroit un cent,
Et priast pour toi uns hermites,
Avant que te donnast briefment [61c] 55
Un capelet de margherites."

Et chils, qui une verde vainne
Avoit encore en son jusier, *
Respondi et dist: "Plas que rainne,
De quoi te sert on au mengier? 60
Tu as ja plus que ton leuwier
Alleuwé, de ce sui je fis;
Pour ce que se tu ies faitis,
T'en cuides tu mieuls marier?
Se je me voloie vanter, 65
J'ai bien de quoi, ou et comment,
Pour faire houlette d'argent,
Mais tu n'as vaillant quatre mites,
Et porterai, quant n'aras dent,
Un capelet de margherites." 70

Princes, pour oster le bestent,
On prist Piere, Andrieu et Florent;
Chil troi ont les raisons escriptes,
Mais on ot cascun en couvent
Un capelet de margherites. 75

XX

Pastourielle

En une pree verdoiant,
Par dessus Oize la riviere,
Bregieres et bregiers seant
Vi l'autrier ensi qu'a prangiere.

La oÿ dire a Manessiere: 5
"En quoi nous porons deporter?
En quoi porons le jour user
Qui est encores si trés lons?"
Dist uns pastouriaus de Soissons:
"J'ai une blance tourterelle; 10
Je consel que nous le donnons   [61d]
A *la plus simple et la plus belle.*"

Tout s'acorderent a Rollant,
Hors mis un qui dist: "Par Saint Piere,
Je iroie tout en cluignant 15
A ceste qui mieuls a maniere,
Ce n'est pas cose droituriere;
Aultre jeu nous faut aviser."
—"Tais toi, teste de bouqueler,"
Ce respondi Renauls Fromons, 20
"Aultre jeu nous ne prenderons,
Je ne sçai pour quoi on te melle
Ovoec nous, car l'oisiel donrons
A *la plus simple et la plus belle.*"

Adont sus celi couvenant 25
Sont aucun pastour trait arriere *
Pour mieuls aviser en passant.
Si ont regardé la premiere;
En celle avoit gente bregiere,
Mais elle beghoit au parler 30
Et cloçoit un peu a l'aler,
Mais tout li demorans fu bons.
Dist Hendris: "Or le regardons!"
—"Qu'en dites vous?" ce dist Ruielle.
"Passons oultre, une aultre averons 35
A *la plus simple et la plus belle.*"

A ces mos passerent avant
Et s'arestent sus Oliviere;
Corps avoit joli et plaisant.
"Je ne sçai que plus belle on quiere," 40
Dist Fouchaus, "de ceste on enquiere:

Que puet on plus belle trouver?" *
Ce dist Pieres de Saint Omer: [62a]
"Ses corps est un petit trop crons
Et trop aguisiés ses mentons, 45
Et s'a trop longe une mamelle;
Ja de mon gré ne le tenrons
A la plus simple et la plus belle."

Dont vint Lore de Saint Venant,
Et puis Sarre de la Buissiere, 50
Et Margheritte de Braibant,
Et Perrette de la Bruiere;
Ja estoit basse remontiere,
Pour ce se voloient haster.
A Lore van * le pris donner, 55
Et trés bien assis fu li dons,
Car corps ot gent, cevelés blons;
Tant estoit frice pastourelle
Qu'il dient tout: "Assenés sons
A la plus simple et la plus belle." 60

Princes, dont fu li grans bedons
Sonnés et en jeuoit Simons,
Et Guios de la canemelle
En disant: "Nous alons, alons
A la plus simple et la plus belle." 65

*Explicit Pastourielles Amoureuses et
aultres de pluiseurs pourpos.* *

CHI APRIÉS S'ENSIEVENT CANCHONS ROYAULS AMOUREUSES *

I

Tant sont d'amours li recort gratieus,   *[101b]*
Et tant en est la poissance excellente,
Et tant en sont li douls biens plentiveus,
Et tant en est li ordenance gente,
Que coers humains penser ne le poroit,   5
Car s'uns amans ja jour ne possessoit *
Dou don d'otroi de dame entirement,
Se dispense il son tamps si noblement
Que pour tous biens amoureus concevoir
Prendre ne puet, ne eslire autrement,   10
Vie qui puist le bien amer valoir.

Et che appert par les vrais amoureus,
Aux quels Amours ses nobles biens presente,
Car de priier cascuns se tient songneus,
Quant Dous Regars par Plaisance en eulz ente   15
Les vrais pensers qu'uns amans avoir doit.
Or a Amours ordonné de son droit
Refus en dame, et on voit clerement
Que par detri recoevre amans souvent
Sens, temps, avis, parler, force et sçavoir   20
De ses secrés monstrer plus sagement,   *[101c]*
Car par le coer apperent li voloir.

S'est li amans sages et euwireus
Qui corps et coer, sens, penser et entente
Met en amer et se tient curieus   25

De obeïr a si trés noble atente
Comme a Amours ou tous biens on conçoit.
Car quant uns vrais amans sa dame voit
Et il le voelt priier trés sentanment,
Plaisance si habondamment l'esprent 30
Et vraie amour a sur lui tel pooir
Que, quant il voelt parler de sentement,
Bouce ne poet ne parolle mouvoir.

En cel estat vit amans cremeteus,
En soing d'avoir merci, qui li est lente, 35
Mais tous jours sert de dous regars piteus.
Car souvenirs enracine en soi l'ente
De vrai espoir; c'est li confors qu'il croit.
Or vient avis, qui de sens le pourvoit,
Et biaus parler ossi en lui descent. 40
Lors supplie il si amoureusement
Que, quant dame le poet ytel veoir,
Humilité juge en lui proprement
Que tenue est de faire ent son devoir.

Dame qui j'aim, jou qui sui diseteus 45
D'avoir merci, més assés m'en contente,
Car en vos yeux douls, simples et joieus,
Preng reconfort quant dous espoirs me tempte, *
Car autrement trop malement m'iroit, *
Et vostre amour m'anonce et ramentoit 50
Joie et confort par un si douls present
Que, se jamais n'avoie aliegement,
Si bien me plaist li vivres en espoir [101d]
Que tousjours voel demorer liegement
En cel estat, car mieulz ne puis manoir. 55

Princes, pour ce ai mis trés mon jouvent
A dame amer sens et entendement,
Pour le haut don de sa merci avoir,
Car jones coers, selonc mon jugement,
Ne doit prisier au jour d'ui autre avoir. 60

II

CANCHON AMOUREUSE
COURONNEE A VALENCHIENES *

Trés gaie vie est d'amie et d'amant,
Qui justement le scet considerer,
Car li parler, li signe, li samblant, *
Li douls regart, li venir, li aler,
Li vrai complaint, li maintien gai et gent,   5
Li biel priier et li detriement
Sont ordonné pour tous coers esjoïr.
Dont, quant l'estat amoureus je remir,
Je di que c'est la plus trés gaie vie
Que bons coers puist prendre ne poursievir,   10
S'est euwireus qui jones s'i otrie.

Car d'amours sont li fait si souffissant
Qu'on ne les pœt prisier ne exposer;
C'est en aler, en penser, en priant,
Qu'on voit couleurs palir, taindre et muer,   15
Simple estre amant et amee ensement.
Par douls complains couvient l'amant souvent
Trés humlement enviers sa dame offrir
Corps, coer, penser, foy, entente et desir,
Et s'a tousjours esperance si lie;   20
Se de merci ne devoit ja joïr,
Se * tient il bien sa painne a emploiie.

Et lors qu'amans a le coer si engrant   [102a]
De ses secrés humlement recorder,
Uns vrais desirs le muet. La aimme tant,   25
De si fin coer et de si vrai penser, *
Que, quant il voelt parler trés sentamment,
Plaisance si habondament l'esprent *
Que il ne puet parler ne bouce ouvrir;
La le couvient palir, taindre et fremir.   30
Vivre en cremeur, monstrer chiere asouplie,
Taire et servir, nuit et jour obeïr:
Tel sont li fait d'amant enviers amie.

En cel estat amoureus et plaisant
Vorroit amans toutdis sa vie user, *
Et s'aucuns fais entreprent d'abondant,
Foible li sont et legier a porter,
Car li espoir de merci qu'il atent
Li donnent foi, vigeur et sentement
De ses grietés legierement souffrir,
Car vis li est que, s'il pooit venir
Au noble don que dame a en baillie,
Il ne poroit pour servir desservir
Les biens qu'aroit receü ceste fie.

Dame qui j'aim, ou tout bien sont manant,
Faite pour tous amans enamourer,
Voelliés en vous mettre pité, car quant
Priier vous voel, si crieng le refuser
Que povoir n'ai, avis ne hardement
De vous priier si trés parfaitement
Que bien en ai l'entente et le desir,
Et se ne sai comment puisse avenir
A la merci de vous, dame agensie,
Se par pité n'en laissiés couvenir
Amours, ma dame, a cui mon coer s'afie *[102b]*

Princes, espoir me donne souvenir,
Quoique ma dame ait refus sans partir,
Encor sera ma priiere essaucie:
C'est li confors qui me fait gais tenir
Et qui le plus me poet donner aÿe.

III

Canchon Amoureuse
Couronnee a Abbeville

Pour ce qu'on voit les dames deduisans
En pluiseurs lieus et biaus samblans monstrer
Par leurs bontés aux petis et aux grans, *
Et qu'on les voit humlement converser,
Rire en parlant, courtoisement jeuer,

Dient aucuns, par outrageus cuidier,
Qu'il ne faut fors hardiement priier
Qu'en dame lors ne soit merci trouvee;
Mais tels y vont a le fois assaiier *
Aux quels elle est estragnement veee. *   10

   Car se dame est de soi esbanoians,
Humainne a tous, courtoise en biau parler,
S'avoec tout ce estoit merci donnans
Tout ossitost qu'on l'iroit demander,
Il ne fauroit jamais Amours merler *   15
Dou don d'otroi que dame a a baillier;
Sens ne Cremeurs n'i aroient mestier,
Car sans honneur seroit mercis donnee.
Or voelt Amours, pour dames essaucier,
Qu'elle soit trop plus closement gardee.   20

   Si que * en dame est Sens et Cremeur poissans
Au los d'onneur pour merci refuser.
Quant dame jeue evoecques les jeuans
Et cuidans cuide en lui merci trouver,
Espoir anchois qu'il soit espris d'amer,   [102c]   25
Dont fait refus ouvrer de son mestier
Sens et Cremeur, qui ont a consillier
Dame. Adont est si close li entree
D'otroi qu'il faut cuidant pourpos cangier,
Car falli a a sa folle pensee.   30

   Ensi cuidiers fait abuser cuidans,
Car il proumet ce qu'il ne poet donner;
Dont qui le croit, il est moult ignorans.
Mais qui se voelt parfaitement fonder,
Il doit Amours * servir, croire et amer   35
Dame, et s'elle est humle a esbanoiier,
Don de merci, qui tant fait a prisier,
N'est point pour ce sitost abandonnee,
Car il en sont Sens et Cremeur wissier, *
Tant qu'Amours plest qu'a l'amant soit greee.   40

   Dame qui j'ains trés belle et trés plaisans,
Li biaus deduis que vous savés monstrer,

Vos gratieus maintiens et avenans,
Me font souvent de desir embraser,
Mais quoiqu'ensi vous saciés deporter, 45
Vo mot sont si de refus coustumier
Qu'a cuidier n'ai que faire d'apoiier.
Or m'est d'amours plaisance presentee,
Si que j'en vifs en joieus desirier
En atendant merci la desiree. 50

Li homs n'a pas science en lui fondee *
Qui de dame cuide otroi eslegier
Sitost qu'en lui voit ne jeu ne risee. *

IV

CHANÇON ROYAL SOTE *
COURONNEE A LILLE

Amours, par qui les lourdes et li lourt
Sont bien rataint de lourdement amer,
M'ont pourveü depuis un terme court [102d]
De dame amer ou il n'a qu'amender,
Car ses corps est ossi douls q'uns cierens. 5
Euwireus sui qu'elle a perdu les dens,
Car autrement ne m'euïst demoré
Drapiel entier; tout euïst deschiré.
Un usage a tel qu'a moi hape et tire,
Et quant par lui sont mi drap debieffé, 10
Elle se sance apriés de moi maudire.

Je le trouvai l'autre ier en une court
Sus un fumier, preste pour remuer,
Et je li dis: "Ma dame, il fait la gourt;
Or vous voelliés un petit reposer 15
Et nous parrons d'amours tout a bon sens."
Et celle dont li estas est plus gens
Que d'un pourciel ort et embegaré,
M'a en soudain telement regardé
Que je vosisse adont estre en l'empire, 20

Car contre moi a un fourquié levé,
Et puis me dist: "Or cha, que voes tu dire?"

"Dame," di jou, "Amours en mon coer sourt,
Car je le sens en mon corps haleter *
Et je m'en doi aler a un behourt; 25
Pour vostre amour m'i vorrai esprouver,
Mais dittes moi, que crirai sus les rens?
Car je serai, je croi, de cheuls dedens *."
Elle dist: "Fait criier a l'estonné,
Et se le pris conquers, j'ai volenté, 30
M'amour aras, qui est ossi entire
Que mi drapiel, qui sont tout ranoé.
Or soies preus, il te doit bien souffire."

"Dame," di jou, "vous serés sus un hourt;
La me verés les horions donner, [103a] 35
Mais se je truis le kokin et le sourt
Lequel on dist qu'il voet mes oes humer,
Je li donrai tel cop entre les gens
Qu'il s'en ira en sa maison dolens."
Lors dist ma dame: "Et qu'as tu en pensé? * 40
S'a trestous ceuls qui ont a moi parlé
Tu voes avoir le debat ne l'estire,
Il te faudra, saches pour verité,
Plus q'un martir recevoir de martire." *

Adont vei la le kokin qui acourt; * 45
A ses nus bras vint ma dame acoler. *
Lors m'avisai que, s'on ne le secourt,
Je li vodrai trop bien le dos fautrer,
Car je me tieng de lui trop mal contens.
Des nouviaus aus, dou pain et des herens, 50
Matons et bure, oes et bacon salé
A en l'escourc de ma dame aporté.
Quant cela vei, je n'euc talent de rire,
Ançois li di: "Ma dame, or ai prouvé
Que chils fols chi nostre amour fort desquire." 55

Princes, Amours m'ont lors si escaufé
Et parfette sotie, Diex leur mire,
Que j'ai ma dame et le kokin rué
En un ruiot, et la les laissai gire.

V

SERVENTOIS DE NOSTRE DAME
COURONNÉS A VALENCHIENES *

Bien doit amans essaucier humlement
L'uevre de Dieu, car no foi ratefie
Que Sainte Anne ert brehagne entierement,
Quant Joachins conchut en lui Marie,
Celle que Diex saintefiie avoit   5
Ains que nee, mon coer ensi le croit. [103b]
Car trés qu'Adam morst le mors devee, *
Fu es sains chieux dou vrai Pere ordoné
Que ses vrais Fils venroit en nostre instance,
Et quant Virgne conchut che Fil loé,   10
Sains Esperis y ouvra d'abondance.

Ensi Amours aux amoureus aprent
Que la Virgne estoit saintefiie
Avant que nee; car ains l'avenement
Prophetisiet fu et dit d'Ysaïe   15
Que la Virgne un fil conceveroit *
Qui appellés Emmanuel seroit
Et floriroit la rachine Jessé; *
De quoy la Virgne en sa virginité,
Sans des sains chieux amenrir la poissance, 20
Conchut ce fil, Emmanuel nommé,
Qui pour nous fist en crois la delivrance.

Or doit amans qui tous ces biens comprent
Estre segurs que la Virgne essaucie
Conchut le Fil de Dieu tout ensement, 25
Sans estre en lui virginités brisie,
Que Abacuc Daniiel gouvrenoit, *
Qui en la fosse aux lions on tenoit, *

Ou que li troi enfant furent sauvé *
De la fournaise et dou feu de grieté, 30
Ou que Moysés vit si com par samblance
Par le buisson et de flame enflamé: *
Virgne, ensi fu de vous li ordenance.

En cel estat vit amans sagement,
Quant bien il croit ou digne fruit de vie, 35
Liquels descent ens ou Saint Sacrement,
Par les parlers qu'il aprist sa mesnie
A la Cene, au joedi beneoit. [103c]
Cils fruis est Diex, qui dou pain nous pourvoit
Dont repeü sommes et soëlé, 40
Mais que soions contrit et confessé
Et en estat de faire penitance.
Par ce saint pain sommes nous raccaté,
Mais que l'usons en foi et en creance.

Dame qui j'ains, plainne d'entendement, 45
Virgne royauls, soiiés pour no partie
Enviers vo Fil, figure au serpent *
Que Moÿsés pour sa gent faire aÿe,
Qui dou serpent venimeus morse estoit, *
Ens ou desiert esleva. Dont par droit, 50
Virgne, en sievant celle proprieté,
Se volions dou mors estre gardé,
Qu'Adans mordi par sen outrequidance, *
Il couvenoit eslever a grieté
Vo Fil en crois: tele est ma congnissance. 55

Princes, servons la Virgne en loyauté,
Car en ses flans, par le divin secré,
Fu concheüs li douls fruis de plaisance,
Par qui li sept sacrement estoré
Furent, qui sont repos d'ame et substance. 60

VI

SERVENTOIS DE NOSTRE DAME
COURONNÉS A VALENCHIENES *

Pour grasce acquerre, honneur, loenge et pris,
Doient tout coer servir devotement
La Virgne en qui dignement fu compris
Li Fils de Dieu, par le promovement
De la trés sainte et pure deïté. 5
Et ce fu trés divinement ouvré,
Car, sans avoir en lui corruption
Ne sentement de generation, [103d]
Conchut le Fil de Dieu, no fois l'afie,
Qui pour nous prist l'aministration 10
D'umanité, char, sanc, substance et vie.

Se doit amans qui d'amer est espris
Loer ceste oevre et la Virgne humlement,
Et croire ossi que li Sains Esperis
Enama plus la Virgne entierement, 15
Pour sa parfaite et grande humilité,
Qu'il ne fesist pour sa virginité,
Car Dieu servoit de vraie entention;
Vie tenoit de contemplation,
Tous tamps estoit humle, devote et lie, 20
S'en a es chieus tele perfection
Que elle en est roÿne intronisie.

Or doit amans mettre entente et avis
A vous servir, Virgne, parfaitement
Et croire ossi qu'en es sains paradis 25
Fustes de Dieu essaucie ensement
Qu'en ou Lyban sont li cedre eslevé, *
Ou que la palme en Cadés prent sousté,
Ou que la rose a sa plantation
En Jherico; car par election 30
Fustes ensi es sains chieux essaucie,
Et Sapience en fait bien mention,
Qui ces parlers approeve et segnefie.

S'est pour tous coers amoureus grans pourfis
De vous servir, Virgne, et savoir comment, 35
Puis que vos Fils fu en la crois transis *
Et es sains chieux montés divinement,
Resgnastes vous cha jus en pureté,
Et puis vous fu par l'angle revelé
Que vos douls Fils, Peres d'une union, * *[104a]* 40
Avoit ja fait vo preparation
Ens es sains chieux ou estiés dediie,
Car poëstés, virtus et treble et nom *
Desiroient la sus vo compagnie. *

   Noble et plaisans en qui j'ai mon coer mis, 45
Virgne royaus, j'ai bien ce sentement
Que quant vos corps fu es sains chiex ravis,
Li douse apostle y furent proprement;
Par le plaisir de la divinité,
D'une nuee y furent aporté * 50
Et furent tout a vostre assomption,
Et o vo Fil par consolation
Fustes es chiex solempnement ravie.
Chils vous donna la coronation,
Qui vous assist a sa destre partie. 55

   Princes, la Virgne est la d'entention,
Resgnans es chiex en domination.
Or li prions qu'elle nous face aÿe,
Car bien poons par sa promotion
Des chieux avoir la glore auctorisie. 60

*Explicit Chançons Royauls Amoureuses et
Serventois de Nostre Dame.*

CHI APRIÉS S'ENSIEVENT
BALADES AMOUREUSES

I

Jone, joians, jolie et amoureuse,   [137a]
Bonne, belle, bien faite et bien parlans,
Sage, soués, courtoise et gratieuse,
Lie, loyaus, legiere et avenans,
France, frice, faitice et trés plaisans,   5
Dame d'onneur, de bien enluminee, *
Dame digne d'estre en tous lieus amee:
Tels est li corps feminins ou mis ai
Corps, coer, avis, sens, entente et pensee
Et au ssourplus quanque faire porai.   [137b]   10

Més de m'amour n'est mie convoiteuse;
Com plus le sieuch, et plus m'est eslongans,
Com plus li pri, et plus m'est desdagneuse,
Plus m'offre a li, et plus m'est refusans.
Dure est a mi, et as aultres rians,   15
Plus le requier, plus est de moi tanee,
Ensi me het, et s'est de mi amee, *
Car par desirs amoureus li donnai
Corps, coer, avis, sens, entente et pensee
Et au ssourplus quanque faire porai.   20

Ensement vifs en prison dolereuse,
Ne nuls confors ne m'est representans,
S'en ai souvent l'entente peu joieuse,
S'en affoiblist et muert en mi li sans.
Nom ai Amans, et en surnoms Tristrans; *   25

Pour joie m'est dolour representee,
Pour bon eür pesande destinee,
Mais quoi qu'aviegne, a ma dame lairai
Corps, coer, avis, sens, entente et pensee
Et au ssourplus quanque faire porai. 30

II *

Balade

Pluiseur amant vivent bien en espoir
D'avoir merci et d'estre encore amé,
Més ma vie est tournee en desespoir,
Car on m'a ja tant de fois refusé,
Tant eslongiet, tant monstrés de samblans 5
Durs et crueuls, et contre moy nuisans,
Que je n'ai fors painnes, mauls et dolours.
Je finerai ensi que fist Tristrans,
Car je morrai pour amer par amours.

Las! que briefment puisse le mort veoir! * 10
Plus le desir assés que ma santé;
Car ma dame, qui tant a de savoir,
Ne voelt avoir ne merci ne pité [137c]
De moi, qui sui ses cremeteus servans;
Ains me refuse et grieve et nuist tous tamps. 15
Se m'en faut dire en cris, en plains, en plours:
Je finerai ensi que fist Tristrans,
Car je morrai pour amer par amours.

Et si scet bien, ensi com je l'espoir,
Com longement j'ai ja pour li porté 20
Taint le viaire et pale et mat et noir;
Mais point n'i vise, on le m'a bien compté,
Ains est toutdis en ses pourpos manans.
Et quant je sui bien a tout chou pensans,
Dire me faut et par nuis et par jours: 25
Je finerai ensi que fist Tristrans,
Car je morrai pour amer par amours.

III

Balade

S'empereour, roy ou soudant,
Prince, duch, conte ou aultre gent,
Soient gentil homme ou marchant,
Seculer ou gens de couvent,
Avoient cascuns plainnement 5
Otant qu'a ou monde de biens,
Se vous ai je bien en couvent, *
Qui n'a se plaisance, il n'a riens.

Je le di pour moi; nonpourquant
Li pluiseur m'en blament souvent, 10
Et me mettent ces poins devant:
Prens que tu aies ton talent,
Aras te pour ce plus d'argent? *
Més je leur di: Avoirs est fiens,
Ne je ne prise che noient; 15
Qui n'a se plaisance, il n'a riens.

J'aroie plus chier maintenant
De ma douce dame au corps gent
Un tout seul amoureus samblant, [137d]
Ou un baisier secretement, 20
Que ne feroie en un moment
Estre sires des terriiens. *
Pour quoi? Pour ce certainnement:
Qui n'a se plaisance, il n'a riens.

IV *

Balade

Quel mal, quel grief ne quel painne
Que me fachiés rechevoir,
Ma dame trés souverainne,
S'ai je corps, coer et voloir,

Selonc mon petit pooir, 5
De vous loyaument servir.
Et si poés asservir
En moi tout ce qu'il vous plest,
Car quanq que j'ai, vostres est.

Et afin que plus certainne 10
Soiiés que je die voir,
Il n'a heure en le semainne,
Nuit ne jour, ne main ne soir,
Que je puisse bien avoir,
Se n'est par un souvenir * 15
Qui de vous me poet venir.
De noient pas ne me nest,
Car quanq que j'ai, vostres est.

En ce douls penser m'amainne
Amours, et me donne espoir 20
Qu'encor me serés humainne;
Sans ce ne puis riens valoir.
Et s'il vous plaist a savoir
Quels biens me poet resjoïr,
C'est qu'a vostre douls plaisir 25
Commandés, vé me chi prest, [138a]
Car quanq que j'ai, vostres est.

V

Balade

On doit faire lie chiere
Par raison as dolereus,
(J'en prise bien le maniere)
Et l'aumosne as amoureus,
Car on perchoit bien entre eus 5
Liquel sont liet en parler,
Lesquels il faut arester
Souvent en un pas de voie,
Ou il n'ont solas ne joie.

Ceste ordenance m'arriere 10
D'estre en coer liés et joieus,
S'en sui nommés en deriere
Aboutis et soumilleus
Et c'est bien voirs: il n'est jeus
Qui puist mon penser oster; 15
Je m'esbas au desirer
Qu'avoec chiaus ou lieu je soie
Ou il n'ont solas ne joie.

Et m'est vis que, se la iere,
Il n'en y aroit point deus 20
A cui ma dolour afiere.
Et m'en tieng pour euwireus *
Quant uns douls coers gratieus,
Qui poet tout ce amender,
Me fait ensi aleuer 25
Le tamps, et pensers m'envoie
Ou il n'ont solas ne joie.

VI

Balade

Ne quier veoir Medee ne Jason,
Ne trop avant lire ens ou mapemonde, *[138b]*
Ne le musique Orpheüs ne le son,
Ne Hercules, qui cerqua tout le monde,
Ne Lucresse, qui tant fu bonne et monde, 5
Ne Penelope ossi, car, par Saint Jame,
Je voi assés, puisque je voi ma dame.

Ne quier veoir Vregile ne Platon, *
Ne par quel art eurent si grant faconde,
Ne Leander, qui tout sans naviron 10
Nooit en mer, qui rade est et parfonde,
Tout pour l'amour de sa dame la blonde,
Ne nul rubis, saphir, perle ne jame:
Je voi assés, puisque je voi ma dame.

Ne quier veoir le cheval Pegason, 15
Qui plus tost ceurt en l'air ne vole aronde,
Ne l'ymage que fist Pymalion,
Qui n'eut parel * premiere ne seconde,
Ne Oleüs, qui en mer boute l'onde;
S'on voelt savoir pour quoi? Pour ce, par m'ame: 20
Je voi assés, puisque je voi ma dame.

VII

Balade

S'onques amans rechut mort pour penser
A ses amours, morir je deveroie,
Car nuit et jour je pense sans cesser
A ma dame, comment je le revoie,
Més je ne puis veoïr sentier ne voie 5
Qui deviers li hastievement me mainne.
Dont je voi bien que la mors m'est proçainne,
Car je desir ce que ne puis avoir,
Et ce ne poet souffrir nature humainne,
Que d'estriver encontre son pooir. 10

Prés d'Albidos siet de Hellés la mer,
Ou Leander, qui fine amour mestroie, [138c]
Toutes les nuis pour Hero viseter
Noe a esploit, car la belle l'en proie;
Més Oleüs, qui Zephirus desloie, 15
Met les amans en une mortel painne;
Car Bruidis souffle de tel alainne
Que Leander ne poet Thetis mouvoir.
La est peris. Or n'est folours si plainne *
Que d'estriver encontre son pooir. 20

A Leander me puis bien comparer,
Car volentiers tous perils endurroie,
Més que seürs je fuisse de trouver
Celle au rivage ou ariver vorroie.
Prendons ensi qu'ens ou peril mors soie, 25
Moult me seroit li aventure sainne,

Car je languis en terre ychi lontainne
Et sans espoir de li plus reveoir;
Se me vault mieulz mort prendre, quant g'i painne, *
Que d'estriver encontre son pooir.   30

VIII *

Balade

Sur toutes fleurs tient on la rose a belle,
Et en apries, je croi, la violette;
La fleur de lis est belle, et la perselle;
La fleur de glai est plaisans et parfette;
Et li pluiseur aimment moult l'anquelie,   5
Le pionier, le mughet, le soussie.
Cascune fleur a par li se merite;
Més je vous di, tant que pour me partie,
Sur toutes fleurs j'aimme le margerite.

 Car en tous tamps, plueve, gresille ou gelle,   10
Soit li saisons ou fresce, ou laide, ou nette,
Ceste fleurs est grascieuse et nouvelle,
Douce et plaisans, blancette et vermellette; *[138d]*
Close est a point, ouverte et espanie;
Ja n'i sera morte ne apalie;   15
Toute bonté est dedens li escripte;
Et pour un tant, quant bien g'i estudie,
Sur toutes fleurs j'aimme le margerite.

 Mes trop grans doels me croist et renouvelle,
Quant me souvient de le douce florette,   20
Car enclose est dedens une tourelle,
S'a une baie au devant de li fette *
Qui nuit et jour m'empece et contrarie.
Més s'amours voelt estre de men aïe
Ja pour crestel, pour tour, ne pour garite, *   25
Je ne lairai qu'a oquison ne die:
Sur toutes fleurs j'aimme le margerite.

IX

Balade

Hé, Cupido, que tu m'as fet de painne!
Depuis le jour que Venus m'assalli,
Tu me monstras ja d'Eqo la fontainne
Ou en esbat les quatre dames vi.
Ens me mirai, che fu par leur merci,   5
Et si en buch, car je cuidai ce jour
De Cupido estaindre en moi l'ardour,
Més depuis ai senti, pour mar fu nee,
Comment on poet veoir ne par quel tour
Candasse, Helainne, Yseus et Tholomee.   10

Arcipoles tient un arc taint en grainne,
Dont si droit tret q'un coer perce par mi,
Et ce sont chiaus c'uiseuse ou vregier mainne
Dont portier sont li fil Mercurii.
La vient Venus, qui amainne avoec li   15
Dan Volcanus, son mestre et son signour.
La ont mestier d'Ovide li pluisour,   [139a]
Més Mars leur dist: Poursievés le meslee
Et les tournois, ensement qu'on fist pour
Candasse, Helainne, Yseus et Tholomee.   20

Candasse fu en bien amer certainne
Le noble roi Alixandre; et ossi
Moult de grietés eut pour Paris Helainne, *
Et pour Tristran Yseus maint mal souffri,
Et Tholomee ama tant son ami,   25
Le preu Nestor, qui fu d'Inde Majour,
Qu'elle en morut a doel et a tristour,
Car Eneas l'ocist a sen espee.
Or vous ai dit verité de l'amour
Candasse, Helainne, Yseus et Tholomee.   30

X*

Balade

A trés plaisans et jolie
Lie mon coer et rench pris.
Pris m'en croist sans vilonnie.
Onnie est en bien de pris;
Pris me rench en le prison 5
La belle que tant pris' on. *

A ceste merancolie
Colie mon coer toutdis.
Dis en fai, car je mendie;
Die qui voelt: c'est pourfis; * 10
Fis sui qu'ains sans mesprison
La belle que tant pris' on.

Dame l'appelle et amie;
Mie ne le fai envis.
Vis m'est que l'ains sans envie; 15
Vie m'en croist et avis;
Vis me rench pour le prison
La belle que tant pris' on. [139b]

XI

Balade

Climene pleure pour Pheton,
Qui emprist le kar dou Solel
A mener, et maudist le don
De Phebus et tout son consel,
Quant son fil vit en tel essel 5
Qu'il l'en couvint mort rechevoir.
Ensi me faut, tant y travel,
Pour mon service mort avoir.

Je n'i voi aultre garison,
Car ma dame, qui n'a parel, 10

Ne voelt entendre a ma raison,
Dont j'ai empris trop grant travel, *
Car je ne voi nul apparel
De grasce ne de confort voir:
Si me couvient, dont m'esmervel,   15
Pour mon service mort avoir.

Or est ma dame l'oquison
De la grieté dont je m'essel,
Car je l'ains, et elle moi non;
En ce soussi, en ce frefel,   20
Mon coer, mi penser et mi oel
Son prest de faire mon voloir,
Et moult bien voelent n'i a cel *
Pour mon service mort avoir.

XII

Balade

D'un douls regard amoureusement trait *
Se doit amans en coer moult resjoïr;
Car quant il voit dame ou desirs l'atrait,
Qui bellement le daigne conjoïr
   Et sur li ses yeux ouvrir   5
Liement, par maniere d'acointance,   [139c]
Gais et jolis et liés s'en doit tenir,
Rices d'espoir, vuis de toute ignorance. *

Car li regars que sa dame li fait
Li acroist sa plaisance et son desir,   10
Et grandement le conforte et le mait
En volenté de son fait poursievir,
   De congnoistre et de sentir
Que c'est de bien d'onneur. Et si s'avance
A son pooir et tire a devenir   15
Rices d'espoir, vuis de toute ignorance.

   Pour ce ne poet amans droit souhait
Pour son pourfit mieuls prendre ne cuesir

Que d'un regart, més que telement l'ait
Qu'on doit tels biens donner et departir 20
  A point, sans outrage y vir;
Car, quant il sont pesé a le balance,
Dame s'aquitte, et amans voelt servir
Rices d'espoir, vuis de toute ignorance.

XIII

Balade

  En grant guerre ne gist que bonne pais,
Més je me voi guerriiés asprement
D'Ardant Desir et de tous ses soubjés,
Qui nuit et jour m'assallent telement
    Que je ne puis nullement 5
Avoir arest; tant fors est leurs assaus,
Et si ne puis mie veoir comment
De ce peril je puisse escaper saus.

  Car Plaisance et Biauté me sievent prés,
Qui ont pooir et droit commandement 10
De moi monstrer le douls viaire frés
De ma dame et son contenement.
    En ce regardant, souvent   [139d]
Me faut avis, sens, pourpos et consaus.
Or me couvient viser que temprement 15
De ce peril je puisse escaper saus.

  Se bonne Amour, a cui je me sui trés,
Ne met en mon desir atemprement,
Par quoi il soit de ceste ardeur retrés
Et q'un petit aie d'aliegement, 20
    D'avis et de hardement
De remonstrer com griés est li travaus
Que je rechoi, je ne voi aultrement
De ce peril je puisse escaper saus.

XIV *

Balade

Je vorroie qu'il fust de droit usage
Qu'on fust paiiet selonc ce qu'on dessert,
Et qu'on peuïst congnoistre le corage,
Tout clerement, qui bien et qui mal sert,
    Par quoi li bon en apert 5
De leur bien fait euïssent lie chiere,
Li recreant fuissent bouté derriere. *
Més quant on met bons et mauvais ensamble,
On paie mal, selonc ce qu'il me samble.

    Ce doient chil savoir qui leur eage, 10
Pour bien amer, loyaument ont offert
Corps, coer et sens, chavance et hiretage,
Et maint peril enduret et souffert,
    Et puis d'aventure il ert
Q'uns emparlés par hardie priiere 15
Sera oïs et chils remis arriere,
Qui pora bien dire, se gens assamble :
On paie mal, selonc ce qu'il me samble.

    Ne je ne voi ores nul avantage
A bien amer; fols est qui s'i ahert.   [140a] 20
Li don d'amour ne vont que par outrage,
Dames en ont le jugement ouvert.
    Et se le tamps on y pert,
La vie en est si plaisans et si chiere
Qu'otretant bien, en plus grosse maniere, 25
L'omme hardi et le couart qui tramble
On paie mal, selonc ce qui me samble. *

XV

Balade

    Sus rachine de toute honneur
Se doit uns vrais amans fonder,

Et recongnoistre se si meur
Sont tel qu'il s'en puist aquiter.
Et chils qui cuide avant aler,
Qui se voit ou se sent meffés,
Si visce le font reculer,
Car tout vaint coers qui est parfés.

   Or me poroient li pluiseur
Raisonnablement demander
Comment on poroit toute erreur
Fuïr et vertus empetrer,
Et j'en responderoie au cler:
Par estre liés, jolis et gés
Et avoir grasce de donner,
Car tout vaint coers qui est parfés.

   Ja villain ne aver dou leur
Ne se saront si bien rieuler
Qu'il recongnoissent le douceur
Des biens d'amours, qui sont sans per;
Car coers qui aimme ou voelt amer
Doit par raison estre moult nés,
Visces fuïr, vertus haper,
Car tout vaint coers qui est parfés. [140b]

XVI *

Balade

Je n'ai ne trieuwes ne respit *
Ne venir je ne puis a pés, *
Ains me tiennent en grant despit
Chil vers qui je m'estoie trés
     Pour mes regrés
Dire et monstrer. Or m'est li tors
D'iaus donnés, més je soeffre et tés,
Car mieuls vault bataille que mors.

   Dangier, Refus et Escondit,
Honte et Paour, par mos exprés,

Me sont contraire et ennemit
En dis, en oevres et en fés.
    Las! si grans fés,
Comment le portera li corps?
Et nonpourquant g'i sui tous prés,   15
Car mieuls vault bataille que mors.

    Anchois qu'il m'aient desconfit,
Ma dame, a cui me rench soubjés,
Et bonne Amour, qui tout confit,
Aront pité de mes meffés.   20
    Et se jamés
Ne m'estoit envoiiés confors,
Si voel je estre jolis et gés,
Car mieuls vault bataille que mors.

XVII *

Balade

Je puis moult bien comparer mon desir
Au Tantalus, et ma vie a sa painne,
Qui boire voelt et n'i poet avenir,
S'est il entrés en la douce fontainne,
    Qui li ceurt tout environ,   5
Et qui l'atouce au nés et au menton,   *[140c]*
Més quant il voelt boire, l'aige le fuit:
En ce parti ne voi point de deduit.

    Ensi Amours me fait moult a souffrir, *
Car ardanmant un tel desir m'amainne
Dont je ne puis ne partir ne joïr,
Ne resjoïr pour cose que g'i painne;
    Si voi je assés le façon *
De ma dame, més ne sçai qu'en face on,
Car si atrait sont tout de dangiers duit: 15
En ce parti ne voi point de deduit.

    Se m'est moult dur: quant je le voel servir,
Elle me fuit, et se m'est si prochainne

Que si regart me donnent a sentir
Toute douchour, més elle m'est lontainne, 20
   Car quant je li donne en don
Mon coer, m'amour, n'en ai pour guerredon
Fors escondis et refus jour et nuit:
En ce parti ne voi point de deduit.

XVIII *

Balade

Cremeteus fait amer en soupeçon,
Comment qu'auqun prisent plus le dangier
En bonne amour qu'il ne facent le don;
Més tant qu'a moi, j'aroie assés plus chier,
   S'il aloit par souhaidier, 5
Brief estre oïs, que longement languir;
Car en langeur couvient un coer souffrir,
Par pluiseurs kas, trop de griés aventures
Aspres et grans, fortes, fieres et dures.

   Que ce soit voirs, g'i voi assés raison, 10
Car li amant qui usent de priier
Ne scevent se ja aront grasce ou non,
Et toutes fois il les couvient songnier,   [140d]
   Sans le painne ressongnier,
Et leurs dames honnerer et cremir, 15
Estre esbahi, simple et souvent fremir.
Par ces assaus s'enflament les ardures,
Aspres et grans, fortes, fieres et dures.

   Dont li pluiseur, sans nulle autre oquison,
En font souvent leurs vies abregier. 20
Or regardés s'en si faite prison
Il fait plaisant ne joli herbergier.
   Oïl voir, mentir n'en quier,
Pour chiaus qui ont volenté d'ensievir
D'armes les fés, chil ont soing et desir 25
Que leurs coers soit entamés des pointures
Aspres et grans, fortes, fieres et dures.

XIX

Balade

Selonc le tamps se couvient ordener
Et mettre en li raison, sens et mesure,
Car on puet trop perdre par soi haster.
Lasse! j'en voi en trés grant aventure
    Celi qui m'aimme et jou li,   5
Si sai je assés que li amours de mi
De ce qu'il fait le moet; més toutes fois
J'ai a garder men honneur, c'est bien drois.

    Ne le saroie apriés ou recouvrer;
Més mon ami par samblant n'en fait cure,   10
Car il me siert de rire et de parler *
Voiant les gens, de quoi on en murmure.
    Et quant je li monstre et di,
Il me respont que ce sont coer falli;
S'il ne dist voir, il n'en est point a lois: *   15
J'ai a garder men honneur, c'est bien drois.

    Perdre me poet, car il n'i voit point cler   [141a]
Car je crieng trop des gengleurs le pointure;
Bien se deuïst retraire et aviser,
Mais peu d'avis, jonece et grant ardure   20
    L'ont si pris et envaï
Qu'on le remonstre au doi pour mon ami;
Dont, se j'en di aucuns mos mal courtois,
J'ai a garder men honneur, c'est bien drois.

XX

Balade

Dedens mon coer s'est fourmee esperance,
Loés en soit li tamps qui l'i a mis!
Car j'ai vescu longement en doubtance
Pour les refus que j'ai tous jours oïs

De ma douce dame gaie. 5
Més maintenant si doucement me paie
De douls regars et de parlers courtois,
Bien me souffist ce que j'ai, et c'est drois.

En quel estat, pour mieuls vivre en plaisance
Ne pour avoir jeus et solas et ris, 10
Poroi je entrer? Car j'ai grant souffissance,
Quant celle voi que j'ains et sers et pris,
    Qui en regardant me plaie;
Més si regart reconfortent le plaie,
    Car je n'i voi que jeus et esbanois; 15
Bien me souffist ce que j'ai, et c'est drois.

S'en regrasci Amours et sa poissance,
Quant je, qui sui uns siens servans petis,
Ai de ses biens si trés plainne habondance
Que je m'en truis aidiés et resjoïs 20
    Par seul espoir qui m'esgaie.
Or soit ensi que jamais merci n'aie,
Si voel je dire a tous a lie vois:
Bien me souffist ce que j'ai, et c'est drois. [141b]

XXI *

Balade

Maniere en plaisant arroi
Est forment recommendee
En fame, et fust fille a roi;
Car, quant elle en est paree,
Elle est de tous honneree, 5
Amee et prisie ossi
Pour le bien qu'on voit en li.

Et c'est raison, par me foi,
Car maniere a point arree,
Soit a vue, ou en requoi, 10
Est volentiers regardee.

C'est vertus moult renommee;
Onques coers ne le haï
Pour le bien qu'on voit en li.

   Et pour ce que je perchoi 15
Que ma dame en est armee,
Sui je hors de tout anoi,
Car elle est des biens doee,*
De grasce et de renommee,
La parfaite au coer garni, 20
Pour le bien qu'on voit en li.

XXII *

Balade

   Secré, discré, et joli,
Plain de toute courtoisie,
De sens et d'onneur garni,
Digne d'avoir belle amie:
A tel amer ne fail mie 5
Et mon coer me juge, voir,
Que j'en doi pité avoir. *

   Je ne voi ne troeve en li
Cose pour quoi je l'oublie, [141c]
Car quant il vient deviers mi, 10
De m'amour si bel me prie,
Et de maniere si lie,
A verité conchevoir,
Que j'en doi pité avoir.

   Nonpourquant jusques a chi 15
Li ai fait petite aïe;
Il toutdis crians merci;
L'ai refusé a le fie,
Et pour ce qu'il ne varie,
Briefment li lairai savoir 20
Que j'en doi pité avoir.

XXIII

Balade

Pluiseur gens vont souvent au medecin
Pour demander consel de leur besongne,
Et li aucun, soit en jun ou en vin,
Aient le fievre, ou le goute, ou le rongne,
Ja ne vorront de medecine ouvrer. 5
Or je n'en voel mie trop arguër,
Car je ne sçai liquel sont li plus sage,
Mais je sçai bien qu'il se fait bon garder
De froit, de fruit, de fame et de froumage.

Car frois qui vient de soir ou de matin 10
Soudainnement porte as gens grant virgongne;
Pour ce s'en fait bon aviser, a fin
Qu'on soit garni de tout ce qu'il besongne
Par quoi on puist le froidure eschiever.
Et fruis est tels, on en puet bien parler, 15
Qui trop en prent, il fait un grant outrage;
Siques je di qu'il se fait bon rieuler
De froit, de fruit, de fame et de froumage.

Et fames ont un douls samblant benin [141d]
Que nullement on ne crient ne ressongne, 20
Et poeent plus de painne et de hustin
Qu'omme ne font; de leur santé chi songne,
Car bon s'en fait legierement passer;
Et froumages est fors au digerer.
Ensi ne voi droit chi nul avantage 25
Qu'il face bon par nul outrage user
De froit, de fruit, de fame et de froumage.

XXIV *

Balade

Se merancolie pooit
Reconforter un coer d'amant,

Elle me reconforteroit,
Car nuit et jour j'en porte tant
Que en seant et en estant 5
Je ne me truis onques lassés
Pour merancoliier assés.

Et tant le fai qu'on s'en perchoit
Et qu'on m'en tient a ignorant,
Més je m'escuse, qui vorroit, 10
Car, voir, en merancoliant
Je preng esbatement si grant
Que souvent me sui asseulés
Pour merancoliier assés.

C'est sus ma dame, qui bien voit 15
Com je languis en lui servant,
Et nul remede n'i pourvoit,
Ne je n'en voi nul apparant;
Ains si maintien et si samblant *
Me donnent a faire a tous lés 20
Pour merancoliier assés.

XXV

Balade [142a]

En tel point me sui veüs
Q'uns jours ne m'estoit q'une heure.
Lors estoie pourveüs
Des biens q'uns amans saveure
Qui ens ou paÿs demeure 5
Ou souvent voit ses amours.
Or faut qu'autrement m'aheure,
Car une heure m'est uns jours.

Qui est en prison tenus,
Mestier a qu'on le sekeure. 10
Quant de vous me troeve ensus,
Dame, je souspir et pleure;

Se vous me dagniés reskeure,
Ce me seroit grans secours;
Trop me tarde li demeure, 15
Car une heure m'est uns jours.

Ne porter je ne puis plus
Le soussi qui me deveure,
Car il n'est nulle ne nuls
Qui pour moi aidier akeure. 20
Je soloie estre au deseure,
Que biaus m'estoit li sejours,
Més maintenant je labeure,
Car une heure m'est uns jours.

XXVI *

Balade

D'ardant desir pris et atains,
Tains sui, et ceste ardeur m'afine; *
Fine dame, je sui certains,
C'ert ains que la vie en moi fine.
I ne me poet estre autrement, * 5
Car je sui espris ardanment.

Dame, en vos douls regars humains,
Mains jointes et le face encline, [142b]
Cline mes yeux tous soirs, tous mains.
Au mains regardés ent le signe, 10
Si ne m'eslongiés nullement,
Car je sui espris ardanment.

Se par vous n'est chils feus estains,
Tains ardans, plus vremaus que mine,
Minera mon coer, je m'en plains, 15
Plains d'ardeur, qui si m'examine;
En mi ne voi aliegement,
Car je sui espris ardanment.

XXVII

Balade

Toute cose vient a point,
Mais qu'on ait loisir d'atendre,
Et quant on voit heure et point,
On doit a l'ouvrer entendre,
Et ce a quoi on voelt tendre   5
Hardiement remonstrer,
Et son bon voloir estendre
Si avant qu'on poet durer.

Je m'areste sus ce point,
Car amours me font esprendre   10
D'un desir qui trop me point,
Dont je ne me sçai deffendre;
Més j'ai moult oÿ reprendre
Qu'on se doit au bien amer
Dou tout emploiier et rendre   15
Si avant qu'on poet durer.

Car li desirs qui se joint
Ens ou coer, le feu engendre
Qui le fait gai, friche et joint,
Visces fuïr, vertus prendre;   20
Dont quant on y poet aprendre   [142c]
Et telement pourfiter,
On s'i doit mettre et descendre
Si avant qu'on poet durer.

XXVIII

Balade

Vrais desirs qui m'enlumine
Mine mon coer trés parfont;
Font dont si rai un tel signe, *
Si ne se cessent, il m'ont

Monté en un dur parti; 5
Ensi l'ai je mal parti.

Car une amoureuse espine
Espine mon coer adont,
Dont quant ceste part chemine,
De mi ne sçai qu'il diront. 10
D'ire ont mon coer reparti,
Ensi l'ai je mal parti.

Més Esperance benigne
Benignement me semont,
Se m'ont chil rai qui sont digne 15
Di, ne sçai s'il le tenront:
"Tent, ront, fet tout a par ti *."
Ensi l'ai je mal parti.

XXIX

Balade

On ne doit mie ressongnier
Plaisant soing quant il vient en place,
Anchois le doit on recoellier
Liement, et c'est drois qu'on sace
Pour quoy. Pour ce qu'il s'entrelace 5
Entre amours et merancolie
Et le coer anoieus solace
*Pensans * a l'amoureuse vie.*

Soins plaisans fet moult grant mestier *[142d]*
A l'amoureus qui se pourcace 10
Pour les besongnes ravoiier
Dont ardans desirs le manace,
Car qui ne crient tele manace
Et les perils de jalousie,
Il ne poet qu'il ne se mefface 15
Pensans a l'amoureuse vie.

Pour ce m'en lairai consillier
A fin que tels soie en me cace

Que soings ne me puist reprochier
Que de li mon devoir ne face, 20
Car quant je regarde en le face
Ceste qui m'a en sa baillie,
C'est bien drois que je me parface,
Pensans a l'amoureuse vie.

XXX

Balade

C'est drois que tous coers s'assente
A sente ou tous biens est pris. *
Espris est coers; més qu'il sente
Sentement par bon avis,
Vis m'est qu'en vie d'amer 5
On n'i troeve point d'amer.

Car li ordenance gente
Ente ou coer grasce et delis;
Lis d'onneur qui represente,
Presentement et toutdis, 10
Dis, s'on les voelt entamer,
On n'i troeve point d'amer.

Dont pour le vie presente,
Presente a tous et devis,
Devis de quoy? D'excellente 15
Ente, dont n'est tous pourfis. [143a]
Fis me tieng qu'en bien amer
On n'i troeve point d'amer.

XXXI ++

Balade

Trop ne se poet Calcas esmervillier
De ce qu'il voit la generation
Au roy Bructus ensi fructefiier
Et raemplir les sieges d'Albion

De la lignie au fort roi Pharamon; 5
Mais Helenus dist que Fortune dort
Et qu'averi sont maintenant li sort
Que Merlins a son mestre Blase dist,
Et s'a Dyane as habitans dou Nort *
Moult bien tenu quanq qu'elle leur promist. 10

   Bructus couvint Ytalie widier,
Car il fourfist toute sa region.
Lors en ala la deesse priier
Qu'en aucuns lieus euïst sa mansion,
Et respons ot a sa devision; 15
S'entra en mer o chiaus de son confort,
Et Zephirus venta pour euls si fort
Qu'en Albion les ariva et mist.
Depuis leur a Dyane en son deport
Moult bien tenu quanq qu'elle leur promist. 20

   Dyane dist a Bructus: "Moult t'ai chier,
Tu t'en iras dessus Septentrion,
La ou le plus veras Phebus baissier.
Toi et li tien en generation
Demorront la en leur possession. 25
Encores plus li dieu en sont d'acort;
Moult conquerront soit a droit, soit a tort."
Et Bructus fist ce que Dyane dist;
Depuis leur a, qui prent garde ou recort, [143b]
Moult bien tenu quanq qu'elle leur promist. 30

XXXII

Balade

   Amours, vous savés ma pensee,
Car tenu m'avés en dangier
Maint jour, maint mois et mainte anee,
Ne onques ne me veuch cangier.
Or voelliés les mauls alegier 5
Que je porte trés dolereus,
Car ja dient li envieus

>   Que vous me faites des bontés,
>   Mais moult bien poés dire a ceuls
>   *Que contraires est verités.*   10
>
>   Car puis ces jours que Dane amee
>   Fu de Phebus, le bon archier,
>   Et qu'Achilles çaindi espee *
>   Pour Helainne contrevengier,
>   Et qu'Acteon ala cachier   15
>   As chers ens es bois perilleus,
>   Ne fu d'amer plus euwireus
>   Que je sui; més ces mos notés,
>   Et sacent li vrai amoureus
>   *Que contraires est verités.*   20
>
>   Bien puis ma vie a la Medee
>   Parellement appropriier,
>   Qui fist ja la toison doree
>   A Jason en Colcos gagnier;
>   Ma dame ensi, mentir n'en quier,   25
>   Me paie de mos gratieus, *
>   Et me sert de regars joieus,
>   Mais je croi que vous trouverés,
>   S'a leur droit desnoés les neus,
>   *Que contraires est verités.*   [143c]   30

XXXIII

Balade

>   On me dist, dont j'ai grant mervelle,
>   Que de dormir c'est temps perdus; *
>   Tant qu'a moi, je m'en esmervelle,
>   Car li dormirs me vault trop plus
>   Que li veilliers. C'est mes argus,   5
>   Dormirs est grant aise de corps,
>   A desplaisance ne vit nuls;
>   *Je n'ai nul bien, se je ne dors.*
>
>   Car en dormant je me conselle,
>   Ce m'est vis, au dieu Morpheüs,   10

Qui mes besongnes, qu'on touelle,
Remet assés bellement sus,
Car avoir me fait ris et jus
De ma dame et pluiseurs depors,
Dont en veillant sui moult ensus; 15
Je n'ai nul bien, se je ne dors.

Encor li boute il en l'orelle
Qu'a merci soie recheüs,
Et ceste qui est non parelle
De donner dangiers et refus, 20
Les met a sa priiere jus,
Et me dist: "M'amour je t'acors."
Ensi en dormant voi vertus;
Je n'ai nul bien, se je ne dors.

XXXIV

Balade

Pluiseurs ymaginations
A uns homs: ce n'est pas mervelles,
Car il est de moult d'actions
Forgiés, qui ne sont pas parelles,
Mais diverses et desparelles, 5
Qui toutes les scet esclarcir. *[143d]*
Tant qu'a moi je voel revenir,
Car bien sçai, sans autrui querelle, *
En quoi de veoir et d'oïr
Mes esperis se renouvelle. 10

Quant je voi vallees et mons
Et vignes en kars et en trelles,
Je di que li pays est bons,
Et si destoupe mes orelles
Quant j'och vin verser de boutelles, 15
Car au boire preng grant plaisir;
Ossi fai je en biaus draps vestir;
En viande fresce et nouvelle,

  Quant a table m'en voi servir,
  Mes esperis se renouvelle.   20

   Violettes en leurs saisons
  Et roses blances et vermelles
  Voi volentiers, car c'est raisons,
  Et cambres plainnes de candelles,
  Jeus et danses en longes velles   25
  Et biaus lis pour li rafresquir,
  Et au couchier, pour mieuls dormir,
  Espesces, claret et rocelle;
  En toutes ces coses veïr
  Mes esperis se renouvelle.   30

XXXV

Balade

Je puis moult bien ma dame comparer
A la fille dou noble roy Priant;
Pluiseurs en ot, més ceste voel nommer:
Polixena la belle et la riant,
  En qui de tous biens ot tant   5
Que de bonté et de biauté fu plainne.
Tout ensi est ma dame souverainne,   *[144a]*
Car les grans biens que je perchoi en li
M'ont pluiseurs fois en pensant resjoï.

  Jonette estoit Polixena, c'est cler,   10
Quant Achilles l'ama en regardant;
Ensi amours m'ont pris par regarder
De ma dame son gratieus samblant,
  Simple, jone et attraiant.
Or sçai assés que j'en arai grant painne,   15
Mais j'ai espoir qu'elle en sera certainne
En aucun temps, et chil souvenir chi
M'ont pluiseurs fois en pensant resjoï.

  Chiere dame, voelliés considerer
Que vostres sui et serai mon vivant.   20

Or ai volu vostre corps figurer
A la fille d'un roi noble et poissant; *
    C'est tout en vous honnourant,
Mais a la fin que me soiiés humainne, *
Polixena vostre nom me ramainne   25
Dedens le vostre en cinq lettres et qui
M'ont pluiseurs fois en pensant resjoï.

XXXVI

Balade

Chils qui premiers singla par mer salee,
Che fu Jason, qui s'en volt enhardir;
Sus son chemin trouva belle Medee
Qui li aida sa queste a parfurnir;
    Mieuls ne pooit escheïr.   5
Eürs ensi moult volentiers adrece
Les coers vaillans qui tendent a proëce.

  Colcos estoit l'ille de mer nommee
Ou li serpent se povoient tenir,
Dont la toison doree estoit gardee,   10
Laquele et quels Jason pot conquerir,   *[144b]*
    Car armés fu d'un desir
Tout tel qu'Amours envoie en leur jonece
Les coers vaillans qui tendent a proëce.

  Ma dame entens par la toison doree,   15
Mais quant le voi, je ne l'ose assallir,
Car la belle est d'art et de sens armee
Et de refus que je doi moult cremir.
    Che me fait moult esbahir;
Ensi Fortune a le fois moult bien blece   20
Les coers vaillans qui tendent a proëce.

XXXVII

Balade

  A vous sui tous, dame gente,
    Aparilliés d'obeïr,

De coer, de foi et d'entente
A faire vostre plaisir;
Loyaument vous ai servi   5
En espoir d'avoir merchi.

   Més ce trop fort m'espoente
Que ne me dagniés oïr;
Je voi bien que longe atente
Me menra jusqu'au morir.   10
Las! j'ai vesqu jusqu'a chi
En espoir d'avoir merchi.

   La riens qui plus me contente
En confortant mon desir
Et l'assaut que j'ai de rente,   15
C'est un trés douls souvenir
Dont Amours m'a enrichi
En espoir d'avoir merchi.

XXXVIII

Balade

J'ai tout veü quant j'ai veü ma dame,
Ne puis ne doi au veoir demander   [144c]
Nulle autre riens, rubis, saphir ne jame,
Cache de chiens, ne oisiaus pour voler,
    Jeuer, danser ne chanter.   5
J'ai tout veü, a parler par droiture;
Quant j'ai veü si gente creature.

   Car sus lui n'a tache, visce ne blame,
Mais sens et bien et arroi de parler
Arreement mieuls que nulle aultre fame.   10
Nature l'a faite pour regarder,
    Ne riens ne me poet grever,
Ce m'est avis, le jour com lons qu'il dure,
Quant j'ai veü si gente creature.

   On poroit bien soit escarboucle ou dragme, 15
Ou aultre piere en or mettre et ouvrer,

Mais on ne puet, je le vous jur par m'ame,
Plus frisce corps veoir ne compasser.
    Pymalion, c'est tout cler,
Diroit ensi: "J'ai perdu ma mesure,
Quant j'ai veü si gente creature."

XXXIX

Balade

Quant Achilles pour Polixena fu
Pris de s'amour, point ne ressongna painne,
Ne Leander pour la belle Hero; u
Troeve on tels gens, ne d'amour si certainne,
Que Paris fu aussi pour belle Helainne?
Parellement je me voi de leur vie,
En desirant d'avoir dame et amie.

    Travauls d'amours me sont solas et ju,
Puis que plaisance amoureuse m'i mainne;
Car amours m'ont armé d'un noble escu,
Ou escripte est LOYAUTÉ toute plainne,
Et se me dist, comme men capitainne: [144d]
"Sers loyaument, je ne te faudrai mie,
En desirant d'avoir dame et amie."

    Or puis je dire, ensi que j'ai vesqu,
En atendant merci la souverainne,
Si longement qu'on me voit tout chenu,
Et s'ai encor une joieuse vainne,
Laquele m'est dou coer si trés prochainne
Que je morrai de ceste maladie,
En desirant d'avoir dame et amie.

XL

Balade

On ne poroit en ce monde avoir mieuls
Que de penser a sa dame toutdis,

Car qui y pense en bien, si m'aÿt Dieus,
Il vit en glore et plus qu'en paradis. *
  Et pour ce mes esperis
Pense et vorra penser, ou que je soie,
A ma dame, dont me vient toute joie.

 Premierement je pense a ses dous yeux, *
Mais plus y pense, et plus sui esbahis,
Car je les voi en arroi plus soutieus
Qu'il ne besongne a moi, qui peu hardis
  Sui que d'atendre escondis. *
Quoiqu'ensi soit, plaisance me renvoie
A ma dame, dont me vient toute joie.

 On me dist bien que je sui trop pensieus,
Et je respons: De quoi en vail je pis?
Je penserai tousjours, jones et vieus,
Car j'ai esté en douls pensers nouris,
  Et point ne seroie vis,
Se de bon coer certes je ne pensoie
A ma dame, dont me vient toute joie.

 Explicit Balades Amoureuses.

CHI APRIÉS S'ENSIEVENT VIRELAIS AMOUREUS *

I *

Depuis ce jour en avant,   [145a]
Ce que j'ai sans remanant,
    Jusques a l'ame
Vous present, ma chiere dame,
A faire vostre commant,   5

    Et certes moult bien l'emploi,
Car mieuls qui n'affiert a moi *
      Estes vous digne;
Més bonne amour, par ma foi,
A cui bien obeïr doi,   10
      Et li douls signe

    De vo grascieus samblant
M'ont conquis. Or ne sçai quant
      De ceste flame
Garirai, car moult m'enflame   15
Vostre amour en desirant,
Depuis ce jour en avant.

    Tant d'onneur en vous conchoi, *
Bonté, biauté, maintien qoi,
      Sens et doctrine,   20
Que le grant bien que g'i voi
Et que recorder en oi,
      A vous m'encline.

    Et je pense a faire tant *
Que de mon petit le grant   25

Sans avoir blame,
Ou tost serai sous le lame,
Ou sont mis li vrai servant.
Depuis ce jour en avant. [145b]

II *

Virelay

Assis comme la piere en l'or
Ai je mon coer et mieuls encor;
Tous sui garis de ma dolour,
Puis que ma dame par douçour
Me daigne regarder dés or. 5

Je m'en tieng a bien euwireus,
Quant de ses douls yeux amoureus
    Ai les regars,
Car plus liés ne plus gratieus,
Mieuls attraians ne si joieus, 10
    Je ne regars.

Enrichis sui d'un grant tresor,
Car son gent corps, si cheviel sor,
Son sens, son bien et sa valour
Me representent toute honnour, 15
Et fuisse ossi vaillans qu'Ector,
Assis comme la piere en l'or.

III *

Virelay

Petitement remeri,
    Fors en durté,
Sont li mal que j'ai porté
    Jusques a chi,
Quant ma dame n'a merchi 5
    De ma grieté.

Or ne sai que doie faire,
Car je le voi debonnaire
    Enviers toutes gens,
Fors a moi qui painne et haire.   10
Pour s'amour me couvient traire;
    C'est li paiemens.

S'ai je tousjours obeï   [145c]
    Et siens esté
A faire sa volenté.   15
    Or est ensi
Que de moi n'a, qui li pri,
    Nulle pité.
Petitement remeri.

Briefment je li voel retraire   20
Le dolour et le contraire
    Que pour s'amour sens,
Et s'a che le puis attraire
Que ma priiere puist plaire,
    Je serai contens   25

De l'anoi et dou soussi
    Et de l'obscurté
Dont on ne m'a conforté
    Gaires puissedi
Qu'a ma dame me rendi   30
    A faire son gré.
Petitement remeri.

IV *

Virelay

De tout mon coer vous fai don
    Entirement,
Ma droite dame au corps gent,
    Et le vous don
Pour tous jours en abandon   5
    Trés liement.

Car vous estes mon desir,
Mon sens, mon bien sans morir,
    Et ma douchour;
Et sui chils qui moult desir   10
De vous loyaument servir
    Sans nul faus tour.   [145d]

Et il soit dou guerredon
    A vo talent,
Ou petit ou grandement,   15
    Com vous est bon,
Car il ne doit par raison
    Estre autrement.
De tout mon coer vous fai don.

Car plus ne poés merir *   20
Que je ne puis desservir
    Par me labour,
Las! quant verai je venir
Le reconfort ou je tir,
    Et par honnour.   25

Je sui en vostre prison
    Tous liegement;
Et coers qui merci atent,
    Grasce et pardon,
Doit avoir, s'il vit fuison,   30
    Aliegement.
De tout mon coer vous fai don.

V *

Virelay

Moult ont mi oel bien cuesi
Quant vos regars ont saisi,
    Dame d'onnour,
S'en grasci l'eure et le jour
Que premierement les vi,   5

Car de tous biens habondance,
Joie et plainne souffissance,
Conchoi par yauls regarder,
Et tant me fait de plaisance
Vostre lie contenance   10
Que trop ne m'en puis loer.   *[146a]*

Car tout mi mal sont gari,
Conforté et resjoï
   De leur dolour,
Quant par un peu de douchour   15
Vous jettés vos yeux sur mi.
Moult on mi oel bien cuesi.

En ceste perseverance,
Sans avoir mains d'aligance,
Vorroie mon tamps user,   20
Car qui vit en esperance,
Il ne doit aultre ordenance
Par droit souhet desirer.

Or soit que j'aie falli
Au don de vostre merchi,   25
   S'ai je en retour
Le desir de vostre amour,
Qui me tient gai et joli.
Moult on mi oel bien cuesi.

VI *

Virelay

Heure de bonne heure nee
   M'aheura le jour
Quant premiers vous vi, m'amour,
   Car celle journee
Heure me fu ajournee   5
   De bien et d'onnour,

Ne je ne puis trop loer
Ne prisier ne honnourer

>   La bonne fortune,
> Qui me fist avant passer   10
> Pour l'aventure trouver
>   Qui n'est pas commune;
>
> Car mainte painne enduree   [146b]
>   En ont li pluisour,
> Qu'onques n'en orent douchour   15
>   Ne lie pensee;
> Or l'ai a me droite agree,
>   S'en di sans sejour:
> *Heure de bonne heure nee.*
>
>   Et che me fait savourer   20
> Toute douchour sans amer,
>   Dont je me desjune;
> Ne je n'ose desirer
> Plus haute riens ne penser
>   Qu'a la clere brune,   25
>
> Ma droite dame honnouree,
>   Que j'ains sans faus tour.
> C'est mon bien et mon retour
>   Et ma destinee
> De toute grasce aournee,   30
>   Dont pour le millour
> *Heure de bonne heure nee.*

VII *

Virelay

>   Quant la fortune remire
>   De mon douls ami,
>   Qui m'aimme tant et je li,
>   Je ne sçai que dire.
>   Vis m'est que mon coer pour l'ire   5
>   Se parte par mi,
>
>   Car point apris je n'avoie,
>   Ne devant ce ne savoie,

VIRELAIS AMOUREUS

    Que tristours valoit.
Or l'apreng, dont il m'anoie,
Ne a riens ne m'esbanoie,
    Et certes j'ai droit,   [146c]

Quant chils ou mon coer se tire
    Est ensus de mi
Et ne sçai sus quel parti;
    Dont j'ai bien matire
De dolour et de martire
    Et de tout soussi
Quant le fortune remire.

    Assés me conforteroie,
Se temprement le veoie;
    Diex doinst qu'ensi soit
Et qu'en otel point le voie
Reconforté de le joie
    Que porter soloit:

C'est tout ce que je desire,
    Ne el je ne di
Ne ne souhede ne pri,
    Sans jeu et sans rire,
Car parfondement souspire,
    Onques ne fis si,
Quant le fortune remire.

VIII *

Virelay

    Ensus de grant souffissance,
Ou chemin de desplaisance
Me voi souvent nuit et jour,
Douls amis, et pour t'amour;
Ne je n'ai a riens plaisance,

    Car mon bien et mon deport,
Ma joie et mon reconfort,
Mon jeu et mon esbanoi,

Me sont eslongiet et mort,
Ne je n'ai a riens remort, 10
Amis, quant je ne te voi. *[146d]*

Je soloie avoir fiance
Qu'en bonne perseverance,
Sans soussi et sans dolour,
Ariens le tamps; or savour 15
A present aultre ordenance:
Ensus de grant souffissance.

Et se nuit et jour me mort
Merancolie oultre bort,
Amis, pour l'amour de toi, 20
Je sçai bien qu'elle ossi fort
Te fet sentir son effort
Par souvent penser a moi;

Ne puis je faire aligance
Ne hastieve delivrance; 25
Penses y pour le millour
Et me rescris sans sejour,
Car j'ai dolour qui me lance,
Ensus de grant souffissance.

IX *

Virelay

Moult m'est tart que je revoie
La trés douce, simple et quoie,
  Qui j'aim loyaument
Et pour qui certainnement
  Chils sejours m'anoie. 5

 Long tamps a que ne le vi
Ne que parler n'en oï,
  S'en vich en tristour,
Car, en son maintien joli
Et ou plaisant corps de li, 10
  Garni de valour,

Tous esbatemens prendoie,
Et ensement je vivoie *   [147a]
   Trés joieusement;
Or me faut souffrir tourment   15
  Ens ou lieu de joie.
Moult m'est tart que je revoie.

Amours, dites li ensi:
Qu'onques amans ne souffri
   Si forte labour   20
Que j'ai souffert pour li chi
Et soufferai autressi
   Jusqu'a mon retour.

C'est raisons qu'elle m'en croie,
Car, quele part que je voie,   25
   Tant l'aim ardanment
(Il m'est avis vraiement)
   Que toutdis le voie.
Moult m'est tart que je revoie.

  Or sont grief plour et grant cri,   30
Regret, anoi et soussi,
   En moi nuit et jour,
Car sus l'espoir de merci
De li au partir parti
   Et par bonne amour;   35

Dont s'a li parler pooie,
Au mains je li monsteroie
   Ce que mon coer sent;
Més bien voi, tant qu'en present,
   Nuls ne m'i renvoie.   40
Moult m'est tart que je revoie.

X *

Virelay

Je ne sui onques si lie,
Ne de coer si envoisie,

Que quant je voi fort penser [147b]
Cheli qui d'amer me prie,
Car toute merancolie 5
Li affiert bien a porter.

As aucuns grieve si fort
Que c'est droite amere mort,
    Més, vraiement,
Chils y prent joie et deport, 10
Tout deduit et tout confort.
    Vechi comment:

A seul et a compagnie
Voelt toutdis, quoi qu'on li die,
Par droit usage muser, 15
Et pour ce ne lait il mie
A mener joieuse vie,
Dont, au voir considerer,
Je ne sui onques si lie.

Et quant penser le remort, 20
Par plaisance il s'i endort
    Si longement
Qu'on li feroit painne et tort
Qui * li torroit le ressort
    De pensement; 25

Car en pensant il s'oublie
Et deduit et esbanie,
Et si ne sont si penser
Aresté sus nulle envie,
Més en toute reverie, 30
Qui me fait dire et chanter:
Je ne sui onques si lie.

XI

Virelay

Se je sui vestis de noir,
    C'est drois pour mi, [147c]

Car j'ai le coer si marri,
    Au dire voir,
Que sur moi ne doit avoir
    Riens de joli.

Parlés a ces amoureus,
Les jolis, les gratieus,
    Les envoisiés,
Et laissiés les anoieus,
Les tristes et dolereus *
    Et les blechiés

Faire un peu de leur voloir,
    Je vous em pri;
Car il sont en tel parti
    Que main ne soir
De resjoïr n'ont povoir.
    Pour moi le di:
Se je sui vestis de noir.

Pensés vous que ce soit jeus
D'estre merancolieus
    Ne courouchiés?
Nennil, et je sui de cheus,
Qui ne puis estre joieus,
    Bien le sachiés,

Car je n'ai sens ne espoir
    D'avoir merchi
Quanque soit jour ne demi,
    Que puet valoir?
Homs qui vit en desespoir
    C'est dur pour li.
Se je sui vestis de noir.

XII

Virelay   [147d]

Se je sui gais et joieus
    Et envoisiés,

Je vous pri, or assaiiés
    Les envieus.
Dittes leur que c'est pour euls 5
    Que je sui liés.

Si les ferés tout quoi taire,
Ou plus haut criier et braire
Qu'il ne font presentement.
Envieus en son afaire 10
Ne scet ne dire ne faire
Nulle riens d'esbatement,

Mais est merancolieus
    Et courouchiés
Dou bien d'autrui. Or laissiés 15
    Les dolereus,
Car point ne voel de tels neus
    Estre loiiés.
Se je sui gais et joieus.

Amours, a vous me voel traire 20
Pour la grant dolour retraire
Que j'ai porté longement.
Ordonnés pour mon solaire
Que la douce et debonnaire,
Ou gist mon aliegement, 25

De ses douls yeux amoureus,
    Dont sui blechiés,
Soie un peu assouagiés,
    Et euwireus
Me tenrai et pour trés preus, 30
    Bien le sachiés.
Se je sui gais et joieus.

XIII

Virelay   [148a]

Prendés le blanc, prendés le noir,
Prendés selonc vostre estavoir,

Prendés toutes couleurs aussi,
    Mais je vous di
Que dou dimenche au samedi
Vous faurrés bien a vo voloir.

Pour moi le di certainnement,
Car j'ai pensé en mon jouvent
    Si hautement,
Que ma folie me reprent
Et en voel faire amendement
    Trés grandement.

Peu de cose est de fol espoir,
Et s'est assés, au dire voir;
Car le couart il fait hardi,
    Et le joli.
Selonc les meurs qui sont en li,
Il li fait ordenance avoir.
Prendés le blanc, prendés le noir.

Or vorrai vivre liement
En joie et en esbatement.
    Vechi comment:
Je passerai legierement
Le temps a venir et present;
    Parellement

Tout meterai en noncaloir.
Tels pleure au main qui rit au soir;
Amours ont maint homme enrichi
    Et resjoï
Dou bien d'autrui par leur merchi;
Encontre eür n'a nuls povoir.
Prendés le blanc, prendés le noir.   [148b]

Explicit Virelays Amoureus.

CHI S'ENSIEVENT
GRANT FUISON DE RONDELÉS AMOUREUS *

I

Mon coer s'esbat en oudourant la rose   [148b]
Et s'esjoïst en regardant ma dame;

Trop mieulz me vault l'une que l'autre cose;
Mon coer s'esbat en oudorant la rose.

L'odour m'est bon, mais dou regart je n'ose
Jeuer trop fort, je le vous jur par m'ame;

Mon coer s'esbat en oudourant la rose
Et s'esjoïst en regardant ma dame.

II

Rondiel

Il ne m'est riens de cose que je voie,
Car je sçai bien que tout couvient morir.

Esbatement, solas et jeu et joie,
Il ne m'est riens de cose que je voie.

Or vous suppli, Amours, que briefment voie
Aucun confort qui me puist resjoïr;

Il ne m'est riens de cose que je voie,
Car je sçai bien que tout couvient morir.

III

Rondiel

Pour vostre amour, plus belle que la rose,
Vorrai je avoir le coer joli et gai;

Commandés moi, je ferai toute cose
Pour vostre amour, plus belle que la rose.

Pardonnés moi quant a vous penser ose,
Vostre biauté m'a mis en cel assai.

*Pour vostre amour, plus belle que la rose,
Vorrai je avoir le coer joli et gai.*

IV

Rondiel [148c]

Se je pooie avoir tant de loisir
Que de veoir ma dame a ma plaisance,

Il me devroit trés grandement souffir,
Se je pooie avoir tant de loisir;

Mais, voelle ou non, il m'en couvient souffrir,
Car dou veoir n'est pas en ma poissance,

*Se je pooie avoir tant de loisir
Que de veoir ma dame a ma plaisance.*

V

Rondiel

Je voel morir poursievans ma querelle,
Comme loyaus servans au dieu d'Amours,

Tout pour l'amour de ma dame la belle
Je voel morir poursievans ma querelle.

Quant mors serai, quoi que soit dira elle, *
Mes esperis le servira tous jours,

*Je voel morir poursievans ma querelle,
Come loyaus servans au dieu d'Amours.*

VI

Rondiel

J'ai mis mon coer en un lieu puis un peu,
Mais je ne sçai quel cose en doie faire; *

Consilliés moi, vous qui congnissiés jeu,
J'ai mis mon coer en un lieu puis un peu. *

Ma dame dist: fuiiés, fuiiés, hareu!
Quant recorder je li voel mon afaire;

*J'ai mis mon coer en un lieu puis un peu,
Mais je ne sçai quel cose en doie faire.*

VII

Rondiel

J'ai plus perdu assés que gaegnié
Au bien amer, chela puis je veoir,

Si * ai je alé, venu et langagié;
J'ai plus perdu assés que gaegnié,

Et telement tout mon coer engagié
Que ne l'en sçai ne ne l'en puis ravoir;

*J'ai plus perdu assés que gaegnié
Au bien amer, chela puis je veoir.*

VIII

Rondiel [148d]

Quant Diex fourma premiere creature,
Ma dame estoit encores a fourmer;

Or a depuis si bien ouvré Nature,
Quant Diex fourma premiere creature.

Tele l'a fait que Biauté ne fait cure
De nulle aultre fors elle regarder,

Quant Diex fourma premiere creature,
Ma dame estoit encores a fourmer.

IX

Rondiel

Ma dame, a cui je prie de confort,
Regardés moi en quel point m'avés mis;

On dist que j'ai samblance d'omme mort, *
Ma dame, a cui je prie de confort;

Et se tels sui, certes je n'ai pas tort,
Car mieuls me plaist a estre mors que vis,

Ma dame, a cui je prie de confort,
Regardés moi en quel point m'avés mis.

X

Rondiel

Quant je parti des verges d'ignorance, *
Je cuidai bien estre issus de dangier,

Mais depuis ai senti aultre poissance,
Quant je parti des verges d'ignorance;

Car Amours m'a donné cops de plaisance,
Qui sont plus dur que de fier ne d'achier,

Quant je parti des verges d'ignorance,
Je cuidai bien estre issus de dangier.

XI

Rondiel

Plus liement ne poet le tamps passer
Coers, ce m'est vis, que d'amer par amours,

Pour tous anois afoiblir et lasser
Plus liement ne poet le tamps passer

Et grant fuison de joies amasser;
En ce pourpos sui et serai tousjours;

Plus liement ne poet le tamps passer
Coers, ce m'est vis, que d'amer par amours.

XII

Rondiel [149a]

Desirs m'assaut et Plaisance m'enflame,
Et si n'en sçai ou traire a garison.

A vous m'en plaing, ma souverainne dame,
Desirs m'assaut et Plaisance m'enflame;

Car vo regart sont cause de la flame
Qui m'ont lanciet ensi qu'en traÿson;

Desirs m'assaut et Plaisance m'enflame,
Et si n'en sçai ou traire a garison.

XIII

Rondiel

Reconfortés, dame, vostre servant,
Qui dou tout s'est donnés en vo dangier, *

Tant a souffert qu'il ne puet en avant;
Reconfortés, dame, vostre servant.

Painnes et mauls li viennent au devant,
Bien li poés cel obscur tamps cangier;

Reconfortés, dame, vostre servant,
Qui dou tout s'est donnés en vo dangier.

XIV

Rondiel

Le tamps perdu ne poet on recouvrer,
Avoec le honte y a damage au perdre;

Legierement le puis dire et prouver:
Le tamps perdu ne poet on recouvrer.

Dont qui en voelt trés sagement ouvrer,
Jones se doit au bien amer aherdre;

Le tamps perdu ne poet on recouvrer,
Avoec le honte y a damage au perdre.

XV

Rondiel

Respont, Dangiers, que fais tu tant en place?*
Laisse Pité en ma dame esvillier,

Tu ne me poes faire cose qui place,
Respont, Dangiers, que fais tu tant en place?

Amours scet bien comment elle me lace,
S'aroie bien mestier de consillier;

Respont, Dangiers, que fais tu tant en place?
Laisse Pité en ma dame esvillier.

XVI

Rondiel [149b]

Se par souhait je pooie avenir
A ce que poet desirer vrais amans,

Se n'ai je point en moi le souvenir,
Se par souhait je pooie avenir,

Que de moi ne laiasse couvenir
Dame et Amours, car je sui leurs servans,

Se par souhait je pooie avenir
A ce que poet desirer vrais amans.

XVII

Rondiel

Onques espoirs, qui * bien y eut fiance,
Ne peut fallir a loyal compagnon,

Et J'ai a li fait certainne aliance;
Onques espoirs, qui bien y eut fiance.

Or me soit prés, car, voir, je li fiance
Que j'amerai, ja soie amés ou non;

Onques espoirs, qui bien y eut fiance,
Ne peut fallir a loyal compagnon.

XVIII

Rondiel

Uns vrais amans, par loyaument amer,
Deveroit bien estre oïs de sa dame;

Lors se poroit pour euwireus clamer
Uns vrais amans par loyaument amer.

Més li pluiseur aimment jusqu'au flamer,
Et ja n'aront garison de le flame;

Uns vrais amans par loyaument amer,
Deveroit bien estre oïs de sa dame.

XIX

Rondiel

Trop ne se poet frans coers humeliier;
Qui merci crie, il doit merci avoir.

Dame, qui j'ains, vous poet on avoiier?
Trop ne se poet frans coers humeliier.

Donnés moi ce que si humlement quier:
C'est vostre amour, je ne voel aultre avoir.

*Trop ne se poet frans coers humeliier;
Qui merci crie, il doit merci avoir.*

XX

Rondiel [149c]

Puisque doi coer sont d'un assentement,
Mal avisés est qui y met discorde,

Car toute amour nourist leur sentement,
Puisque doi coer sont d'un assentement;

Ne cure n'ont de nul consentement
Qui nul raport haÿneus leur recorde,

*Puisque doi coer sont d'un assentement,
Mal avisés est qui y met discorde.*

XXI*

Rondiel

Amours se met de trop plus liet corage
Avoec les coers humles, dous et piteus,
Qu'elle ne fait entre les haÿneus:

Les coers divers crient trop plus que l'orage.
*Amours se met de trop plus liet corage
Avoec les coers humles, dous et piteus,*

Et chiaus qui sont discré, courtois et sage,
Obeïssant, secré et amoureus,
Elle les aimme et s'abandonne a euls.

Amours se met de trop plus liet corage
Avoec les coers humles, dous et piteus,
Qu'elle ne fait entre les haïneus.

XXII

Rondiel

Qui d'autrui cuir large çainture taille,
Par raison doit estre largement çains;

Amours, je crieng que force ne me faille.
Qui d'autrui cuir large çainture taille,

Car ma dame a sur moi toute se taille,
Com plus en preng, * tant en demeure mains;

Qui d'autrui cuir large çainture taille,
Par raison doit estre largement çains.

XXIII

Rondiel

Trés grandement de confort pourveü
Sont chil qui ont d'espoir le compagnie;

En ce parti ai je mon tamps veü.
Trés grandement de confort pourveü,

Et se moult bien l'euïsse cogneü,
Encor en fust plus joieuse ma vie, [149d]

Trés grandement de confort pourveü
Sont chil qui ont d'espoir le compagnie.

XXIV

Rondiel

Dou tamps passé et dou present encore
Doient entre iaulz li amoureus jugier;

Or dient chil qui bien ont le memore,
Dou tamps passé et dou present encore,

Qu'en bonne amour a plus de vraie glore
Qu'on ne poroit ne perdre ne gagnier.

*Dou tamps passé et dou present encore
Doient entre iaulz li amoureus jugier.*

XXV

Rondiel

Tant et si peu com il vous plest, ma dame,
De vo franc coer voelliés Pité ouvrir

A tout le mains ossi grant q'une dragme.
Tant et si peu com il vous plest, ma dame,

A mon devis ne le requier, par m'ame,
Mais a vo gré; raisons me doit souffir.

*Tant et si peu com il vous plest, ma dame,
De vo franc coer voelliés Pité ouvrir.*

XXVI

Rondiel

Tant crieng refus que je n'ose aprochier
Celle qui est ma santé et ma vie;

Or me couvient fuïr ce que j'ai chier.
Tant crieng refus que je n'ose aprochier

Se me faut il passer par ce dangier;
Or pri Amours qu'il me soit en aïe.

Tant crieng refus que je n'ose aprochier
Celle qui est ma santé et ma vie.

XXVII

Rondiel

Aies le coer courtois et honnourable,
Humle et discré, secré, vrai et joli,

Liet, atempré, et retien ce notable:
Aies le coer courtois et honnourable

Et selonc ce que tu poes te fait * able,
S'aront pité dame et amours de ti.   [150a]

Aies le coer courtois et honnourable,
Humle et discré, secré, vrai et joli.

XXVIII

Rondiel

Par un desir amoureus plain d'ardure
Ai je souvent le corage en dur point;

On ne poroit croire les maulz qu'endure
Par un desir amoureus plain d'ardure.

Se longement ceste vie me dure,
Martirs morrai, car je sench mon coer point,

Par un desir amoureus plain d'ardure
Ai je souvent le corage en dur point.

XXIX

Rondiel

En trop haster n'a nul avancement,
Et tels se cuide arrierer qui s'avance.

Amours, j'ai bien de tout ce sentement:
En trop haster n'a nul avancement;

Mieuls vault souffrir et vivre liement
Qu'enprendre riens dont on se desavance. *

*En trop haster n'a nul avancement,
Et tels se cuide arrierer qui s'avance.*

XXX

Rondiel

Qui toutdis fuit, il troeve qui le cace;
Pour ce me faut en fuiant aviser;

Tant ai fuï que je ressongne cace,
Qui toutdis fuit, il troeve qui le cace,

Et si ne truis qui ma merci pourcace
Enviers ma dame, et pour ce puis prouver:

*Qui toutdis fuit, il troeve qui le cace;
Pour ce me faut en fuiant aviser.*

XXXI

Rondiel

Chelle qui est ma santé et ma joie
Voel obeïr, honnourer et servir,

Car plus de biens qu'a moi n'affiert m'envoie *
Chelle qui est ma santé et ma joie,

Ne sans s'amour vivre je ne saroie,
Si le vorrai cremir et chier tenir;   [150b]

*Chelle qui est ma santé et ma joie
Voel obeïr, honnourer et servir.*

XXXII

Rondiel

Il n'est deduis, esbatemens, ne joie
Qui viegne en coer se ce n'est par amer,

Dire le voel, partout ou que je soie:
Il n'est deduis, esbatemens, ne joie,

Car volentiers les ignorans feroie
Estre amoureus pour l'estat honnourer.

Il n'est deduis, esbatemens, ne joie
Qui viegne en coer se ce n'est par amer.

XXXIII

Rondiel

Je sui ou point ou on doit l'amant prendre
De qui on voelt avoir joie et solas:

Reconfortés dou gré ma dame atendre;
Je sui ou point ou on doit l'amant prendre,

Et ou desir qui si haut me fait tendre
Ne voi qu'espoir, et pour ce, plains d'esbas,

Je sui ou point ou on doit l'amant prendre
De qui on voelt avoir joie et solas.

XXXIV

Rondiel

De plus en plus s'esprent toutdis li feus
D'ardant desir qui mon corage ataint;

Com plus vous voi, plaisans corps gratieus,
De plus en plus s'esprent toutdis li feus,

Car en vos yeux simples et amoureus
Sont li espart qui si mon coer ont taint;

De plus en plus s'esprent toutdis li feus
D'ardant desir qui mon corage ataint.

XXXV

Rondiel

Mais que m'aiiés en vostre souvenance,
Chiere dame, a cui j'ai tout donné,

Amour et sens, coer, plaisir et cavance;
Mais que m'aiiés en vostre souvenance,

Et se Fortune en aucun bien m'avance,
Partout dirai que l'avés ordonné,   *[150c]*

Mais que m'aiiés en vostre souvenance,
Chiere dame, a cui j'ai tout donné.

XXXVI

Rondiel

A vous me doing, ma dame debonnaire,
En attendant de vous grasce et merci;

En espoir vifs, car je ne puis mieuls faire;
A vous me doing, ma dame debonnaire,

De vos dous yeux donnés me un seul solaire,
En tesmongnant qu'il dient: Vé me chi.

A vous me doing, ma dame debonnaire,
En attendant de vous grasce et merci.

XXXVII

Rondiel

Chils se doit bien tenir pour euwireus
Qui dire poet: J'ai en amours tel cose *

Sur toutes riens, j'ai le coer amoureus.
Chils se doit bien tenir pour euwireus,

Mais avoec ce je l'ai si paoureus
Que regarder souvent ma dame n'ose.

Chils se doit bien tenir pour euwireus
Qui dire poet: J'ai en amours tel cose.

XXXVIII

Rondiel

A l'aÿmant puis vo coer comparer,
Chiere dame, et vos yeux au faucon,

Quoique merci me fachiés esperer,
A l'aÿmant puis vo coer comparer,

Car point ne faut ces deus renacerer
En plus grant dur, dont par comparison

A l'aÿmant puis vo coer comparer,
Chiere dame, et vos yeux au faucon.

XXXIX

Rondiel

Puet on au voir plus noble cose emprendre
Que d'avoir coer amoureus et joli?

Certes nennil. Partout le voel reprendre:
Puet on au voir plus noble cose emprendre?

Et qui est tels, il poet prendre et aprendre
Cheuls qui ne sont pas noblement nouri. [150d]

Puet on au voir plus noble cose emprendre
Que d'avoir coer amoureus et joli?

XL

Rondiel

Se j'ai pensé plus haut qu'a moi n'afiere
Ne que tailliés ne soie de venir,

Pardonnés moi, pour Dieu, ma dame chiere,
Se j'ai pensé plus haut qu'a moi n'afiere,

Car vostre aquoel et vo frisce maniere
Et vo gent corps m'ont donné ce desir,

Se j'ai pensé plus haut qu'a moi n'afiere
Ne que tailliés ne soie de venir.

XLI

Rondiel

On dist que c'est une trop plaisans vie *
De bien amer par amours loyaument,

Et li pluiseur l'appellent maladie.
On dist que c'est une trop plaisans vie,

Mais tant qu'a moi, je sçai bien, quoi c'on die,
Plus y ai mal assés qu'esbatement.

On dist que c'est une trop plaisans vie
De bien amer par amours loyaument.

XLII

Rondiel

Deduit de coer sont de pluiseurs manieres
Et la vertu en vient par regarder,

Quoi que ce soit, or ou argent ou pieres;
Deduit de coer sont de plusieurs manieres,

Mais tu ne poes avoir coses plus chieres,
Ne plus plaisant, que par amours amer;

Deduit de coer sont de plusieurs manieres
Et la vertu en vient par regarder.

XLIII

Rondiel

Dont muet amours et de quel part vient elle?
Par pluiseurs fois en ai fait argument,

Mais on n'en scet respondre a ma querelle.
Dont muet amours et de quel part vient elle?

Je di ensi de bonne amour loiielle
Part d'un desir quant dous regars l'esprent. *[151a]*

Dont muet amours et de quel part vient elle?
Par pluiseurs fois en ai fait argument.

XLIV

Rondiel

Desquels des deus fait Amours plus grant cure?
Ou de la dame ou dou loyal ami,

Quant cascuns d'euls en bonne amour procure?
Desquels des deus fait Amours plus grant cure?

Taire m'en voel, la matere est obscure,
Si en lairai jugier autrui que mi,

Desquels des deus fait Amours plus grant cure?
Ou de la dame ou dou loyal ami.

XLV

Rondiel

Ouquel des mois doit on priier sa dame
Pour le plus tost venir a sen amour?

Dites le moi, je vous pri, par vostre ame:
Ouquel des mois doit on priier sa dame,

Car je ne puis garir de l'ardant flame,
S'elle n'i met atemprance et douçour;

Ouquel des mois doit on priier sa dame
Pour le plus tost venir a sen amour?

XLVI

Rondiel

De bien amer repentir je me voel,
Car je n'i truis fors que painne et dolour.

Ja voi le tamps que loer je m'en soel; *
De bien amer repentir je me voel,

Mais maintenant j'ai afaire a orgoel
Et ne le puis desconfir par nul tour.

De bien amer repentir je me voel,
Car je n'i truis fors que painne et dolour.

XLVII

Rondiel

Toute dolour qui * souvent se resvelle
Dedens mon coer, ne onques je n'ai joie

Pour vostre amour, douce rose vermelle;
Toute dolour qui souvent se resvelle,

Car vous n'avés seconde ne parelle,
Mais vo biauté aultre bien ne m'envoie.   [151b]

Toute dolour qui souvent se resvelle
Dedens mon coer, ne onques je n'ai joie.

XLVIII

Rondiel

En un isle de mer, ensus de gens,
Ou on ne poet entrer fors par fortune,

Sont mes amours, ce n'est mie grans sens.
En un isle de mer, ensus de gens,

Je waucre autour, més je ne puis dedens;
Pour ariver n'i voi voie nesune.

*En un isle de mer, ensus de gens,
Ou on ne poet entrer fors par fortune.*

XLIX

Rondiel

Nuls ne me poet le dous penser tollir,
Qu'il ne me soit tousjours en ma presence

De vous, ma dame, en tous estas servir.
Nuls ne me poet le dous penser tollir

Ne nul plus grant * je ne voel conquerir,
Car qui bien est, fols est qui ailleurs pense.

*Nuls ne me poet le dous penser tollir,
Qu'il ne me soit tousjours en ma presence.*

L

Rondiel

Se mon ami pooie plus souvent
Reconforter, je le conforteroie,

Mais je ne puis veoir voie comment.
Se mon ami pooie plus souvent,

Or li suppli qu'il prende en paiement
Aucuns regards quant * mon coer li envoie.

*Se mon ami pooie plus souvent
Reconforter, je le conforteroie.*

LI

Rondiel

Amours, Amours, que volés de moi faire!
En vous ne puis veoir riens de seür,

Je ne congnois ne vous ne vostre afaire.
Amours, Amours, que volés de moi faire!

Lequel vault mieulz: priier, parler ou taire?
Dites le moi, qui avés bon eür   [151c]

*Amours, Amours, que volés de moi faire!
En vous ne puis veoir riens de seür.*

LII

Rondiel

Se mon ami avoit otant de painne
Pour men amour que j'endure pour li,

Et de pensers au long de la semainne,
Se mon ami avoit otant de painne,

Il me diroit, c'est bien cose certainne,
Pluiseurs pourpos au chief dou samedi,

*Se mon ami avoit otant de painne
Pour men amour que j'endure pour li.*

LIII

Rondiel

Je m'esjoïs, ma dame de valour,
Ne sçai sur quoi fors que sur esperance,

Car en vous a tant de sens et d'onnour.
Je m'esjoïs, ma dame de valour,

Que vous arés en memore le jour
Que je me mis en vostre obeïssance.

Je m'esjoïs, ma dame de valour,
Ne sçai sur quoi fors que sur esperance.

LIV

Rondiel

Pour recouvrer le tamps que j'ai perdu,
Voel de nouvel priier nouvelle amie,

Je croi que j'ai un raisonnable argu. *
Pour recouvrer le tamps que j'ai perdu,

Pour commenchier, d'adrecier ne sçai u,
Il ne l'a pas d'avantage qui * prie.

Pour recouvrer le tamps que j'ai perdu,
Voel de nouvel priier nouvelle amie.

LV

Rondiel

De trop petit je me resjoïroie
Avoec l'espoir que par usage j'ai,

Se plus souvent ma dame je veoie.
De trop petit je me resjoïroie,

Mais ne le voi ne oi, dont il m'anoie,
Dont mon estat escrire li vorrai. [151d]

De trop petit je me resjoïroie
Avoec l'espoir que par usage j'ai,

LVI

Rondiel

Li corps s'en va, mais li coers vous demeure.
Trés chiere dame, adieu jusqu'au retour! *

Trop ne sera lontainne la demeure.
Li corps s'en va, mais li coers vous demeure,

Mais douls penser, que j'arai a toute heure,
Adouchera grant part de ma dolour.

Li corps s'en va, mais li coers vous demeure.
Trés chiere dame, adieu jusqu'au retour!

LVII

Rondiel

Sus pensement fait bon avis avoir,
Ou pensers n'est fors que grant musardie:

Dame qui j'aim, vis m'est que je di voir,
Sus pensement fait bon avis avoir.

Je pense a vous, pas n'est pour vostre avoir, *
Mais par amours, qui me tient compagnie.

Sus pensement fait bon avis avoir,
Ou pensers n'est fors que grant musardie.

LVIII

Rondiel

Le grant desir qui m'est espris d'ardure,
Dont je ne puis venir a garison,

Me muet de vous, et si m'estes si dure.
Le grant desir qui m'est espris d'ardure,

Las! que ferai quant si grant mal endure,
Et si n'en parle a nullui s'a vous non!

Le grant desir qui m'est espris d'ardure,
Dont je ne puis venir a garison.

LIX

Rondiel

Mon douls ami, adieu jusqu'au revoir,
Qui bien briefment deviers moi vous ramainne;

De vous ferai loyaument mon devoir.
Mon douls ami, adieu jusqu'au revoir,

Se souhedier pooient estre voir,
Vous me veriés trente fois la sepmainne. [152a]

Mon douls ami, adieu jusqu'au revoir,
Qui bien briefment deviers moi vous ramainne.

LX

Rondiel

De vostre amour sui espris par penser,
Chiere dame; ne sçai qu'en avenra,

Car nuit et jour pense a vous sans cesser.
De vostre amour sui espris par penser;

Ne me verés ja dou penser lasser,
Tant que dou corps li ame hors saurra.

De vostre amour sui espris par penser,
Chiere dame; ne sçai qu'en avenra.

LXI

Rondiel

Mon coer avés et m'amour et ma joie,
Trés chiere dame, or en voelliés penser;

Dire poés en quel lieu que je soie:
Mon coer avés et m'amour et ma joie.

Se jou ensi de vous dire pooie, *
Plus resjoï ne poroie encontrer.

Mon coer avés et m'amour et ma joie,
Trés chiere dame, or en voelliés penser.

LXII

Rondiel

De quoi que soit se doit renouveler
Uns jolis coers le premier jour de may,

Voire s'il aimme ou s'il pense a amer.
De quoi que soit se doit renouveler,

Pour ce vous voel, ma dame, enmayoler,
En lieu de may, d'un loiiel coer que j'ay.

De quoi que soit se doit renouveler
Uns jolis coers le premier jour de may.

LXIII

Rondiel

Dou petit grant et dou grant le petit
Font li pluiseur souvent, c'est vraie cose;

Je l'ai bien fait, mais Fortune s'en rit;
Dou petit grant et dou grant le petit,

Més quoi qu'en voie, ou damage ou pourfit,
Je l'en grasci, car courouchier ne l'ose.   [152b]

Dou petit grant et dou grant le petit
Font li pluiseur souvent, c'est vraie cose.

LXIV

Rondiel

Oultre mau temps que vault doel et soussi? *
De riens qu'aviegne on ne doit faire compte,

Mais tous jours vivre en un estat onni.
Oultre mau temps que vault doel et soussi?

Nous ne savons quant nous partons de chi,
Quel part alons; j'ai au penser grant honte.

Oultre mau temps que vault doel et soussi?
De riens qu'aviegne on ne doit faire compte.

LXV

Rondiel

Se je me plains, dame, j'ai bien de quoi,
Car vo regart me sont un peu trop fier;

Adouchiés les, quant les jettés sur moi.
Se je me plains, dame, j'ai bien de quoi.

Il ne me font que tristrece et anoi,
Et ce n'est pas ce qui me fait mestier.

Se je me plains, dame, j'ai bien de quoi,
Car vo regart me sont un peu trop fier.

LXVI

Rondiel

Haro, Espoir, qu'estes vous devenus?
Vous me soliés faire grant compagnie,

Mais bien perchoi que ne m'adagniés plus. *
Haro, Espoir, qu'estes vous devenus?

Revenés tost; ou estes vous repus?
Sans vous ne puis ne heure ne demie.

Haro, Espoir, qu'estes vous devenus?
Vous me soliés faire grant compagnie.

LXVII

Rondiel

S'uns vrais amans mettoit en ramebrance
Toute sa vie, il aroit moult a faire,

Et jour a jour pesast a la balance,
S'uns vrais amans mettoit en ramebrance,

Le bien d'un lés, d'aultre part le penance,
Lors saroit il li quels poroit plus traire.   *[152c]*

S'uns vrais amans mettoit en ramebrance
Toute sa vie, il aroit moult a faire.

LXVIII

Rondiel

Trop ne me puis de cheuls esmervillier
Qui se plaindent des jolis maus d'amours;

C'est sans raison, avoer ne les quier, *
Trop ne me puis de cheuls esmervillier,

Car je ne vi onques coer en dangier
Qui volentiers n'i presist ses retours.

Trop ne me puis de cheuls esmervillier
Qui se plaindent des jolis maus d'amours.

LXIX

Rondiel

Ensus de moi, coer merancolieus!
Vous ne m'avés que faire d'aprochier,

Car j'ai le mien joli et amoureus.
Ensus de moi, coer merancolieus!

Et ossi a chils qui se tient joieus,
Quant je le voel d'un de mes yeux dignier.

Ensus de moi, coer merancolieus!
Vous ne m'avés que faire d'aprochier.

LXX

Rondiel

Adieu, solas! adieu, joie et plaisance!
Adieu, bon temps, que mal emploiiet ai,

Et se n'i voi aucune recouvrance.
Adieu, solas! adieu, joie et plaisance!

C'est moult grant bien d'omme de pourveance;
Pas ne le sui, et pour ce je dirai:

Adieu, solas! adieu, joie et plaisance!
Adieu, bon temps, que mal emploiiet ai.

LXXI

Rondiel

Dame, merci, vous savés en quel point
Pour vostre amour j'ai langui longement,

Et conforté encor ne m'avés point,
Dame, merci, vous savés en quel point;

Or n'est il temps qui me reviegne a point; *
De moi garir vous portés l'onguement. * [152d]

Dame, merci, vous savés en quel point
Pour vostre amour j'ai langui longement.

LXXII

Rondiel

Revieng, amis, trop longe est ta demeure,
Elle me fait avoir painne et dolour;

Mon esperit te demande a toute heure,
Revieng, amis, trop longe est ta demeure,

Car il n'est nuls fors toi qui le sekeure
Ne secourra jusques a ton retour.

Revieng, amis, trop longe est ta demeure,
Elle me fait avoir painne et dolour.

LXXIII

Rondiel

On ne poroit mieuls ymage pourtraire
Ne coulourer sus le blanc et le noir,

Que ma dame est de corps et de viaire.
On ne poroit mieuls ymage pourtraire.

Sa grant biauté deveroit pité traire
Ou Nature a mespris, au dire voir.

On ne poroit mieuls ymage pourtraire,
Ne coulourer sus le blanc et le noir.

LXXIV

Rondiel

On ne poet mieuls son coer assir ne mettre
Que de servir sa dame loyaument;

Communement on en voit entremettre,
On ne poet mieuls son coer assir ne mettre,

Les amoureus et cheuls qui scevent lettre *
Plus volentiers que ne font aultre gent.

On ne poet mieuls son coer assir ne mettre
Que de servir sa dame loyaument.

LXXV

Rondiel

Trop ne se poet jones homs joliier
Puisque Nature a ce faire l'ordonne,

Car il ne voelt qu'aler et coliier.
Trop ne se poet jones homs joliier.

De petit pert son merancoliier,
Car volentiers a tous solas s'adonne. [153a]

Trop ne se poet jones homs joliier
Puisque Nature a ce faire l'ordonne.

LXXVI

Rondiel

Trop euwireus est qui poet dire voir,
Et on ne doit point en amours mentir;

As vrais amans fai tout ce a savoir.
Trop euwireus est qui poet dire voir,

Car loyauté a en lui tel pooir
Que les servans fet mestres devenir.

Trop euwireus est qui poet dire voir,
Et on ne doit point en amours mentir.

LXXVII

Rondiel

Puisque je n'ai nul reconfort de vous,
Chiere dame, vous me jugiés a mort.

Vous me soliés servir de regars douls,
Puisque je n'ai nul reconfort de vous,

Mais maintenant il va tout a rebous,
Dont je voi bien que pité en vous dort,

Puisque je n'ai nul reconfort de vous,
Chiere dame, vous me jugiés a mort.

LXXVIII

Rondiel

Adieu, bon temps, il faut que je vous laie,
Puisque je voi que refus et dangier

Sont en ma dame et d'el riens ne me paie,
Adieu, bon temps, il faut que je vous laie,

Ne n'y a nul de ces deus que je n'aie
Pour envieus, quant je le voel priier. *

Adieu, bon temps, il faut que je vous laie,
Puisque je voi que refus et dangier.

LXXIX

Rondiel

Puisque m'avés en vostre souvenance,
Ma chiere dame, il m'avenroit tout bien, *

Car vous arés de mes mauls congnissance,
Puisque m'avés en vostre souvenance,

Et metterés sus mon fait atemprance;
Je ne desir en ce monde aultre rien.   [153b]

Puisque m'avés en vostre souvenance,
Ma chiere dame, il m'avenroit tout bien.

LXXX

Rondiel

Se resjoïs n'estoie d'un regart
Qui vient de vous sur moi, ma dame chiere,

Il me faurroit fuïr ne sçai quel part; *
Se resjoïs n'estoie d'un regart,

Més ce qu'il sont jetté d'un dous espart,
De toute joie en coer m'est messagiere. *

Se resjoïs n'estoie d'un regart
Qui vient de vous sur moi, ma dame chiere.

LXXXI

Rondiel

On dist que drois a bien mestier d'aïe,
Et bien le puis en amours perchevoir,

Car j'ai priiet tous les jours de ma vie,
On dist que drois a bien mestier d'aïe,

Onques ne peuch dame avoir ne amie;
Or regardés dont se drois a dit voir.

On dist que drois a bien mestier d'aïe,
Et bien le puis en amours perchevoir.

LXXXII

Rondiel

A basse vois vous prie merchi, dame,
Car je ne puis ne ose haut parler,

Si ai je bien cause de dire alarme,
A basse vois vous prie merchi, dame,

Car vostre amour me mainne tel, par m'ame,
Qu'il me faurra, ou voelle ou non, parler. *

*A basse vois vous prie merchi, dame,
Car je ne puis ne ose haut parler.*

LXXXIII

Rondiel

Ne sçai pourquoi on n'ose dire voir,
Quant on se voit de tout perdre en balance;

Dame, merchi, a vous tient dou savoir.
Ne sçai pourquoi on n'ose dire voir;

Pour vostre amour languis et main et soir,
Et si m'en tais, c'est moult dure ordenance *[153c]*

*Ne sçai pourquoi on n'ose dire voir,
Quant on se voit de tout perdre en balance.*

LXXXIV

Rondiel

Se je parolle et je ne sui oïs,
Trop me sera parolle virgongneuse,

Et sans parler n'est nuls homs conjoïs. *
Se je parolle et je ne sui oïs,

Dont me faut il, pour estre resjoïs,
Dire et monstrer ma vie langereuse,

*Se je parolle et je ne sui oïs,
Trop me sera parolle virgongneuse.*

LXXXV

Rondiel

Se je me tais, on ne fait de moi cure,
Et se ne sui pas bien enlangagiés,

Que ferai dont? Ceste vie m'est dure.
Se je me tais, on ne fait de moi cure,

Taire me vault trop mieulz et tout endure
Que de parler et puis soie escachiés.

Se je me tais, on ne fait de moi cure,
Et se ne sui pas bien enlangagiés.

LXXXVI

Rondiel

Espoir, Espoir, mon trés loyal ami,
Sans vous ne puis avoir bonne aventure;

Ne me fallés, pour Dieu, jour ne demi.
Espoir, Espoir, mon trés loyal ami,

Se me falliés, vé me chi desconfi,
Car en tous cas ma dame m'est trop dure.

Espoir, Espoir, mon trés loyal ami,
Sans vous ne puis avoir bonne aventure.

LXXXVII

Rondiel

Or a l'assaut, entre vous qui m'amés
Et qui portés l'amoureuse baniere!

Ne faites ja que je soie blamés, *
Or a l'assaut, entre vous qui m'amés,

Ne recreans enmi voies clamés,
Mais a l'assault faut bien avoir maniere. [153d]

Or a l'assaut, entre vous qui m'amés
Et qui portés l'amoureuse baniere!

LXXXVIII

Rondiel

Mon souvenir, ma joie souverainne,
Mon doulz espoir et tout mon reconfort,

Vous savés bien comment amours me mainne,
Mon souvenir, ma joie souverainne,

Pour vostre amour, c'est bien cose certainne,
Et si ne puis avoir hastieu confort:

*Mon souvenir, ma joie souverainne,
Mon doulz espoir et tout mon reconfort.*

LXXXIX

Rondiel

Esce dont voirs, morrai je en languissant?
N'ara ma dame aultre pité de moy?

Ma force va tout en amenrissant;
Esce dont voirs, morrai je en languissant?

Che dient chil qui y sont congnissant
Et courouchié, Espoir, de mon anoy.

*Esce dont voirs, morrai je en languissant?
N'ara ma dame aultre pité de moy?*

XC

Rondiel

Comment poet on entrer en jalousie
De ses amours? J'en ai trop grant mervelle;

Dites le moi par vostre courtoisie.
Comment poet on entrer en jalousie?

J'emporte tant que tous je m'en soussie,
Et si ne voi cause qui l'apparelle.

Comment poet on entrer en jalousie?
De ses amours? J'en ai trop grant mervelle.

XCI

Rondiel

Ira il dont, dame, tous jours ensi?
Me lairés vous morir en languissant?

J'ai tant souffers de maulz jusques a chi.
Ira il dont, dame, tous jours ensi?

Se je ne sui dignes d'avoir merchi,
A tout le mains, regardés me en passant. [154a]

Ira il dont, dame, tous jours ensi?
Me lairés vous morir en languissant?

XCII

Rondiel

On escript bien tel lettre a le candelle
Qui plaist moult bien quant on le list au jour;

Amours, je sui en le cause parelle.
On escript bien tel lettre a le candelle.

J'ai en mon coer escript la nonparelle,
Qui nommee est la margerite flour.

On escript bien tel lettre a le candelle
Qui plaist moult bien quant on le list au jour.

XCIII

Rondiel

Pieres, Jehans, Guis, Jakes ne Mahieus,
Anthones, Lus, Phelippes ne Thomas

N'ont riens sceü dou tret, * si m'aÿt Dieus,
Pieres, Jehans, Guis, Jakes ne Mahieus,

Enviers celle * qui m'a de ses doulz yeus
Trait si au vrai que souvent di: Helas!

*Pieres, Jehans, Guis, Jakes ne Mahieus,
Anthones, Lus, Phelippes ne Thomas.*

XCIV

Rondiel

Sur toutes riens je prise le regart
De ma dame, car il est amoureus,

Et se scet bien a point lanchier sen dart,
Sur toutes riens je prise le regart,

Quant elle a trait, retraire et dire a part:
"Il me souffist; j'ai fait un coer joieus."

*Sur toutes riens je prise le regart
De ma dame, car il est amoureus.*

XCV

Rondiel

D'amours puis dire ensi, que pris je sui
Mieuls par regart assés que par parolle,

Car ma dame me dist: "Fui de chi. Fui!"
D'amours puis dire ensi, que pris je sui,

Et son regart me samble qu'il die: "Hui
Aras merci," et c'est che qui m'afolle.

*D'amours puis dire ensi, que pris je sui
Mieuls par regart assés que par parolle.*

[154b]

XCVI

Rondiel

J'ai bien veü le temps que je soloie
Estre amoureus, més plus ne le serai;

A perdu tieng ce que mis y avoie,
J'ai bien veü le temps que je soloie,

Mais mieulz me vault rescourre un peu de joie
Que tout parperdre, et pour ce je dirai:

"*J'ai bien veü le temps que je soloie
Estre amoureus, més plus ne le serai.*"

XCVII

Rondiel

Pourquoi tient on le chant a grascieus
D'un oisellon qu'on claimme rosegnol?

Pour ce qu'il est jolis et amoureus,
Pourquoi tient on le chant a grascieus,

Et dist: "Oci, oci, joieus, joieus,
Fui de chi. Fui!" Tout m'est bon, dur et mol.

*Pourquoi tient on le chant a grascieus
D'un oisellon qu'on claimme rosegnol?*

XCVIII

Rondiel

Mi oel ont mis mon coer en grant dangier,
Se bonne Amour n'apaise la querelle,

Car navré l'ont, et se n'ose criier.
Mi oel ont mis mon coer en grant dangier,

Mais je li di qu'il voist merchi priier *
A jointes mains a ma dame la belle.

*Mi oel ont mis mon coer en grant dangier,
Se bonne Amour n'apaise la querelle.*

XCIX

Rondiel

On doit le temps ensi prendre qu'il vient,
Toutdis ne poet durer une fortune,

Un temps se piert, et puis l'autre revient.
On doit le temps ensi prendre qu'il vient;

Je me conforte a che qu'il me souvient
Que tous les mois avons nouvelle lune. [154c]

*On doit le temps ensi prendre qu'il vient,
Toutdis ne poet durer une fortune.*

C

Rondiel

Comparer puis mes yeux a l'arondelle,
Car elle vole; ossi font il souvent.

Mais en leur vol riens n'est qui les appelle.
Comparer puis mes yeux a l'arondelle.

S'un seul regart m'envoioit ja la belle,
Trés euwireus seroie en mon jouvent.

*Comparer puis mes yeux a l'arondelle,
Car elle vole; ossi font il souvent.*

CI

Rondiel

Vous, amourous, rugiés de loyauté,
Et regardés quel cose il m'a valu,

J'en ai tousjours a mon pooir usé,
Vous, amourous, jugiés de loyauté,

Coiffe et hiaume et le blason porté,
Ne vous armés jamais de tel escu.

Vous, amourous, jugiés de loyauté,
Et regardés quel cose il m'a valu.

CII

Rondiel

Ai je bien mis mes yeux en abandon?
Ai je bien mis mon coer en grant peril?

Se je mesprens, amours, pardon, pardon!
Ai je bien mis mes yeux en abandon?

Tout vient de vous; arai je au mains pour don
Un doulz regart? Dites, ma dame, oïl!

Ai je bien mis mes yeux en abandon?
Ai je bien mis mon coer en grant peril?

CIII

Rondiel

Mon coer scet bien que mi oel a le fois
Emprendent plus que il ne puist porter,

Mais quanq qu'il font, il avoe, et c'est drois, *
Mon coer scet bien que mi oel a le fois,

Car de lui vient li premerains esplois,
Ne sans son fait il ne scevent ouvrer. [154d]

Mon coer scet bien que mi oel a le fois
Emprendent plus que il ne puist porter.

CIV ++

Rondiel

Jugiés de moi, amant qui congnissiés
Que c'est d'amours et des mauls qu'il y a;

J'em porte tant tous en sui effachiés,
Jugiés de moi, amant qui congnissiés,

Car com plus pri, et plus sui eskachiés
De celle a cui amours ja me lia.

*Jugiés de moi, amant qui congnissiés
Que c'est d'amours et des mauls qu'il y a.*

CV ++

Rondiel

Ou me trairai pour aligance avoir
De la dolour qu'amours me font porter?

Trop volentiers le voroie savoir;
Ou me trairai pour aligance avoir

Fors a ma dame a cui je di tout voir?
Nulle fors li ne me poet conforter.

*Ou me trairai pour aligance avoir
De la dolour qu'amours me font porter?*

CVI ++

Rondiel

Joie me fuit, Esperance m'esquieue,
Desirs m'assaut et Plaisance m'enflame,

En cheminant piet a piet, lieue a lieue.
Joie me fuit, Esperance m'esquieue,

Pour mon confort ye cri: Ayeue, ayeue,
Secourés moi, ma souverainne dame!

*Joie me fuit, Esperance m'esquieue,
Desirs m'assaut et Plaisance m'enflame.*

CVII ++

Rondiel

Vous me tenés, ma dame, en vo prison,
Vostre vair oel m'i ont emprisonné;

Las! en quel lieu tele prise prise on?
Vous me tenés, ma dame, en vo prison.

Faire n'en puis ne sçai comparison,
Mais tout bien sont pour moi en prison né. [155a]

*Vous me tenés, ma dame, en vo prison,
Vostre vair oel m'i ont emprisonné.*

Explicit Rondelés Amoureus.

APPENDIX

The following lyric forms are found exclusively in the narrative poems and have been gathered here for the sake of completeness.
Alternate readings and other data are listed at the end of Notes and Variants.

I*

Balade [25b]

Contre le temps qui nous presente joie
Et le douls may qui fait coers esjoïr,
Esce bien drois que mon coer se resjoie
Et que prés soit d'un espoir * conjoïr *
    Qui me donne souvenir 5
De vivre ensi et ma dame servant;
S'en lo Amours, qui par son douls plaisir
Si doucement conforte son servant.

Car au besoing un grant confort * m'envoie,
Quant d'un espoir arme en moi le desir 10
Qui ardanment me muet et met en voie
De remonstrer tout ce que je desir:
    C'est de ma dame veïr
Et d'obeïr dou tout a son commant;
S'en lo Amours, qui par son douls plaisir [25c] 15
Si doucement conforte son servant.

Car se raison avoecques moi n'avoie,
Quant je me voi esmeü d'envaïr

Parolle en quoi plaisance me convoie,
Par seul biauté qui me vient assallir, 20
     Quant le mieuls cuide dormir,
Mais bons espoirs me revient au devant,
S'en lo Amours, qui par son douls plaisir
Si doucement conforte son servant.

II *

Balade

Dame d'onneur, au cler jour comparee, [26c]
Trop ne vous puis ne amer ne cerir,
Car vous estes de tous biens si paree
Que vous poés grandement enrichir,
     Sans vostre honneur amenrir, 5
Un diseteus, et je sui chils, pour voir,
Qui grant mestier a de confort avoir.
Dont ordenés, ma chiere dame ensi,
Par vostre gré je puisse rechevoir
Le gratieus, plaisant don de merci. 10

En bon espoir est ma plaisance nee,
Qui * ne me voelt nesunement guerpir,
Ains s'est dou tout en moi abandonnee
Et me semont de mon coer resjoïr.
     Par ce trés douls souvenir, 15
Et le penser reconforté d'espoir,
Me sont d'acort desir et franc voloir
De vous servir, ma dame, a cui je cri,
Par vostre gré je puisse rechevoir
Le gratieus, plaisant don de merci. [26d] 20

A vous en tient, douce dame honnouree,
Legierement vous me poés garir;
Je vous figure a la belle journee,
Qu'on ne puet trop amer ne conjoïr.
     Voelliés moi dont, dame, oïr
Et de mes mauls vous plaise tant savoir

Que tout le bien que j'ai, et main et soir,
Me vient de vous. Dont ordenés ensi,
Par vostre gré je puisse rechevoir *
Le gratieus, plaisant don de merci. 30

III *

Balade

Trés plaisans et trés honnouree, *[114a]*
En qui tout grant bien sont compris,
Mon coer, m'amour et ma pensee
Avés par vos douls regars pris.
Or vous suppli, dame de pris, 5
Que vous me voelliés faire otri
Dou gratieus don de merci.

Je n'ai toute jour ajournee
Ne toute nuit nul aultre avis
Que de moy loyaument amee 10
Soiiés. Ensi serés toutdis.
Et s'enviers vous sui trop petis,
Pour Dieu, que ne m'aiiés bani
Dou gratieus don de merci!

Loyautés doit estre comptee 15
En fais, en oevres et en dis.
Or vous plaise d'estre enfourmee
De moi, car vos servans m'escrips;
Et se j'ai en ce riens mespris,
Pardonnés le moi, car je pri 20
Dou gratieus don de merci.

I *

Virelay *[13a]*

Amours, je te regrasci
 D'umle voloir,
Quant mis as en ton povoir
 Tout mon soussi,

Car ja je n'euïsse eü 5
De ma dolour alegance
S'il ne t'euïst souvenu
De moi; et quant ta poissance *

A pour moi ouvré ensi, [13b]
    Je sçai de voir 10
Que tu me voels recevoir
    Pour ton ami.
Amours, je te regrasci, etc.

Au besoing m'as secouru
(J'en ai bien la congnissance) 15
Et ricement pourveü
De confort et d'esperance,

Dont j'en dirai et s'en di,
    Garnis d'espoir,
Que je puis moult bien avoir 20
    Joie par ti.
Amours, je te regrasci, etc.

II *

Virelay [27b]

Ma dame, je vous presente
    De coer gai, [27c]
En lieu de joie et de mai,
Mon coer, m'amour et m'entente.

    Et se mieuls faire pooie, 5
        Je le vous donroie
        Enterinement,
Car en quel lieu que je soie,
        Vous estes ma joie,
        Mon esbatement. 10

    Vostres sui par droite rente,
        Et serai
Tant que l'ame ou corps arai;

Amours le me represente;
Ma dame, etc.   15

Ne il n'est riens que je voie,
    Ne ossi que j'oie,
    Qui aliegement
Me doinst ne qui me resjoie
    Ne que je conjoie, *   20
    Fors vous seulement.

Car tout le bien et l'atente
    Qu'en moi ai,
Me vient de vous, bien le sçai,
Tant estes plaisans et gente;   25
Ma dame, etc.

III *

Virelay *   [112a]

Coers qui rechoit en bon gré
Che que li temps li envoie
En bien, en plaisance, en joie,
Sen eage use en santé;
Partout dire l'oseroie.   [112b] 5

  Comment qu'en la douce vie
D'amours li pluiseurs bien sont
Navré d'une maladie
Et ne sevent pas qu'il ont,
Mai leurs coers de ce secré   10
Congnoist bien la droite voie.
Hé mi! vrais diex! se j'avoie
Un seul petit de clarté,
Trop plus liement diroie:
Coers qui rechoit, etc.   15

  Plus plaisant ne plus jolie
N'a, je croi, en tout le mont *
Que ma dame, qui me lie
Le coer; més en larmes font,

  Car, quant j'ai a tout pensé,   20
Ne sçai se li oseroie
Dire que ma vie est soie;
Et s'elle n'en a pité,
N'est drois que plus dire doie:
Coers qui rechoit, etc.

IV [*]

Virelay   [123b]

 Au departir de vous, ma dame,
Li coers ne scet se li corps part,
Car tous jours tire a vous, par m'ame;
Par le grant desir qui m'enflame,
Pour vostre amour bruïst et art.   5

 Més je vous lais, ma dame chiere;
Tenés ma foi, m'amour entiere
  Sans departir;
Or le prendés a lie chiere,
Car vous en estes droituriere   10
  Dou pourveïr.

 Mon corps se part, li coers se pame;
Car vo vair oel, qui sont droit dart, [*]
L'ont si ataint que, sans le flame
Qui nuit et jour l'art et enflame,   15
N'arai sejour tempre ne tart.
Au departir, etc.

V [*]

Virelay   [159b]

 Vé me chi ressuscité
Et hors de peril jetté,   [159c]
  Puisque je voi
Le reconfort ou je doi
Prendre lieche et santé.   5

APPENDIX

 Et c'est bien cose certainne
Que toute joie m'amainne
  Li regars
De ma dame souverainne;
Car quant sa façon humainne   10
  Je regars,

 Tout mi mal me sont osté,
Gari et reconforté,
  Ne je ne boi *
Cose qui touche a anoi;   15
Sachiés le pour verité.
Vé me chi, etc.

 Et se Fortune se painne
De moi donner haire et painne,
  C'est li dars   20
De quoi les amans fourmainne,
Mais quoi qu'elle se demainne,
  Je me pars *

 De lui et de sa durté,
Et face sa volenté;   25
  Car par me foi
On ne vera ja en moi
Fors que toute loyauté.
Vé me chi, etc.

VI *

Virelay   [163d]

 Deduit, solas et plaisance,
Et tout joieus sentement
Sont en moi presentement   [164a]
Et m'ont en leur gouvrenance.

 S'en lo Amours, qui me paie   5
D'un si plaisant guerredon;
Car il n'est biens que je n'aie
Quant je pense au riche don

Et a le douche ordenance
Dont j'ai le commenchement; 10
Qui tele fortune atent,
Moult est plains de souffissance,
Deduit, etc.

Il n'est riens qui ne retraie
Par nature a sa saison; 15
Dont, se mon coer se resgaie,
Il y a assés raison;

Car j'ai bien le congnissance
Que Desirs grant painne y rent;
Et je le croi liement, 20
Car j'ai de se pourveance.
Deduit, etc.

VII *

Virelay [165a]

Par une amoureuse semence
Que bonne Amour m'a ou coer mis,
Vostres serai, dame, a toutdis.
Ne pensés ja que je vous mence.

Car trés dont que premierement 5
Vi vostre douls contenement [165b]
    Et friche arroi,
A vous me donnai liegement,
De bon coer, enterinnement;
    Car, par ma foi, 10

Il n'est pas temps que je commence *
De vous servir, dame de pris;
Car ens ou point ou ja fui pris,
Sui et serai, qui qui me tence;
Par une amoureuse, etc. 15

Or vous suppli trés humlement
Que vous mettés aliegement

   Sus mon anoi;
Si seront aidié grandement
Li mal passé et li present   20
   Que je rechoi.

  Il n'est homme jour ne dimence
Que je ne pense a vo cler vis;
Et tellement y sui ravis
Qu'adiés chils mauls me recommence;   25
Par une amoureuse, etc.

VIII *

Virelay   *[174b]*

  Se loyaument sui servie
Et bellement suppliïe
   De mon douls ami,
Il n'a pas le tamps en mi
Perdu, je li certefie.   5

  Souvent se faut astenir
Et couvertement tenir
   Pour les mesdisans,
Car il n'ont aultre desir
Que grever et escarnir   10
   Tous loyaus amans.

  Trop ont pluiseurs gens envie
Dessus l'amoureuse vie;
   Je l'ai bien senti;
Mais j'ai tout, le Dieu merchi,   15
Enduré a chiere lie;
Se loyaument, etc.

  Et pour che qu'il scet souffrir
Et soi sagement offrir,
   Il venra li tamps *   20
Qui guerredon trés entir
Li rendera sans mentir
   De tous ses ahans.

S'en servant n'estoit oïe
Sa priiere et recoellie,   25
    En trop dur parti
Seroit, et son tamps ossi
Plorroit a chiere esbahie;   [174c]
Se loyaument, etc.

IX *

Virelay

Assés je me recongnoi,
Coers qui s'esbahist de soi
    Ne scet qu'il fet;
De joie en peril se met
    Et en anoi.   5

Et pour che qu'en che parti
J'ai plus avant obeï
    Dou tamps passé
Qu'il ne besongnoit a mi,
Dont j'en ai souvent senti   10
    Mainte durté

En nom de tout esbanoi,
Ma dame, je vous envoi,
    De coer parfet,
Tout che q'uns amans proumet   15
    En bonne foi.
Assés je me recongnoi, etc.

Et voel vivre sans soussi,
Liés et gais, je le vous di;
    Car j'ai esté   20
Trop pensieus jusques a chi,
Car vostre amour m'a saisi
    Et si navré

Que j'en perch sens et arroi;   [174d]
Mais li bien qu'en vous je voi *   25
    Me sont si fet *

APPENDIX

Que de peril m'ont hors tret
 Par leur castoi.
Assés je me recongnoi, etc.

X *

Virelay

Se par honneur sui donnee
Et de coer enamouree
 A mon douls ami,
Qui m'aimme bien et jou li,
Je n'en doi estre blamee; 5

Car je puis bien dire ensi:
Onques en li je ne vi
 Cose desrieulee;
Mais loyaument jusqu'a chi
M'a honnouré et servi, 10
 Et trop bien m'agree

 La grasce et la renommee   [175a]
De tous bons recommendee
 Qui est dedens li;
Car onques n'en defalli 15
 Soir ne matinee.
Se par honneur, etc.

Trop seroient enrichi
Losengier et bien parti *
 De bonne journee, 20
S'il estoient tout ouni
Et li bon mis en oubli.
 J'ai aultre pensee:

Chils l'ara dont sui amee
Et souverainne clamee, 25
 Bien l'a desservi.
Or se conforte par mi,
Et de riens il ne s'effree.
Se par honneur, etc.

XI *

Virelay

  Mon bien, ma pais et m'amour,   *[175c]*
Mon souvenir nuit et jour,
  Et toute ma joie,
Se vous voliés, je seroie
Resjoïs de ma dolour.   5

  Non, ma dame, que je voel
Riens deviser sus vo voel,
  Ne ja il n'aviegne;
Més priier que vo vair oel,
Qui sont simple et sans orgoel,   10
  De moi leur souviegne.

  Quant ensi venra a tour,
Car il sont d'un bel atour,
  Trop mieuls en vaurroie,
Se par vo gré en avoie   15
A chief de fois le retour,   *[175d]*
Mon bien, etc.

  Ne de riens je ne me doel
Que le bien qu'avoir je soel
  Toutdis ne me viegne.   20
Si tretost que je recoel
Le regart de vostre acoel,
  Que Diex parmaintiegne,

  Je me conforte en douchour
Et le fai pour le millour,   25
  Car, voir, se j'estoie
Plus grans cent fois que ne soie,
S'ai je conquis toute honnour,
Mon bien, etc.

XII *

Virelay [176b]

Mesdisant sont moult hardi
Qui s'ensonnient de mi,
    Ne scevent comment,
Et mettent empechement
Entre moi et mon ami.   5

Cuident il par leur gengler
Mon ami viers moi grever
    Ne porter contraire?
Certes, nennil; c'est tout cler
Que * je l'aimme sans fausser,   10
    Et bien le doi faire.

Il m'a loyaument servi,
Doubté, cremi, obeï; *
    Si l'ai je souvent
Refusé; mais vraiement   15
Onques ne s'en desconfi.
Mesdisant, etc.

Pour faire leurs coers crever,
En avant li voel monstrer
    Chiere debonnaire;   20
Par quoi, s'il les ot parler,
Cause ara de tout porter,
    Soi souffrir et taire.

Bien le sara faire ensi,
Et l'a fait jusques a chi   25
    Moult courtoisement.   [176c]
S'en ara tel paiement
Qu'il vault et a desservi.
Mesdisant, etc.

XIII *

Virelay

Je n'ai bon an ne bon jour,
Ne reconfort ne douchour,
Ne souvenir qui le vaille,
Se vos regars ne le baille,
Ma droite dame d'onnour. 5

Dont souvent sui esbahis,
Car je ne puis pas toutdis
    Estre dalés vous;
Quant g'i sui, ch'est uns peris
Pour mesdisans, che m'est vis, 10
    Qui voient en nous

Aucun vrai signe d'amour
Dont genglent li traÿtour;
C'est li mors, c'est li bataille,
Que j'ai bien mestier qui faille 15
Pour alegier ma doulour.
Je n'ai, etc.

Pour che, humlement escris   *[176d]*
A vous, ma dame de pris,
    Com li vostres tous; 20
Et vous di que je suis chils
Qui plainnement est ravis
    En vos maintiens dous.

C'est mon bien, et mon retour; *
C'est ma joie et mon sejour; 25
Il n'est riens dont il me caille
Fors que briefment viers vous aille
Pour remirer vo colour.
Je n'ai, etc.

XIV *

Virelay

On dist que j'ai bien maniere
    D'iestre orghillousette;
Bien affiert a estre fiere
    Jone pucelette.

Hui main matin me levai *　　　　　　　　5
    Droit a l'ajournee;
En un gardinet entrai
    Dessus le rousee;

Je cuidai estre premiere
    Ou clos sus l'erbette,　　　　　　　10
Més mon douls amis y iere,
    Coellans le flourette.　　*[177a]*
On dist, etc.

Un chapelet li donnai
    Fet de le viespree;　　　　　　　　15
Il le prist, bon gré l'en sçai;
    Puis m'a appellee:

"Voelliés oÿr ma priiere,
    Trés belle et douchette,
Un petit plus qu'il n'afiere *　　　　　　20
    Vous m'estes durette."
On dist, etc.

XV *

Virelay　　*[186d]*

Par un tout seul escondire,
De bouche, non de coer fet,
Ai je mon ami retret
De moi, dont je morrai d'ire.

Hélas! qu'a ma bouche fet, 5
Ne comment ose elle dire
Tout le contraire dou fet
De che que mon coer desire?

Lasse! je pleure et souspire,
Et si n'ai je riens fourfet, 10
Fors que de ma bouche ai tret
Le glave pour moi ochire.
Par un tout, etc.

Et se jamés se retret
Viers moi, Diex me puisse nuire, 15
Se briefment ne me remet
Ou point ou Amours me tire.

J'en voel mon coer assouffire,
Maugré que la bouche en et,
Ne ja, pour cri ne pour bret, 20
Ne s'en laira desconfire.
Par un tout, ect.

XVI *

Virelay [189b]

Or n'est il si grant douchour
Que de penser sans sejour
A sa douche dame gaie,
J'ai che penser qui me paie
Ensi qu'il doit, nuit et jour; 5

Je vous voel dire comment:
    Premierement
Je ne cesse nullement
    Que de penser
A ma dame entirement 10
    Et liement.
Chils pensers me vient souvent
    Amonnester.

En remirant sa coulour,   *[189c]*
Son bien, son sens, sa valour, *   15
Dont c'est bien raisons que j'aie
Ou coer l'amoureuse plaie
Quant tel saintuaire aour.
Or n'est il, etc.

Et che me sont grandement   20
   Esbatement,
Et me font legierement
   Le tamps passer;
Car quant je voi en present
   Son douls corps gent,   25
Je ne puis de che present
   Mes yeux oster.

C'est mon bien, c'est mon retour,
C'est ma souverainne amour,
C'est li desirs qui m'esgaie;   30
Et s'est la fortune vraie
Qui me fait tendre a honnour.
Or n'est il, etc.

I *

Rondiel   *[8c]*

Puisque Plaisance l'acorde
Et Esperance autressi
A moi oster de soussi,

C'est drois que je le recorde,
Puisque Plaisance l'acorde *
Et Esperance autressi;

Car mon coer tire la corde
De joie, onques ne fist si;   *[8d]*
Bien me plaist a vivre ensi,

Puisque Plaisance l'acorde
Et Esperance autressi
A moi oster de soussi.

II *

Rondiel

On se doit souffrir et taire [9a]
Et tout en gré rechevoir
Quanq qu'Amours ordonne, voir;

Et s'on sent grieté ne haire,
On se doit souffrir et taire
Et tout en gré rechevoir,

Car tous confors puet parfaire
Amours par son grant povoir;
Pour ce di de bon voloir:

On se doit souffrir et taire
Et tout en gré rechevoir
Quanq qu'Amours ordonne, voir.

III *

Rondiel [123c]

Dou corps, qui sans coer n'a vie,
Douce amie, en ceste nef *

Souviegne vous, je vous prie,
Dou corps, qui sans coer n'a vie,

Car, soit a mort, soit a vie,
Je vous en laisse le clef;

Dou corps, qui sans coer n'a vie,
Douce amie, en ceste nef.

IV *

Rondiel [123d]

Diex doinst que brief vous revoie,
Ma droite dame, en honnour,
Car je nuir pour vostre amour,

Et, en quel part que je voie,
*Diex doinst que brief vous revoie,
Ma droite dame, en honnour,*

Il n'est ne chemins ne voie
Qui me puist donner bon jour
Fors vous, qui estes m'amour.

*Diex doinst que brief vous revoie,
Ma droite dame, en honnour,
Car je muir pour vostre amour.*

V *

Rondiel [124a]

On doit amer et prisier
Joieuse merancolie,
Qui tient le pensee lie

Et le tamps fait oubliier
Sans soussi et sans envie;
On doit amer et prisier

Et moult souvent souhedier
Qu'on soit avoec sen amie
Pour maintenir gaie vie;

*On doit amer et prisier
Joieuse merancolie,
Qui tient le pensee lie.*

VI *

Rondiel [175d]

Amours, je vous regrasci
En quanq que vous m'avés fet,

Li tamps me plaist bien ensi.
Amours, je vous regrasci.

J'ai mon coer mis et censi
A bel et bon et parfet.

Amours, je vous regrasci
En quanq que vous m'avés fet.

VII *

Rondiel [176a]

Pour vous, douche creature,
Me fault souffrir nuit et jour
Maint assaut plain de dolour.

Pensers si garnis d'ardure
Pour vous, douche creature,
Me fault souffrir nuit et jour.

Regardés quels mauls j'endure;
Se briefment n'ai vo douchour,
Morir m'estuet sans sejour.

Pour vous, douche creature,
Me fault souffrir nuit et jour
Maint assaut plain de dolour.

VIII *

Rondiel

Li pointure qui me point,
Dont consillier ne me sçai,

Nuit et jour ne cesse point,
Li pointure qui me point,

Et si me point si a point
Que riens ne crieng son assai.

Li pointure qui me point,
Dont consillier ne me sçai.

NOTES AND VARIANTS

Lay amoureus

(A, folio 29; B, folio 114 verso)

I, 22 Note this four-syllable line, the last in a strophe of seven- and three-syllable lines. It appears to be an error, but the same phenomenon occurs in strophe twelve, where the pattern is, as required, repeated exactly.

    48 *fait,* impersonal
    61 omitted B
    62 one syllable too many
  113 "C'est ce que me fait éprouver...." (Scheler)
  154 li adies B
  159 ses res A
  169 following this line: *Polis, jolis et bien fes* B
  178 li més: the month of May
  181 regres B
  183 a AB. Text requires *ai.*
  227 unintelligible line (Scheler)
  232 The locution "ou (il) n'a qu'ensegnier" means "perfect, which lacks nothing." Cf. line 235.
  247 tousjours ne dist B
  255 Tramble B
  301 escriran, *shortened form of* escrira on
  303 same B
  305 Poran, *shortened form of* Pora on

II, 47 repart *for* repare, rempare: fortify (Scheler)
  48 i.e. his heart (Scheler)
  55 hundredth
  71 the best decision he can make (Scheler)
  82 leur amentoit A
  83 figurative adverbial expression: in the right way, properly (Scheler)
  91 one syllable too many
  102 Ne me doeil B
  164 fai je B
  168 sai je B
  188 "priés...que," almost
  192 Par B
  208 nen B

III This lay carries the erroneous superscription *virelay*.
  12 omitted B
  16 omitted B
  22-23 "que d'aimer (litt. qu'en aimant) ma dame, la quoie" (Scheler)
  26 Qua B
  40 one syllable too many
  93 unintelligible line; *m'anoit* for *m'avoit*? (Scheler)
112-131 Cf. Lay XI: 161-180 for textual repetition with only minor changes.
  115 de raison B
  138 Quun B
  141 Cf. Eng. *"for all* her great arrogance."
  156 mee B
  163 makes strophe defective AB
  168 bonddroit B
  169 boit B
  176 one syllable too many
  189-190 Construe: "Si n'ai que faire m'espoenter." (Scheler)
  195 En B
  217 Esbanoie A

IV, 3 one syllable too many
  20 pour soi = pour elle
  43 sans perir = "impérissable" (Scheler)
  65 Qua AB. *Que* would be clearer.
  67 pour = because of
  89 i.e. relentless, constant
  137 Direct object of *porter* and *endurer* (ll. 140-141).
  142 fort me mort B
  151 one syllable too many
  160 for *aime,* concession to rhyme
  199 Scheler derives *archier* from the Latin *arcarius*, "trésorier." Cf. Lay I, 135: "De biauté la tresoriere."
  212 Scheler understands *li* with *endroit* and translates "à cause d'elle."
  213 prendes B
  219 Sa sa grasce AB

V, 60 Que B
  69 que cest B
  105 Par B
  125 Samerai B
  157 et lestoet B
  184 unusual form of 1 pres.
  185-186 "Fors seul tant que" = except
  196 Com B
  198 Me B; si tres grant B
  202 estant, *bad form for* estanche: stops (Scheler)
  203 mette au devant B
  260 prise on B

VI found also in *L'Espinette amoureuse,* ll. 3909 ff.
  1 de li = of oneself
  28 A vo B

NOTES AND VARIANTS 313

  69   sera B
  71   cops = look, gaze
  72   nulle B
  82   nai vigour A
  83   Si en B; je B; flour B
113   omitted B
176   therefore
180   Vos griefs B
188   may A
189   dur oïr — harsh words one must hear (Scheler)
230   A li B

VII title omitted B La royne d'Engleterre: Philippa de Hainaut, wife of Edward III and Froissart's generous protectrice, died August 15, 1369. Concerning the queen's patronage, Froissart wrote the following tribute in *Buisson de Jonece* (ll. 231 ff.)

> Phelippe ot nom la noble dame.
> Propices li soit Diex à l'âme!
> J'en suis bien tenus de pryer
> Et ses larghèces escryer
> Car elle me fist et créa.

(Quoted by Kervyn de Lettenhove, *Œuvres de Froissart*, I, 78.)
  10   meaning equivalent to "Quand on y prendre bien attention." (Scheler)
  13   Philippa's mother was Jeanne de Valois, daughter of Charles de Valois and sister of Philippe VI.
  28   because of, concerning her
  38   juste B
  39   as B
  48 and **49**   transposed B
  52   Guillaume le Bon, Count of Hainaut, Philippa's father, died in 1337.
  75   Aux B; *porte* apparently means *aumônerie* (Scheler)
137   n'iere = would not have been
139   attaindre = cause to attain, arrive, succeed
162   Il A
192   dele B

VIII, 28   Jes A
  42   as = know. *Avoir* for *savoir* is not rare. (Scheler)
  57   for *parlerai*
  63   serai B
  63 and **64**   transposed B
106   *toi,* dative
120   Ne saroie B
123   for *meilleur*
141   omitted B
150 and **151**   rhyme words transposed B
156   tenran, *shortened form of* tenra on
171   espart = "éclair de pensée"? (Scheler)
183   quil B
213   roster B
221   Je sui B

IX, 7   ayeue B
    23   Et tousjours B
    27   El AB; context requires *et*.
    60   Quil B
   130   Saint A
   141   *Doit*, for rhyme
   148   *Croit*, for rhyme. (Imperative of *croire*)

X   found also in *La Prison amoureuse;* strophes 1-3, ll. 2142 ff; 4-9, ll. 3515 ff.
    71   one syllable short
    72   si nai B; one syllable too many A
    75   esperet B
    84   Moult me B
   115   Ne sil B
   149   reference to a person who thwarts the lovers
   193   C'uns B

XI   found also in *Le Joli Buisson de Jonece*, ll. 3552 ff.
    31   omitted B
    60   one syllable short
    73   omitted AB; supplied from *Le Buisson de Jonece*
    92   omitted AB; supplied from *Le Buisson de Jonece*
   126   for *passees;* concession to rhyme and meter
   130   one syllable short
   137   desvoes A
   143   painnes et mes B
   155   same line in Balade XVI, l. 1
  161-180   Cf. Lay III: 112-131 for textual repetition with only minor changes.
   175   de son A
   182   ne poet B

XII   found also in *Le Paradis amoureus*, ll. 1079 ff.
    22   en sante B
    67   et en voit le fons B
   108   "s'en garder" (Scheler)
   112   enfinceler A
   113   Ne B
   115   Saint A
   180   i.e. "dolour" and "ardour," (ll. 176, 177)
   218   incomplete, ending *si eau* B
   224   Ou soi a A
   257   Droituriere A
   265   Des ennemis B

XIII   found also in *Le Joli Buisson de Jonece*, ll. 5194 ff; title omitted B
    21   ce doi A
    55   ceste auctorisie B
    61   I cannot find in the Bible any reference by Elijah to a prophecy of the Messiah or of Messianic times. However, it is not surprising to find his name among those who did speak of the coming of Yahweh's anointed. Malachi (4: 5) records an oracle of the Lord of hosts: "I will send you Elijah the prophet before the great and terrible day of the Lord comes."

Jesus, recalling this passage, applies it to John the Baptist (Matthew 11: 14; Mark 9: 13). Moreover, Elijah, representing the prophets, appears with Moses on the Mount of Transfiguration (Matthew 17: 1-3).

    91-97   Cf. I Corinthians 15: 21.
    106   "Lois juïse," nom. of address: "You who are under the Jewish Law"
    126   en la B
    150   La plorras B
    163   Quels conques B. Scheler, following and modifying B, reads *Quelconques*, which would have to be pronounced as *quelconqueus* for the sake of rhyme — a concession too bold even for Froissart. "...ne faudrait-il pas lire *quelconq'ues* et traduire *quelle oeuvre*? ...Le pronom *quelconque*, dans tous les cas, perd ici sa signification habituelle et se réduit à la valeur de *quel* tout court."
    190   ne fu B
    199   The Apostle Paul quoting Isaiah 11: 10, calls the Christ, not Mary, the "root of Jesse" (Romans 15: 12). Froissart is probably applying the term to the family line.
    204   one syllable too many
    210-214   Reference to the Gospel according to John 1: 7-9.
    222-224   Attributed by Froissart to *Sains Jehans*, these lines are actually a reference to Acts 2: 6-11.
    EXPLICIT: Explicit les lays amoureus B

Pastourielles

(A, folio 54; B, folio 139)
    TITLE: Ci apres sensievent pastourelles B
    I, 1   Aubecicourt A; Manui A
    4   qua heure B
    6   veistes point A
    17   jupel ou une B
    30   Mest B

    II   Following the signing of the Treaty of Bretigny (1360), the Duke of Anjou, one of the hostages until the conditions of the treaty had been met, left England without leave in 1364. King John returned to London to apologize for his son's departure, and it was for this occasion that Froissart composed this pastourelle to welcome the king.
    26   Quil B
    40   Referring to Raoul, *oïe* is incorrect but necessary for the octosyllabic line.

    III   Not in A. This poem was written to commemorate the striking of the first florins with the chair (l. 53). The coin, described in ll. 52-58, is identified by Jean Lafaurie, the "conservateur" of the Cabinet des Médailles, Bibliothèque Nationale, and author of *Les Monnaies des Rois de France* (Monnaies et Medailles, Bâle, 1951). In a personal letter dated "le 4 octobre 1968," he says, "La pièce décrite par Froissart est le royal d'or de Charles V ordonné le 24 juillet 1364. L'exécutoire de la Cour des Monnaies est du 31 juillet 1364 et la fabrication en a été suspendue le 3 septembre. Bien qu'il en ait été frappés 61.000 à Montpellier, 1500 à Rouen et 7000 à Toulouse, ce royal n'a pas encore été retrouvé."

58 Charles V, le Sage, son of Jean le Bon and Bonne de Luxembourg. Reigned 1364-1380.
59 appelleran, *shortened form of* appellera on
IV, 8 quil B
  11 (refrain) tu B
  32 la doucette B
  43 Se je voel A
  57 Tous trois sus B

V omitted A
  9 *tant en voes, tant en prent,* as much as you want, to heart's desire
  40 *Somme de besongne,* expression analogous to "en fin de compte, en résumé" (Scheler)

VI This poem is related to the return of Wenceslas, Duke of Luxemburg and Brabant, from his captivity at the chateau of Niedeck (July 1372).
  1 Brainne B
  25 tu se B
  27 one syllable short
  53 Wenceslas was son of Jean l'Aveugle, king of Bohemia.

VII, 31 ce pas uns B

VIII This piece was composed in honor of Gaston de Foix, whom Froissart visited and to whose household he was attached for three months, and from whom he received as a parting gift eighty gold florins.
  34 il dit point B
  35 dist elle B
  53 Concerning the expression "danser au piet de Braibant," Scheler says it is "une expression à élucider par les chorégraphes. Il s'agit peut-être des *estampies* dont De Klerk (*Branbantsche Yeesten,* I, 436) attribue l'invention à 'Lodewyke van Vaelbeke in Brabant' et qui sont proprement des danses accompagnées de chant." (II, 467)
  61 Ou nombre B
  69 vit doit en B

IX also composed for Gaston de Foix
  50 Qui trenca B
  53 armoirie B
  56 contre qui B
  68 armoirie B
  71 ff. Scheler comments on these lines (II, 468): "Voici comment je trouve l'écu de Foix et de Béarn blasonné dans les recueils généalogiques: "Foix, d'or à 3 pals de gueules; Béarn, deux vaches, accolées, accornées et clarinées d'azur." Cette description concorde avec notre texte."

X, 21 Katherine B
  37 Ordonneres et B
  69 understood: "we must not be swayed by"

XI, 34 magree B

XII not in A. In this poem, Froissart alludes the Charles VI's march against the Flemish and the crossing of the Lys prior to the battle of Roosebeke (1382).
  62 Charles VI was only fourteen at the time.
  73 "No need to attack them."

XIII, 11 See vocab. under *si*.
14 The refrain seems to be the title and first line of a poem about the Golden Fleece.
30 Voet ou B
50-51 missing AB

XIV not in A. Froissart wrote this poem to memorialize the marriage of Guy de Blois' son, Louis de Châtillon, Count of Dunois and Lord of Romorantin, and Marie, the daughter of Jean, Duke of Berry. It took place in August 1386 at Bourges.
40 The blazon of Hainaut bears two lions.
41-43 Louis de Blois was the great-grandson of Louis I de Châtillon, grandson of Jean de Hainaut, Lord of Beaumont, whose maternal great-grandfather was Guy de Dampierre, Count of Flanders.
73-76 The double wedding referred to is that of Guillaume and his sister Marguerite, children of Aubert of Bavaria, with Marguerite and Jean, children of the Duke of Burgandy. It took place in Cambrai on April 13, 1385.

XV not in A. This piece was written on the occasion of the marriage of the Duke of Berry to Jeanne, daughter of the Count of Boulogne, at Riom on Pentecost 1389. The Duke was sixty years old at the time; Jeanne was twelve! Froissart was present.
29 two syllables short. Scheler (II, 470) adds *oï* after *Et*, explaining that "Bouchon l'a intercalé par une conjecture parfaitement acceptable."
32-33 The four men charged by the Duke of Berry to negotiate his marriage with the Count of Foix, the countess' guardian, were the Count of Sancerre, Lord of la Rivière, Guy de la Trémouille, and the Viscount of Acy.
40 This was Clement VII, the first of the Avignon popes. He was, as Kervyn de Lettenhove points out (*Froissart. Etude littéraire sur le XIVe siècle*, p. 174), "cousin germain de son père."

XVI not in A. Froissart composed this piece to celebrate the entrance into Paris of Isabella of Bavaria, queen of France, in August 1389. Of the many pageants which Froissart witnessed, none equalled her entry in costliness and ingenuity. For details, see Lord Berners' translation, II, 429 ff.
57-65 In his *Chronique*, Froissart cites the names of many who accompanied the queen, but no mention is made of the Duke of Lorraine.
72 aillours: This is, of course, a reference to his *Chronicles*. See introductory note above.

XVII, 8 aux flourettes B
37 a de B
57-60 Note the abrupt termination of this incompleted statement.
59 Heres B; reut, *perfect of* ravoir = avoir. This is an allusion to a story, found in *Le Joli Buisson de Jonece* (ll. 3216-41), in which Cepheus, watching his beloved Hero, fell from a tree and was killed. About this legend Audrey Graham says, "According to Froissart, the tears shed by Heres over her dead lover Cepheus produced the daisy. This legend has not been identified, according to L. Wiese. O. M. Johnson pointed out the striking resemblance to the myth of Adonis and Aphrodite: 'Both Heres and Aphrodite weep over a dead lover and ... the tears shed in each case are changed into flowers.' Froissart was interested in the daisy, since his lady's name was Marguerite. It is at least possible that he invented this legend

of the origin of the daisy, basing it on the Adonis-Aphrodite myth. The name Heres seems indeed to have been interchanged by Froissart with that of Hero." ("Froissart's Use of Classical Allusion in His Poems," *Medium Ævum*, XXXII [1963], 31.)

 XVIII not in B. Froissart wrote this pastourelle in honor of St. John the Baptist's birthday, celebrated, according to the Roman and Byzantine ecclesiastic calendars, on June 24.
 11-12 Luke 1: 41. Cf. Matthew 11: 11
 16-26 Cf. Mark 1: 6
 30 Although John came baptizing and baptized Jesus himself, John's baptism, a baptism of repentance for the forgiveness of sins (Mark 1: 4), is not and cannot be the same as Christian baptism, which is done in the name of the Father, the Son, and the Holy Spirit, pursuant to a post-resurrection command (Matthew 28: 19).
 32-34 John 1: 29, 36
 37 Scheler admits inability to explain this "terme mystérieux 'mengecoffin'" (II, 472). My many efforts have likewise proved fruitless.
 48 "Vers obscur" (Scheler)

XIX, 58 ens ou jusier B

XX, 26 aucun bregier B
42 Ou poet B
55 van, *shortened form of* va on
EXPLICIT Explicit pastourelles B

Canchons Royauls

(A, folio 101; B, folio 150)

TITLE: sensieut B

I, 6 Que B
48 quand desespoir me B
49 dame trop mal B

II Superscription: Chançon royal amoureuse couronnee a Valenciens
 3 signe et il B
22 *Se,* nevertheless
26 pensee B
28 literal repetition of I, l. 30
35 amans tous temps B

III, 3 leurs bouches B
 9 le vois B
10 il est B
15 meller B
21 *si que,* therefore
35 d'amoùrs B
39 huissier B
51 three-line envoy
53 Sitos quil voit en li ju ne risee B

IV Title: Sote Amoureuse B
24 je me sens B
28 dedens, i.e. in the lists

NOTES AND VARIANTS 319

  40 empense B
  44 martir endurer de B
  45, 53 vi B
  46 bras va B

V Superscription: Ci apres sensieut un serventois de nostre dame couronnes a Tournay B
  7-10 Perhaps a reference to the Protevangelium, Genesis 3: 15
  16-17 Isaiah 7: 14
  18 Isaiah 11: 1
  27 According to the apocryphal addition to Daniel, titled "Bel and the Dragon," a prophet among the Jews, named Habakkuk, while on his way to the field with a bowl of pottage, was taken by an angel, carried to Babylon and placed in the lions' den, where Daniel ate the pottage, whereupon Habakkuk was returned to the field.
  28 Daniel 6: 16
  29 Daniel 3: 19 ff.
  32 Pur AB; Exodus 3: 2
  47 John 3: 14
  49 Numbers 21: 8-9
  53 Genesis 3: 6

VI Superscription: couronnee B
  27-30 Ecclesiasticus 24: 17-18
  36 fils en la croix fu B
  40 Scheler comments, "Je ne comprends pas trop bien *peres d'une union;* je pense qu'il faut traduire par: *et à la fois votre père; d'union* serait une expression adverbiale = simul."
  43 treble nom B For this, Scheler hazards "Trinité."
  44 lassus B
  50 aportee B

Balades amoureuses

(A, folio 137; B, folio 153)

I, 6 enlumine B
  17 omitted B
  25 Non A

II found also in *L'Espinette amoureuse*, l. 1469
  10 mort avoir B

III, 7 vous a je B
  13 Auras tu B
  22 de B

IV found also in *L'Espinette amoureuse*, l. 3828
  15 Sil B

V, 22 Je B

VI, 8 ne Caton B
  18 *parel*, used for fem. Cf. Bal. XI: 10

VII, 19 nest dolour B
  29 predre A

VIII found also in *Le Paradis amoureus*, l. 1627
22 haie B
25 pour creniel B

IX, 23 Paris pour B

X found also in *L'Espinette amoureuse*, l. 927
6 (refrain) prise on B
10 ces pourfis A

XI, 12 plus grant B
23 *n'i a cel*, all without exception

XII found also in *L'Espinette amoureuse*, l. 3532
1 Sun A
8 (refrain) wis A

XIII, 14 sens confors el B

XIV found also in *Prison amoureuse*, l. 2036
7 arriere B
27 ce qui AB

XVI found also in *Prison amoureuse*, l. 713
1 literal repetition of Lay XI, l. 155
2 a paix B

XVII found also in *Prison amoureuse*, l. 2090
9 me font B
13 one syllable too many

XVIII found also in *Prison amoureuse*, l. 2063

XIX, 11 "He offers me vassalage smiling and talking"
15 Scheler conjectures the following interpretation for the obscure expression *a lois*: "Peut-être faut-il lire 'S'il *me* dist voir', et interpréter la fin du vers ainsi: il n'en agit pas plus convenablement (*à loi*); l's ajouté à *loi* serait une simple concession à la rime, ou la finale adverbiale, comme dans *en voies* et *en hastes*."

XXI found in *Le Joli Buisson de Jonece*, l. 2991
18 des bons nommee B

XXII found also in *Prison amoureuse*, l. 3719
7 doi doi B

XXIV found also in *Prison amoureuse*, l. 765
19 Ains ses B

XXVI found also in *Le Joli Buisson de Jonece*, l. 3996
2 ne fine B
5 Y ne B

XXVIII, 3-5 Scheler construes: "Ses dards (*rais*) m'ont donné, et continuent à me donner, un tel aspect qu'ils m'ont mis dans un triste état." (ses rais B)
17 fait tout B; *a par ti* = on your own authority, on your own account (Scheler)

XXIX, 8 Pensans — causing (it) to think

XXX, 2 En sente B

XXXI not in B
9-10 Diana's promise is found in *Le Roman de Brut*, ll. 680-689.
XXXII, 13 Et Acilles B
26 Mes paie B; de mes A
XXXIII, 2 dormir est B
XXXIV, 8 lautrui B
XXXV, 22 fille dou noble roy Priant B
24-27 The meaning of this difficult passage seems clear. In Scheler's words: "...le poëte paraît faire entendre que le nom de celle qu' adorait Achille renferme les cinq lettres qui compose celui de la *chiere dame* à qui sa ballade est adressée...." Kervyn and Lacurne identify this reference as *Aélix*.
XL, 4 Il est B
8 je vise B
12 Sui dattendre B

Virelais amoureus

(A, folio 145; B, folio 160 verso)
TITLE: omit amoureus B
I found also in *Prison amoureuse*, l. 934
7 quil B
18 Tant de biens B
24-25 Scheler translates loosely, "Et je vise à rehausser à vos yeux mes humbles qualités."
II found also in *Prison amoureuse*, l. 3842
III found also in *Prison amoureuse*, l. 295
IV found also in *Le Joli Buisson de Jonece*, l. 1768
20 plus me B
V found also in *Prison amoureuse*, l. 1215
VI found also in *Prison amoureuse*, l. 1011
VII found also in *Prison amoureuse*, l. 3198
VIII found also in *Prison amoureuse*, l. 3230
IX found also in *L'Espinette amoureuse*, l. 3081
13 Et par ensi B
X found also in *Prison amoureuse*, l. 429
24 Qui (= he who) refers to *on* l. 23.
XI, 11 tristes les dolereus B

Rondelés amoureus

(A, folio 148; B, folio 163 verso)
TITLE: Ci apres B
V, 5 "Whatever she may say."
VI, 2 je ne ne sçai A
4 Jais A

VII, 3 *si,* however

IX, 3 jai figure B

X, 1 Scheler identifies thus: "Les verges d'ignorance', la férule de l'école."

XIII, 2 tout est B

XV, 1 Scheler gives the meaning as "Que me viens-tu toujours dans mon chemin?"

XVII, 1 Construct *qui* with *compagnon.*

XXI Note unusual length of this rondeau.

XXII, 6 Scheler would change *preng* to *prent* and construe the line as "Plus elle taille sur moi, moins il en reste."

XXVII, 5 Fait: 1 pers. or imperative seems to be required.

XXIX, 6 emprendre B

XXXI, 3 bien que A

XXXVII, 2-3 Scheler expands thus: "une chose telle qu'elle surpasse tout."

XLI, 1, 4, 7 tres B

XLVI, 3 Je vi B. *Soel* is both present and past definite.

XLVII, 1 *Qui* appears to be superfluous.

XLIX, 5 *Grant* modifies *estas.*

L, 6 Context calls for *que* or *qu'en* for *quant.*

LIV, 3 que jaie B

6 Construct *qui* with *il.* The thrust is that one needs to do more than beseech his lady.

LVI, 2 dusquau B

LVII, 5 nest pas pour B

LXI, 5 Se joie B

LXIV, 1, 4, 7 mon temps B

LXVI, 3 me dagnies B

LXVIII, 3 Cest bien raisons B

LXXI, 5 qui ne B
6 longement B

LXXIV, 5 mettre B

LXXVIII, 6 Pour ennemis B

LXXIX, 2 mavenrot A, but meaning requires future.

LXXX, 3 Il men B
6 "M'est messagiere" is a concession to rhyme and meter for "me sont messagiers," the subject being the *il* of l. 5, a plural pronoun introduced without a grammatical antecedent.

LXXXII, 6 crier B

LXXXIV, 3 parler ne nuls B

NOTES AND VARIANTS   323

LXXXVII, 3 faites pas que B

XCIII, 3 "knew nothing about being in love"
5 "*Envers celle* est elliptique pour *envers* (comparativement) à *celi* (le trait) *de celle.*" (Scheler)

XCVIII, 5 criier B

CIII, 3 Mes quant il B
B ends here

CIV omitted B

CV omitted B

CVI omitted B

CVII omitted B

APPENDIX

Balades amoureuses

I found in *Le Joli mois de may*, l. 169.
4 omitted B; *espoir* and *souvenir* (l. 5) are used synonymously. See the following Bal., ll. 11 and 15.
9 grant reconfort B

II found in *Le Joli mois de may*, l. 325
12 *Qui* refers to *espoir*.
29 vostre je B

III found in *L'Espinette amoureuse*, l. 1256

Virelais amoureus

I found in *Le Paradis amoureus*, l. 1423
8 De moi quant par ta B

II found in *Le Joli mois de may*, l. 439
20 que conjoie A

III found in *L'Espinette amoureuse*, l. 1021; carries the erroneous designation of Balade A
17 mond B

IV found in *L'Espinette amoureuse*, l. 2435; incomplete
13 qui son B

V found in *Le Joli Buisson de Jonece*, l. 563
14 boi AB
23 Scheler understands *pars* as belonging to *partir*, "pardonner en part, gratifier" and construes the line to mean "Je l'accepte en partage, je m'y résigne."

VI found in *Le Joli Buisson de Jonece*, l. 1138

VII found in *Le Joli Buisson de Jonece*, l. 1294
11 *i.e.*, "My devotion to your service is not of recent origin."

VIII found in *Le Joli Buisson de Jonece*, l. 2456
20 Il vendre B

IX found in *Le Joli Buisson de Jonece*, l. 2491
25 bien que vous B
26 Me font B

X found in *Le Joli Buisson de Jonece*, l. 2534
19 Scheler would put a comma after *parti* and construe thus: "s'il estoient tout ouni de bonne journée."

XI found in *Le Joli Buisson de Jonece*, l. 2625.

XII found in *Le Joli Buisson de Jonece*, l. 2707
10 Scheler understands *que* as meaning "because."
13 cremu B

XIII found in *Le Joli Buisson de Jonece*, l. 2746
24 bien cest mon B

XIV found in *Le Joli Buisson de Jonece*, l. 2783
5 Hui matin B
20 que naffiere B

XV found in *Le Joli Buisson de Jonece*, l. 4048

XVI found in *Le Joli Buisson de Jonece*, l. 4376
15 sens valour B

Rondelés amoureus

I found in *Le Paradis amoureus*, l. 851
5, 10 Puisquesperance A

II found in *Le Paradis amoureus*, l. 888

III found in *L'Espinette amoureuse*, l. 2484
2 celle nef B

IV found in *L'Espinette amoureuse*, l. 2497

V found in *L'Espinette amoureuse*, l. 2526
Note irregular second stanza.

VI found in *Le Joli Buisson de Jonece*, l. 2662; carries the erroneous designation of *Virelay* A

VII found in *Le Joli Buisson de Jonece*, l. 2673

VIII found in *Le Joli Buisson de Jonece*, l. 2690

GLOSSARY

A

abaier   bark Lay XII: 59
able   accomplished, able, expert Ron. XXVII: 5
abondance (d')   in great number Lay XII: 208
abouti   stiff-necked, obstinate Bal. V: 13
abstenir   hold back, restain Lay VIII: 90
abus   astonished, stupefied Lay XI: 185
acemé   adorned, embellished Past. VII: 74
acointance   familiarity, friendship Bal. XII: 6
acoler   embrace CR IV: 46
acorder   arrange, settle Lay XIII: 187; grant Bal. XXXIII: 22
acort   judgment, opinion Lay I: 306; reconciliation, settlement Lay V: 108
acoustumé   skilled Past. V: 21
acquerre   attack Past. XII: 73
action   influence Bal. XXXIV: 3
adagnier   esteem worthy of love Ron. LXVI: 3
adaier   torment, vex, irritate, provoke Lay X: 110
adeviner   suppose, guess Lay XI: 85
adiés   always Lay III: 62
adonner   permit Past. XVI: 7
adont, adonques   then Lay VI: 121; Past. II: 12; IV: 47; IX: 33
adrece   means, resource Lay VII: 122
adrechie (bien)   well formed, well built; well informed Past. VIII: 58
adrecié   supplied, furnished, equipped Lay X: 51
adrecier   direct, guide Bal. XXXVI: 6
afaire   rank, situation, state Lay XII: 237; Past. XVIII: 1
aferir   befit, become; be due; concern Lay IV: 195; Bal. V: 21; Ron. XXXI: 3; XL: 1 refl., be comparable Lay I: 141
affiner   make perfect Lay XIII: 124; Past. XVI: 57
afier, affier   promise, swear Lay VII: 177; XII: 144 *s'affier* — trust, have confidence (in) Lay V: 64; CR II: 55
afiere (s')   3 pres. of *s'aferir* — be comparable Lay I: 141
afiner   finish, end, kill Lay XI: 76; Bal. XXVI: 2
afoller   kill; wound, hurt Ron. XCV: 6
agensi   highly endowed Lay VII: 165; well organized, skillfully done or made CR II: 53
agés   ornament, finery Lay I: 154
agillier   a needle-holder Past. I: 18

agree pleasure, amusement, favor Lay V: 169
agreer arrange, dispose Vir. VI: 17; please App. Vir. X: 11
agu intense, keen; piercing Lay VI: 175
ahans distress, pain, suffering App. Vir. VIII: 23
ahatir (s') hurry, hasten Past. VII: 71
aherdre (s') a give oneself up to, devote oneself to, cling to Bal. XIV: 20; Ron. XIV: 6
aheurer happen to, befall Bal. XXV:7; Vir. VI: 2
aïe See *ajeue*.
aige water Lay XII: 67; Past. XI: 11, 23
aigliaus (Heraldry) small eagle Past. IX: 29
ains but rather Lay I: 107; VIII: 132; Past. II: 35; ever Past. I: 54; *ains que —* before Lay I: 8; CR V: 6
ainsné eldest Past. V: 62
aïr anger Lay VII: 200
ajeue, ayeue, aïe, aije help, aid Lay IV: 115; VII: 212; Bal. XL: 3; Ron. CVI: 5
ajournee presented Vir. VI: 5; which has dawned App. Bal. III: 8; dawn App. Vir. XIV: 6
alainnee (à une) with a sigh, while sighing Lay VIII: 203
alegance See *aliegement*.
alegier assuage, lessen Lay VI: 97; Bal. XXXII: 5; calm Lay I: 256
aleron little wing Past. V: 24
aleuer spend, use Past. XIX: 62; Bal. V: 25
alever carry up; raise, build; establish Lay XIII: 218
aliegement, aligance, alegance relief, alleviation, comfort Lay I: 41, 97; VIII: 34; XII: 192; Vir. IV: 31; Ron. CV: 1; App. Vir. I: 6
aligance See *aliegement*.
aliier bind together Lay V: 94
alleuwer See *aleuer*.
aloiance obligation, bond in general Lay XII: 204
aloiiere traveling pouch Past. I: 17; IX: 36
aloser praise Past. XVII: 32
amendement pardon; reparation; correction Lay V: 259; Vir. XIII: 11
amender make amends, give in compensation CR IV: 4; Bal. V: 24
amenrir, lessen, diminish Lay VIII: 98; XI: 67; XIII: 206; Ron. LXXXIX: 3
amer love Lay I: 14
amer bitterness Lay V: 218; XII: 105
amiete lover, mistress Past. IV: 43
amoderé restrained, discreet Lay I: 197
amonnester encourage App. Vir. XVI: 13
amordre (s') begin to bite Lay IV: 143
ancelle handmaid Lay XIII: 67
anchois but, on the contrary Bal. XXIX: 3; *anchois que —* before Bal. XVI: 17
angousse anguish, torment Lay I: 36; XII: 252
anoi, anui pain, torment Lay II: 191; VI: 169; unpleasantness, bother Past. XIII: 38
anoier, anuier worry, annoy, make anxious Lay III: 7; Vir. IX: 5
anoieus bored, angered, thwarted Lay X: 209; Bal. XXIX: 7
anquelie columbine Bal. VIII: 5

aourer adore Lay I: 244
aourner ornament, embellish Lay XIII: 193
apairier (s') consent to, yield to, agree to Lay VI: 222
apalir make pale Bal. VIII: 15
apert (en) manifestly, clearly Bal. XIV: 5
apertement quickly, rapidly Past. XIX: 27
apparant appearance, mien Past. XII: 78
apparillier prepare, make ready Lay VI: 107; Bal. XXXVII: 2; equal Ron. XC: 6
appropriier compare Bal. XXXII: 22
aprendre teach Lay I: 28; Past. III: 50; seize, take hold of, occupy Lay II: 193; understand Ron. XXXIX: 5
apries (en) afterwards Bal. VIII: 2
aquoel assault, attack Lay IV: 202; *Bel aquoel* — affability, charm, attractiveness in general Lay IV: 200
ardoir burn Lay II: 32; X: 168; Past. VIII: 62; XI: 38
ardure ardent desire Lay IV: 183; Bal. XVIII: 17
arest surcease, respite Bal. XIII: 6
argu opinion, judgment Bal. XXXIII: 5; Ron. LIV: 3
arguer discuss, reason Bal. XXIII: 6
ariner (s') get ready Past. XVI: 29
ariver bring to shore Bal. XXXI: 18
aronde swallow Bal. VI: 16
arondelle small swallow Ron. C: 1
arré dressed, adorned, arranged Past. VII: 52; Bal. XXI: 9
arreement suitably, becomingly, appropriately Bal. XXXVIII: 10
arriere (cha) some time ago, formerly Past. I: 38
arrierer prevent, hinder Bal. V: 10; refl., harm oneself, wrong oneself, hinder oneself Ron. XXIX: 2
arrin aliment, food Past. XVIII: 50
arroi bearing, assurance, countenance, condition Lay I: 108; III: 31; XII: 97; manner Bal. XXXVIII: 9; arrangement Past. XIII: 66; rule, law, way of life Past. XVIII: 46; *avoir en arroi* — have in one's retinue Past. VI: 22
art ruse, snare; art, magic art Lay XII: 221; Bal. XXXVII: 17; manner, way Lay II: 34; X: 164
as, als, aus contraction of *a + les* Past. XVII: 52; Bal. V: 2, 4; XXIII: 11
as 2 pres. avoir, know Lay VIII: 42
assai trial, proof; combat Lay VI: 59; *sans assai* — without doubt Lay IX: 43
assai (faire) de propose Lay III: 70
assaier put to the test Lay IV: 223; Vir. XII: 3; experience, feel Lay VI: 62; X: 114; undergo the test, be in pain Lay XII: 42
asselle small plank Past. II: 50
assener unite, marry Lay VII: 88; smite, affect Past. XX: 59; refl., get married Past. IV: 27
assentement (d'un) in accord, in agreement Ron. XX: 1
assenter (s') consent, yield, acquiesce Lay V: 79; Bal. XXX: 1
assés much, many, a lot, plenty, a great deal; enough Ron. XCV: 2; *plus assés, assés plus* — much more Bal. II: 11; XVIII: 4; Ron. VII: 1; XLI: 6

assiner   designate, point out Past. XVI: 57
assir   put, place Lay XI: 111; Past. XX: 56; Ron. LXXIV: 1
assouagier   relieve, alleviate, assuage Vir. XII: 28
assouffire   satisfy Lay X: 166; App. Vir. XV: 18
assoupli   saddened CR II: 31
assouvir   calm, satisfy Lay IX: 72
ataindre   strike, assail, overcome Lay I: 125; XIII: 238
atemprance   moderation, reserve, modesty, temperance Lay XII: 191; Ron. XLV: 6
atemprement   moderation Bal. XIII: 18
atemprer   temper, moderate, regulate Lay VIII: 197
atendre   pursue, seek Lay II: 67
atendre   serve, wait upon Lay IV: 236; Ron. XXXIII: 3
atenrier   move to pity, touch Lay VII: 204
atente   expectation, hope Lay V: 61; App. Vir. II: 2; *longe atente* — a long time Lay IV: 70; Bal. XXXVII: 9
atoucier   touch, reach Lay VIII: 176
atour   preparation, equipment, provisions Lay I: 316; disposition, air, mien Lay VI: 87; Past. X: 44
atour (m')   1 pres. of *s'atourner*, comport oneself Lay X: 25
atrai   characteristic manner Lay VI: 54
atraire   attract, charm Lay XII: 153; Bal. XII: 3
auctorisie   honored, respected, praiseworthy CR VI: 60
aucun   some Lay IX: 39; Ron. II: 6
aultre   any Ron. LXXXIX: 2
aumer   esteem Past. XIII: 73
auniau   alder tree Past. III: 20
auques   somewhat, a little, for a little while Lay II: 73; Past. XV: 28
aus   garlic Past. VII: 62
autressi   thus, equally Vir. IX: 22
autrier   the other day Past. I: 27; III: 4
avancier   favor; put in esteem Past. V: 16; present, show Lay VI: 208
avant   farther on, forward; *en avant* — henceforth Ron. XIII: 3; App. Vir. XII: 19; *plus avant* — furthermore, moreover Past. XVII: 57
avantage   provisions, "lunch" Past. XIII: 8; Bal. XIV: 19; *d'avantage* — easily, "hands down" Past. X: 22; *l'avoir d'avantage* — succeed Ron. LIV: 6
avenement   event, occurrence CR V: 14
avenir   arrive, come, touch, attain Past. VII: 50, 54; Bal. XVII: 3; Ron. XVI: 1; happen, befall, come to pass Ron. LXXIX: 2
avenir   success, happy outcome Lay III: 166
aventure   chance; event Lay II: 79; *d'aventure* — perhaps Lay IX: 98; Bal. XIV: 14
aver   miser Bal. XV: 17
averer, averir   verify, prove; realize, effect Lay XIII: 64; Bal. XXXI: 7
avis   prudence Lay IX: 179; attention Lay XIII: 169; intention App. Bal. III: 9
avisé   capable, learned Lay I: 195; determined, resolved Lay II: 131
aviser   look at, catch sight of Lay VI: 57; VIII: 196; consider, reflect Lay XII: 121; *s'aviser* — reflect, think, become aware Lay XI: 72; Bal. XIX: 19

avision vision, dream Lay V: 268
avoer approve, decide in (someone's) favor Ron. LXVIII: 3; CIII: 3
avoiier lead, direct; put in a good disposition Ron. XIX: 3; *avoié, avoïie* — well disposed Lay VI: 102
avoir riches, fortune, possession CR I: 60; Ron. XIX: 6
awoen recently Past. VI: 2
aïje See *ajeue.*
ayeue See *ajeue.*
aïjmant magnet Ron XXXVIII: 1

B

baillie power CR II: 42; Bal. XXIX: 22
baillier give Lay II: 106; seize, lay hold of Past. IV: 46
balance peril, danger Ron. LXXXIII: 2
barat ruse, trick Lay I: 283
bare (Heraldry) bar Past. IX: 29
bas late Past. VII: 3
bastonciel small stick, small piece of wood Past. II: 51
baudour joy, gladness, cheerfulness, liveliness Lay IX: 8
bedon long, narrow drum (used in Provence) Past. XX: 61
beer wait impatiently; be eager, seek Lay XI: 136
begher stammer, stutter Past. XX: 30
behourt tournament, joust CR IV: 25
bel (venir a) please Past. VI: 40
belement, bellement nicely, gently Lay II: 100
bende (Heraldry) bend Past. IX: 29
beneoit past part. of *beneïr,* bless CR V: 38
bersaut target Lay III: 90; IX: 99
berser strike with arrows or other instruments of war, strike in general; persecute, torment Lay II: 143; III: 89; XII: 117
besant "A Besant; an auncient peece of golden coyne (worth fiftie pounds Tourn.)." — Cotgrave Past. VIII: 66
besongne need Lay VIII: 146; Bal. XXXIII: 11; affair, business, matter Past. XV: 34; required or necessary thing Past. XV: 63
besongnier fulfil, carry out Lay V: 89; need Bal. XXIII: 13; be necessary App. Vir. IX: 9
bestent quarrel, dispute Past. XIX: 71
bien good thing, good, fortune, possession Lay VIII: 74, 78; good qualities (as a whole) Vir. I: 21; II: 14; Ron. LXVII: 5; *avoir bien* — feel happy Bal. IV: 14
biere stretcher Lay XI: 32
blecie weakened Lay VII: 8
blecié wounded Lay X: 38
bled wheat, grain Past. XVII: 36
bon good man App. Vir. X: 13, 22
bonnement willingly, readily Lay II: 194
bort (oultre) beyond measure Lay I: 308; IV: 139; VII: 120; Vir. VIII: 19
bos, bois wood, woods Lay I: 69; Past. X: 2; XI: 2
bouchier executioner, hangman Past. III: 47

bougete basket Past. XVII: 9
bourlete small club Past. IV: 29
bouter put, place Lay III: 208; Past. I: 33; push; strike Bal. VI: 19; *bouter avant* — pass, spend (time) Lay VI: 143
bouton nothing, nonentity Lay III: 130; a tiny bit, at all Lay XI: 179
braire utter cries Lay XII: 46; Vir. XII: 8
brehagne sterile CR V: 3
bret cry, outcry App. Vir. XV: 20
brief (adj.) short, brief Lay I: 22; X: 36; *(adv.)* promptly, quickly, soon Lay I: 97; VIII: 12; certainly, in truth Lay VIII: 75
briefment quickly, promptly Lay II: 207; Bal. II: 10
brisier suppress, prevent, oppose Lay X: 152; Past. XVIII: 40
bruir burn, roast, grill Lay II: 32
bure butter Past. III: 29
busiel flute, small pipe or tube Past. XVI: 16

C

cace, cache hunt, chase Ron. XXX: 3; *cache de chiens* — pack of dogs for hunting Bal. XXXVIII: 4
cacier, cachier hunt Ron. XXX: 1
caille 3 pres. subj. of *caloir*, be important App. Vir. XIII: 26
çaindre gird, encompass, surround Lay I: 131; XIII: 7; Past. II: 49
cainse dress, chemise Past. VII: 53; X: 5
çaint anything that surrounds: belt, girdle, wall, enclosure Lay I: 130
caitis See *chetis*.
camail mail used to protect the base of the head and the neck Past. XII: 51
camelin cloth of goat hair mixed with wool and silk Past. XV: 53
camoukas cloth of fine camel hair or of wild goat hair (Auguste Scheler). Silk cloth almost like satin (Godefroy) Past. IX: 54
campier (se) to have in the field of one's shield Past. IX: 72
canemelle, canemeau a wind instrument made of reed Past. II: 6
canemie panpipe Past. VIII: 51
capel hat, garland, crown Past. V: 4
carée cartful, cart load Past. XVII: 30
caroler perform a round dance Past. IV: 49; XI: 66
castoi teaching, counsel, exhortation Past. XIII: 24
cavance See *chavance*.
ceïst 3 sing. perf. of *cheoir*, fall Past. X: 14
cel (n'i a) all without exception Bal. XI: 23
celer close up within oneself, experience Lay IV: 69; V: 230; hide Lay VIII: 36
cembiaus noise and confusion Past. IX: 61
censir submit, subject App. Ron. VI: 5
cerquier seek, search, look for Lay I: 245
certain persevering, resolute, permanent, sincere Past. V: 60; XI: 16; Bal. IX: 21
certefier assure Lay I: 286
cés end, stopping place Lay I: 185

GLOSSARY

ceurt 3 pres. of *courir*, run Bal. VI: 16
cevir (se) get out of a difficulty Lay X: 79
chartre prison Lay XII: 247
chaut 3 pres. of *chaloir*, be important Lay III: 87
chavance, chevance fortune, wealth Bal. XIV: 12; Ron. XXXV: 3
chenu hoary, white; old Bal. XXXIX: 17
cher stag Bal. XXXII: 16
chetis, caitis wretched; foolish Past. III: 38; wretch, unfortunate person Past. XIX: 49
chevance See *chavance*.
chief end Ron. LII: 6
chief (a) de fois sometimes App. Vir. XI: 16
chier (avoir) love Bal. XXXI: 21; Ron. XXVI: 3; *avoir plus chier* — prefer Bal. XVIII: 4
chiere head, face, countenance Lay I: 120; IV: 197; App. Vir. VIII: 28
chiés (Heraldry) chief Past. IX: 28
chiés at the house, home, abode of Past. XVIII: 69
chieuls heavens Lay VII: 211
choisir See *coisir*.
cierens comb, hackle (for combing hemp, jute) CR IV: 5
clain 1 pres. of *clamer*, declare, proclaim Past. XVIII: 21
claint cry, plaint, lamentation Lay XIII: 243
clamer proclaim, declare Lay XII: 100; Past XVIII; 21; Ron. XVIII: 3; LXXXVII: 5; call, name Ron. XCVII: 2
cler bright, shining; confident Lay I: 169
clers school boy Past. XIII: 44
cliner incline, lower, bend Bal. XXVI: 9
cluignier blink; make signs (with the eyes) Past XX: 15
coer (de) sincerely Past. XII: 6 courageously Past. XII: 63
coisir, choisir, cuesir choose Lay VI: 91; notice, catch sight of, see distinctly Past. I: 3; Vir. V: 1
coler collar, necklace Past. I: 19
colier, coliier think, reflect, be pensive Bal. X: 8; Ron. LXXV: 3
com (si) in the same manner as, just as Past. VIII: 55
commenchement debut; youth Lay XII: 8
comment que although Lay II: 105; (with fut.) Lay VI: 41
communement usually Ron. LXXIV: 3
compains companion, comrade Lay I: 122; VIII: 2
compasser create, invent Bal. XXXVIII: 18
complaindre (se) complain; groan, wail Lay I: 128
comprendre observe Lay VI: Past. XVI: 40; contain CR VI: 3
compter relate, tell Lay III: 6; XII: 260
conchevoir honor, venerate Lay I: 19; receive Lay II: 86; conceive, become pregnant Lay XIII: 51
confire arrange, set in order Bal. XVI: 19
confiture state, condition, situation Lay IV: 177
confort consolation, help Lay I: 46
confortement help, consolation Lay XI: 50
congnissance gratitude Lay VI: 212; App. Vir. I: 15; knowledge, intelligence, understanding Past. X: 73; App. Vir. VI: 18

conjoir take pleasure in; receive cordially Lay VII: 198; Ron. LXXXIV: 3; App. Bal. II: 24
consaus decision, opinion, feeling Bal. XIII: 14
conseillier, consillier advise, help CR III: 27; *se conseillier a* — seek the advice of Bal. XXXIII: 9 *sans lui* (= *se*) *consillier* — without thinking about it (for a long time) Past. XIX: 30; *consillié, consillie* — resolved Lay VI: 106; helped, aided Lay IX: 74
consentement intention Ron. XX: 5
consirer value, esteem, take into consideration Lay X: 172
constraindre restrain, confine; hold tight, close Lay I: 115; XIII: 241
contenement countenance, attitude Lay V: 258; Bal. XIII: 12
contraire accusation, everything annoying and harmful, difficulty, obstacle Lay III: 207; VI: 223; Past. XVIII: 53; Vir. III: 21
contre in consideration of App. Bal. I: 1
contremont up Past. XI: 60
contrevengier avenge Bal. XXXII: 14
converser live, dwell, stay Lay III: 95
convoier direct, lead App. Bal. I: 19
coquille (Heraldry) scallop Past. IX: 30
corage heart, thought, desire, intention, will, disposition Lay II: 165; Past. X: 70; Ron. XXVIII: 2
cordelle small rope, cord Past. II: 49
cornillier cornel Past. III: 21
cornuelle small hort Past. II: 27
corrvee, corrovee tax, levy Lay XI: 130
cose (pour) que for the reason that, because Bal. XVII: 12
cote tunic, over-garment Past. IV: 19; XV: 53
couart gentle, timid Lay VI: 55; Vir. XIII: 15
courecier vex, annoy, anger Past. XIX: 44
courtis garden Past. III: 16
coustumier accustom Lay I: 233
couvenant disposition, circumstance Past. VIII: 69; stipulation, promise Past. XX: 25; *par couvenant* — assuredly Lay II: 58; Past. VI: 63
couvenir do as one wishes Lay I: 7; Ron. XVI: 5; be necessary Past. II: 37; CR V: 54
couvent convent Bal. III: 4; *avoir en couvent* — promise Past. XIX: 74; assure, affirm Bal. III: 8; *par couvent* — assuredly Lay V: 9
couvrir hide Lay I: 257
creanter guarantee, assure Past. VIII: 71
creindre fear Lay VIII: 85; venerate Lay VIII: 192
cremeteus fearful, timid, humble; that which causes fear Lay X: 204
cremeur fear Lay X: 175
cremir venerate, be respectfully submissive, fear Lay III: 194; App. Vir. XII: 13
crestel crenel Bal. VIII: 25
cretin basket Past. XIV: 51
crier hawk, sell Past. II: 15
crois (Heraldry) cross Past. IX: 30
cron bent, stooped Past. XX: 44
cruçon growth Lay III: 67
cuesir See *coisir*.

GLOSSARY 333

cuidans presumptuous person, vain person CR III: 24, 31
cuidier, quidier think, believe Lay I: 227; Bal. XV: 5; (subst.) presumptuousness, wild illusion CR III: 6
cuir skin Lay I: 76
cure care; healing Lay XII: 246; *faire cure de* — heal Lay II: 87; III: 99; care, be concerned Bal. XIX: 10; Ron. VIII: 5; LXXXV: 1
curer heal, take care of Lay I: 326; take the trouble, set one's mind to Lay III: 103
curieus desirous; careful; eager, zealous CR I: 25
cuvert (cuverse) vile, bad Lay III: 84

D

dalés beside Lay IX: 46; Past. III: 3
dampnement condemnation Lay XIII: 45
dangier power, authority, domination, captivity; Lay I: 250; V: 85; VIII: 127; Ron. X: 2; refusal, resistance Bal. XVII: 15; XVIII: 2; *a dangier* — with difficulty, painfully Lay IV: 162
darrain last Lay XIII: 139
debat resistance, struggle Lay I: 282
debieffer tear (a garment) CR IV: 10
dedentrains on the inside Lay II: 27; VIII: 7
deduire (se) disport oneself, frolic Vir. X: 27
deduit pleasure, enjoyment, amusement, amorous diversion Bal. XVII: 8; CR III: 42; Vir. X: 11
defallir de lack App. Vir. X: 15
deforain exterior, external Lay VIII: 16
deforains exteriorly, externally Lay II: 45
defrire tremble with emotion, tremble violently Lay II: 65; IX: 206 (refl.)
delaiement delay Lay III: 163
delaier abandon, leave behind Lay X: 118
delié fine, delicate, exquisite Lay XII: 71
delit pleasure, joy Lay XI: 151; XII: 169
demainne personal, own Lay IX: 154
demainne domaine, power Lay IX: 162; XIII: 244
demener lead, conduct Lay IX: 163; torment Lay XIII: 230; *se demener* — comport, conduct oneself App. Vir. V: 22
dementer (se) lament, abandon oneself to sadness Lay XII: 224
dementir contradict Lay IV: 92
demorans that which remains Past. XX: 32
demour delay Lay IX: 226; Past. X: 63
denree a little, small portion Lay V: 183; Past. VIII: 50; denier Lay XI: 131
departir give, distribute, share Lay VI: 63; XI: 120
deport delay, stint Lay I: 300; pleasure, joy Lay II: 172; IV: 130; X: 27; Bal. XXXIII: 14; pity, compassion Lay IV: 130; bearing, carriage Lay IV: 131; XI: 7
deporter (se) have a good time, take pleasure Lay II: 173; Past. XX: 6
depuissedi, depuis se di since that day Lay I: 268
derire (se) make merry, have a good time Lay IX: 205
desagreer displease Lay I: 218; refuse Lay V: 171

desavancier (se)　lose one's advantage Ron. XXIX: 6
descendre a　consent, yield, comply Bal. XXVII: 23
desconfire　perish Lay X: 165; conquer, destroy Lay XIII: 77; Ron. XLVI: 6; (refl.) grieve App. Vir. XII: 16
desconfort　discouragement, despair Lay II:184; IV: 133
descrire　write Lay VIII: 108
desdire　deny, refuse Lay III, 107
deseure (estre au)　be happy Bal. XXV: 21
desfaire　put an end to, reduce to wretched state Past. IV: 7
desgreer　refuse Lay V. 171
desjuner (se)　take one's nourishment (fig.) Vir. VI: 22
desloier　unleash, release, lose Lay III: 223
desnoer　untie; *desnoer les neus* — clear up a matter Bal. XXXII: 29
despendre　spend Past. VII: 82
despit　scorn, contempt Lay XI: 146
despit　scornful, proud Lay III: 98; XI: 148
despris　wretched, reduced to misery, tattered Lay VI: 127
desquirer　tear, destroy CR IV: 55
desraison　injustice, illogic Lay III: 15
desrieulé　unmannerly; irregular App. Vir. X: 8
desroi　disorder, confusion, harm, torment Lay I: 98
desservir　deserve, merit Lay III: 78; Vir. IV: 21; App. Vir. XII: 28
dessevrée　separation, departure Lay VIII: 199
dessus　according to Lay III: 145
destinee　decree, order Lay XI: 135
destinter　state clearly Past. XIII: 55
destouper　open, uncork Bal. XXXIV: 14
destour　remote place Past. X: 81
destourbier　trouble, confusion, vexation Lay I: 257; VIII: 118
destraindre　torture, torment, oppress Lay I: 116; XIII: 9, 237
destre　right CR VI: 55
desveer, deveer　forbid Lay XI: 137; CR V: 7
desvoier　push aside, mislead Lay III: 211
determiner　demonstrate, show, designate Past. XVI: 59
detirer　press, oppress, vex Lay II: 61
detri　delay Lay VII: 186; Past. XIV: 29
detriance　delay, slowness Past. V: 58
detriement　delay (in granting the *otroi*); patience (in waiting for the *otroi*) CR II: 6
detrier　retard, retain, dissuade, hesitate, delay Lay IV: 109
deveer　See *desveer.*
deviers, devers　to, toward Lay VIII: 186
devis　pleasure, wish Lay IV: 192; Ron. XXV: 5
deviser　expose, enumerate; relate Lay IX: 135; talk about Past. I: 8; regulate, prescribe App. Vir. XI: 7
devision　wish, pleasure, will Bal. XXXI: 15
diffamer　dishonor Lay III: 103
differer (se)　dispense with Past. XVIII: 72
dis　opinion Past. X: 75
discré　wise, prudent, discreet Lay XIII: 186

diseteus needy, poor, beggarly Lay VI: 98; X: 10; wretched, miserable person, one not in possession of the "don de merci" App. Bal. II: 6
divers inconstant, fickle, false Lay III: 81; bad, cruel Lay V: 51
doctrine instruction, knowledge, learning Lay I: 18; XI: 79; Vir. I: 20
doer give Lay V: 158; provide with a dowry Lay VII: 86
doi two Lay XII: 262; Ron. XX: 1
doinst 3 pres. subj. of *donner*, give Vir. VII: 22
doloir (se) complain; grieve, sorrow, suffer Lay II: 102; IV: 206; V. 158
don grace, favor sought by lover Bal. XVIII: 3
dont whence Lay VIII: 152; Ron. XLIII: 1; then, therefore Past. V: 19, 29; CR III: 33
doubtance danger; doubt, suspicion, hesitation Lay I: 111; IV: 104; fear Bal. XX: 3
doubte fear, respect, awe Past. VI: 56
doubter fear, respect, regard with awe Lay III: 157; XII: 35
dragme a very small quantity Lay I: 309; a precious stone Bal. XXXVIII: 15; a coin Ron. XXV: 3
drois justice Ron. LXXXI: 1; proverb Ron. LXXXI: 6; *en droit* — in all justice Past. X: 69
droit upright, true, veritable, honest, pure Lay I: 121; III: 199; IV: 121; Vir. IV: 3; straight Lay I: 162; precise, exact Bal. XIII: 10
droit right, just, exactly, precisely Bal. XXIII: 25; App. Vir. XIV: 6
droit right, correct; *avoir droit* — be right, correct Lay II: 72; Past. XVIII: 15; *de droit* — really, truly Lay VII: 108; *a sen droit* — duly, as is right Past. VII: 12
droiture right, justice, what is suitable and right Past. V: 55; *par droiture* — directly Lay IV: 191; Bal. XXXVIII: 6
droiturier good, favorable Lay IX: 172; right, lawful, righteous Past. XX: 17; one who is entitled to and has the power to do something App. Vir. IV: 10
duit accompanied Bal. XVII: 15
durement strongly, vigorously; a great deal, very Past. I: 30
durer live Lay IX: 119; endure, suffer, bear Bal. XXVII: 8
durés firm Lay I: 164

E

eage mature age, majority App. Vir. III: 4 *leur eage* — all during their life Bal. XIV: 10
effachié disfigured, defaced, unrecognizable Ron. CIV: 3
effort force, power, strength, vigor; effort, endeavor Lay II: 178; IV: 125
effreer frighten Lay VIII: 190
el something else Lay IX: 27; Vir. VII: 27; Ron. LXXVIII: 3
embattre (s') enter into, plunge into, fall upon suddenly Lay I: 274
embegaré soiled, dirty, unclean CR IV: 18
emblant (en) furtively, secretly, on the sly Lay VI: 150
embu absorbed Lay XI: 190
emparlé eloquent Lay I: 196; eloquent fellow Bal. XIV: 15
empecement, empechement torture; obstacle Lay XII: 269; App. Vir. XII: 4
empecier torment Lay VII: 125
empetrer obtain, lay claim to Past. XIX: 8; Bal. XV: 12

empire (estre en l') to be far, far away CR IV: 20
empirer injure, damage Lay II: 60
emploier (s') be involved, entangled Lay X: 101
emprendre, enprendre undertake, begin, enter upon Lay I: 14; VI: 36; Ron. XXIX: 6
en, ent often placed after the verb, as *y* Lay III: 164; VI: 26; VIII: 56; XII: 55
enamer fall in love with Lay IX: 55; CR VI: 15
encontre against Vir. XIII: 31
encontrer meet, encounter Ron. LXI: 6
encouper accuse, blame Lay II: 89
endebter (s') subject oneself to, be subjected to Lay XII: 114
endemain following day Past. XVIII: 48
enditer command, hold in obedience Lay IV: 123
endroit directly, precisely; *endroit de mi* — as for me Past. VI: 8; *la endroit* — right there Past. II: 56; XI: 58
enfunceler (s') be befogged Lay XII: 112
engagier pledge Ron. VII: 5
engien trick, artifice, ruse, deceit, fraud Lay VIII: 87; XII: 221
engrant desirous, eager, zealous, fervent CR II: 23
enlangagié, eloquent Ron. LXXXV: 2
enmayoler favor with a *may* (q.v.), offer (something) as a May Day gift Ron. LXII: 5
enmi in the middle of Ron. LXXXVII: 6
enort exhortation, counsel Lay V: 124
enpartir confer, bestow; grant, yield Lay II: 37
enprendre See *emprendre*.
ensement thus, likewise, equally Lay I: 33; CR II: 16; V: 25; *ensement que* — just as, exactly as CR VI: 26; Bal. IX: 19
ensi thus, so Lay I: 13; VIII: 24; *ensi que* — close to, around Past. I: 4; VII: 3; so that Lay V: 233; as, just a Past. VII: 6; while Bal. XXXIX: 15
ensievir follow, imitate, continue Bal. XVIII: 24
ensonniier (s') be busy, occupied Lay I: 242; XII: 85; App. Vir. XII: 2
ensus de far away from Bal. XXV: 11; Vir. VII: 14; delivered, snatched from Bal. XXXIII: 15
ent See *en*.
entaillier sculpt, engrave, chisel, cut Lay I: 150; II: 110
entame (prendre l') begin Lay VI: 68
entamer reach, touch, attain; penetrate Lay I: 295; XII: 18; refl., fall in love Lay XII: 13
ente graft CR I: 37
entendre a be attentive to Lay XII: 5; Bal. XI: 11 intention; thought, desire Lay IV: 91; XII: 220; CR VI: 23; Bal. XXXVII: 3
entente intention; thought, desire Lay IV: 91; XII: 220; CR VI: 23; Bal. XXXVII: 3
entention attention Lay V: 255
enter put, place Lay I: 71; cause to enter Lay IV: 72; CR I: 15; Bal. XXX: 8
enterine frank, sincere; constant, steadfast Lay VIII: 185
enterinement entirely completely App. Vir. II: 7

entier, entir sure, certain; assured, confident Lay II: 62; sincere, loyal Lay IV: 203
entieu dreaming, musing Lay XI: 118
entree access Lay III: 144
entremettre intermix, intermingle Ron. LXXIV: 3
entrepris surprised; smitten, struck; overwhelmed Lay VI: 121
entroes que while Lay XIII: 157
envaïe attack, assault Lay IV: 120
envie lust, cupidity Bal. X: 15; Vir. X: 29
envis unwillingly Bal. X: 14
envoi poem Past. XIII: 74
envoisi gay, in a good humor Lay IX: 77; Vir. X: 2
envoisié gay, joyous Vir.. XI: 9; XII: 2
errant, esrant immediately, very quickly Lay VI: 149; VII: 154; XIII: 69; Past. IX: 67
errer travel, voyage Past. II: 10
esbahi abashed Lay I: 120; Past. XIX: 21; astonished Past. III: 14; afraid, perturbed Bal. XVIII: 16; afflicted, troubled, bewildered App. Vir. VIII: 28
esbahir (s') be astonished, disturbed, afraid Bal. XXXVI: 19
esbanoi amusement, recreation; rejoicing Lay I: 106; Bal. XX: 15
esbanoiier, esbanier (s') amuse oneself, make merry Lay IX: 176 Vir. X: 27
esbat pleasure, amusement Lay I: 266; VII: 54; Ron. XXXIII: 6
esbatement pleasure, amusement Lay I: 31; V: 22; XII: 276; Bal. XXIV: 12
esbatre have a good time, take pleasure Lay VI: 147; refl., have a good time, take pleasure Ron. I: 1
escachier, eskachier dismiss, reject, refuse, show (s.o.) the door Ron. CIV: 5
escarnir find fault with, censure; make fun of App. Vir. VIII: 10
escart wound Lay II: 29
esce for *est ce* Lay I: 13; Past. II: 31; VIII: 32; Ron. LXXXIX: 1
esce application, disposition Lay VII: 116
escheïr happen, befall (one) Bal. XXXVI: 5
eschiever avoid, escape Bal. XXIII: 14
esclame supplication; complaint, lament Lay I: 305
esclarcir explain, declare; illuminate, make manifest Lay III: 36; Past. XVII: 21
esclife rustic musical instrument with holes Past. VII: 42
encondire refuse, deny Lay VI: 134
encondit refusal Bal. XVII: 23; XL: 12
escorgie leather thong, belt Past. VII: 38
escourc apron CR IV: 52
escrire (s') inscribe oneself App. Bal. III: 18
escuielle vessel, container Past. II: 16
esculee a bowlful Past. XVII: 47
esgaré isolated; saddened, unhappy Lay VII: 70
esgart deliberation, counsel Lay II: 35
esjoir delight, gladden, cheer Lay III: 32; VIII: 100; X: 77; *s'esjoir —* rejoice Lay IX: 190
eskachier See *escachier.*
esleecier delight, gladden, make rejoice Lay V: 81

eslegier possess, acquire CR III: 52
eslongier refuse, reject; move to a distance, separate Bal. I: 12; II: 5; XXVI: 11
esmai anxiety, disquietude, worry, dread, fear Lay VI: 43
esmaier disquiet, disturb, trouble Lay XII: 53; refl., get scared, take fright, lose courage Lay IV: 12; become troubled, disturbed Lay X: 60
esmeré purified, delicate, gracious Lay I: 192
esmoes 2 pres. of *s'esmovoir*, depart, go away Lay XIII: 160
espanir shed Lay VII: 5; unfold, open Bal. VIII: 14
espardre disperse, send, scatter Lay II: 40; VIII: 178
espart dispersed, spread out, in disorder Lay VI: 53; XII: 266
espart ardent look Lay II: 26; spark, flash Ron. XXXIV: 6
espasse time, leisure, opportunity Lay XI: 37
especes spices; spiced wine Bal. XXXIV: 28
espiner prick, pain, torment Bal. XXVIII: 8
espir sigh Lay VIII: 102
espirer breathe Lay X: 177
esploit action, event, deed Lay IX: 133; Ron. CIII: 5; *a esploit* — at will, at pleasure Bal. VII: 14
esploitier bring to completion Lay V: 90
espoenter frighten Bal. XXXVII: 7; refl., be frightened, afraid Lay III: 190
espoir 1 pres. of *esperer*, hope Lay IV: 223
esprendre teach, instruct Lay II: 199
esprendre set on fire, kindle Lay I: 38; XI: 23; refl., catch fire Ron. XXXIV: 1
esquater crush, squash, flatten Past. XVI: 53
esquiere small bell Past. IX: 78
esrant See *errant*.
essauchier elevate, exalt, honor, worship, celebrate Lay V: 102; CR V: 1; hear, answer (prayer) CR II: 58
essel ruin, wretchedness Bal. XI: 5
essillier (s') be ruined, despoiled Bal. XI: 18
estaindre overcome, conquer Lay XII: 207; Bal. IX: 7
estancier stop Lay V: 202
estant standing, on one's feet Lay VIII: 62; IX: 123; Bal. XXIV: 5
estat way of acting, behaving Lay I: 272; social condition Past. IX: 6
estavoir necessity Lay XIII: 2; *par estavoir* — by, of necessity, assuredly Lay II: 163
estendre give, grant Bal. XXVII: 7
estire dispute, argument CR IV: 42; *rendre estire a* — oppose, give opposition Lay III: 220
estoc stick, pile, log Lay I: 77
estorer create, establish CR V: 59; provide, furnish Lay VII: 81
estour combat, struggle, competition Lay XI: 26; Past. X: 76
estrain straw Past. III: 35
estraire draw out, extract Lay XII: 49; Past. XV: 16
estret descended from Past. XIV: 39
estrin extraordinary; distinguished, perfect Lay XI: 81
estrine (a bonne) fortunately Lay XIII: 114; suitably Past. XVI: 31
estriver strive, contest Bal. VII: 10
estuet 3 pres. of *estovoir*, be necessary Lay I: 111

GLOSSARY 339

esvanuir (s')   vanish, disappear Lay VIII: 24
esvertuer   give strength, force to, fortify Lay IX: 2
et   3 pres. subj. of *avoir*, have App. Vir. XV: 19
eür   luck, chance; good luck Bal. XXXVI: 6; Vir. XIII: 31
eure (en peu d')   shortly, in a little while Lay IX: 96
euwireus   happy, fortunate CR I: 23; Vir. XIII: 29
examiner   penetrate Bal. XXVI: 16
exemplaire   model, example Lay III: 199
exemple   proof, test Past. XVIII: 58
exprés   sure, certain Lay I: 158

F

face   visage, face Lay VIII: 200
façon   quality, form Lay I: 157; face, visage Lay V: 12
faconde   knowledge, learning Bal. VI: 9
faille   lack, need; *sans faille* — without fail Lay II: 114
faindre (se)   neglect, grow lax Lay VII: 131
faire   as *verbum vicarium* Lay IX: 161; CR VI: 17; Bal. XVIII: 3; Vir. XII: 9; Ron. LXXIV: 6; C: 2 *faire seüre* — assure, inform Lay VIII: 56 *faire a* (+ inf.) — deserve to be Past. I: 30
fait   affair, matter Bal. XII: 12; Ron. LXXIX: 5; *d'un fait* — of one accord Past. X: 70; *bien fait* — good work, good deed Bal. XIV: 6
faitis, faitice   well formed, pretty, handsome, elegant Past. II: 5; III: 5; XIX: 63
falir   See *fallir*.
falli   perverse, bad, perfidious Bal. XIX: 14
fallir, falir   deceive Lay X: 205; fail Lay III: 82; VIII: 137; Past. XVII: 62 Bal. XXXIX: 13; Ron. XVII: 2, XXII: 3; *fallir à* — fail to obtain, go without Vir. V: 24; XIII: 6; *sans falir* — in abundance Past. XVII: 62
fasse   (Heraldry) fess Past. IX: 28
faus   deceitful, perfidious Lay III: 96; Vir. IV: 12; VI: 27
fausser   deceive App. Vir. XII: 10
fautrer   thrash soundly CR IV: 48
fece   stalk Past. VII: 43
felon   treacherous, harsh, cruel Lay III: 112; XI: 161
felour   See *folour*.
fener   cut Past. XVII: 44
fere   feast, festival Past. XVIII: 39
feru   wounded, smitten Lay XII: 69
festiier   fête Past. II: 36
fi, fis, fit   certain, sure Lay IV: 180; *de fit* — certainly, assuredly Lay IX: 187
fiablement   faithfully, sincerely, loyally; confidentially Lay X: 108
fiance   confidence Lay VI: 216; Ron. XVII: 1
fie   time, occasion Lay VI: 103; Past. II: 37
fiens   dung, manure Bal. III: 14
fier   cruel, harsh, pitiless Lay I: 23; IV: 205; X: 151; proud Lay VII: 53; violent; strong Lay IX: 171; excellent, superior Past. I: 53
figure   form; personage, person Lay IV: 185
figurer   compare Bal. XXXV: 21; App. Bal. II: 23

fin   truth Past. XIV: 35
fin   accomplished Past. XV: 29; delicate, tender Bal. XXVI: 3
finer   end, finish Past. II: 21; where the sense is "to sell (his) merchandise easily"; Past. XII: 79; Bal. II: 8; XXVI: 4
fis, fit   See *fi*.
flacon   a large leather bottle Past. V: 10
flagos, flaios   small flute Past. VII: 40
flahutelle   small flute Past. II: 28
flaios   See *flagos*.
flamer   burn Ron. XVIII: 5
foer, fouer   dig Lay V: 155
folour, felour   folly, foolishness, foolish imprudence Lay VI: 83; Bal. VII: 19
fonder   establish, lay the foundation Lay I: 5
forgier   make, fabricate Past. II: 8
forment   greatly, strongly Lay V: 254; IX: 91; Past. IV: 35
fors   except Lay IV: 54; Bal. II: 7; Vir. III: 2; *fors que* — except Past. XIX: 33
fort   difficult Lay XII: 21; Past. XII: 31; Bal. XXIII: 24; strong, robust, powerful Lay II: 177
fort   strongly Lay IV: 34
fortune   misfortune, accident Vir. VII: 1; storm (?) Ron. XLVIII: 2
fourfaire   transgress, be false Lay XI: 198; forfeit, lose (through wrongdoing) Bal. XXXI: 12
fourmener   lead astray, mislead Lay XIII: 10; App. Vir. V: 21
fourmier   swarm, teem; be agitated Lay IX: 117
fourquié   fork CR IV: 21
foursenée   mad, frantic, raging, furious person Lay III: 140
fraindre   be broken, overthrown, destroyed Lay XIII: 17
franc   noble Lay I: 101
franiau   ash tree Past. III: 21
frefel   agitation, confusion, disorder Bal. XI: 20
fremer   fortify, strengthen Lay I: 17; VIII: 188
frete   path; ditch; levee of earth serving as a boundary of a field Past. IV: 56; XVII: 50
fretel   flute Past. XIV: 68
freteler, fretillier   cause to quiver, jump about Lay IV: 47; quiver, wiggle, jump about Lay I: 254
frice, friche   gay, animated, cheery Lay I: 230; Past. X: 24; App. Vir. VII: 7
frir   strike, hit Past. V: 65
frire   tremble, quiver, shake Lay II: 64; X: 168
frongne   frown, scowl Lay X: 155
fuison   a long time Vir. IV: 30; abundance, profusion Ron. XI: 5
furnir   carry out, fulfil, perform Lay VIII: 106

G

gaillart   proud, determined, vigorous, robust Lay II: 46; VI: 39
gaires (with negative)   not much, scarcely Vir. III: 29
garantir   preserve, protect, save Lay V: 112
garde (prendre) a   look, look at Lay IV: 130
garder   attend to, be careful of, notice; keep, preserve Lay II: 20

garir protect; heal Lay II: 129; IV: 182; VII: 216; Past. V: 26; XVIII: 65; get well Ron. XLV: 5
garison healing, defense, salvation Lay XII: 55; Bal. XI: 9
garite lookout turret Bal. VIII: 25
garnement clothing, dress, finery Past. XV: 18
garnir fortify, strengthen Lay IX: 73
gaschiere fallow ground Past. I: 2
generation race, tribe CR VI: 8
gengler gossip, slander App. Vir. XII: 6
gengleur gossip, slanderer, scandalmonger Bal. XIX: 18
gens legs CR IV: 38
gent pretty, beautiful Lay I: 162; noble, courtly Lay VI: 87
gentement graciously, nobly Past. VII: 52
germette small sheep Past. XIV: 54
gerredon See *guerredon*.
gés agile, lively (Scheler), pretty, pleasing, nice Lay I: 166
gignier make signs; wink Ron. LXIX: 6
gire lie, recline Lay III: 225; VIII: 64; XII: 175
glai gladiolus Lay III: 66; Bal. VIII: 4
glai noise, din, tumult; chirping, warbling, twittering (of birds); noisy joy Lay IX: 50
glout dainty, tasty Past. XIV: 52
godet drinking vessel, glass Past. VII: 57
golonnees (a) in very small measure Lay XI: 121
gourt soft, downy (Scheler) CR IV: 14
gouverner, gouvrener direct, lead Lay XII: 127; nourish CR V: 27
grainne (taint en) fig., solid, firm, sure Bal. IX: 11
gramoier, gramier make sad, sorrowful Lay III: 9; *se gramoier* — grieve, fret Lay VII: 183
grant size, substance Lay I: 309; Vir. I: 25
grasce charm, elegance Lay I: 21; favor Lay V: 44, 104
grascier thank Lay V: 74
grassés plumpish Lay I: 165
gré will; pleasure; friendship Lay I: 87
greer grant willingly, bestow Lay V: 170
grevance damage, harm, wrong, misfortune Lay IV: 107
grever overwhelm, hurt, torment Lay II: 59; Bal. XXXVIII: 12; Vir. X: 7; App. Vir. VIII: 10; XII: 7
grief, griés painful, difficult, grievous Lay IV: 176; IX: 109
grieté pain Lay I: 88
gros serious, grave Past. VII: 9
guerpir abandon, reject, renounce App. Bal. II: 12
guerredon, gerredon recompense, reward Lay V: 24; Bal. XVII: 22; App. Vir. VI: 6

H

hahai grief, sorrow, pain Lay IX: 49; interjection: *criier hahai* Lay VIII: 69; X: 66
haire pain, torment Lay IV: 21; VII: 146
haleter beat (of heart) CR IV: 24

hamede (Heraldry) three horizontal stripes which do not touch the edges of the escutcheon (Mod. Fr.: *hamaides*) Past. IX: 30
hardement boldness, audacity Bal. XIII: 21
hardi courageous, bold, audacious Past. XII: 58; Vir. XIII: 15
hardieté boldness, audacity Lay IX: 85
hareu See *haro*.
haro, hareu call for help, cry of distress; call, any call Ron. VI: 5; LXVI: I
hastieu prompt, hasty Lay XI: 113; Ron. LXXXVIII: 6
haterel withers; neck, head Past. IX: 77; XII: 39
haubergon small hauberk without *coiffe* Past. XII: 51
hautain noble, of great worth Lay I: 139
hautour nobility, magnanimity Lay I: 317
haijneus hostile, inimical Ron. XX: 6; enemy, hostile person Ron. XXI: 3
here lady Past. XII: 40
hetier please, give pleasure, be to one's liking Past. IV: 8
hetiés, hetiet gay, in a good mood; in good health Lay II: 51; VIII: 224
heure success, happiness Vir. VI: 1, 5; *onques heure* — never Lay VII: 131; *sus heure* — at times, now and then Lay VI: 202; *a (de) bonne heure* — fortunately, auspiciously Lay IX: 55; Vir. VI: 1
homme jour weekday, work day (as opposed to Sunday) App. Vir. VII: 22
hostieus harness (applied to clothing) Past. IV: 20
houce long robe or full-cut cloak with open hanging sleeves Past. V: 23
houcete cassock Past. IV: 18
houpeau bouquet of flowers Past. XIV: 21
houpellande a long cloak with sleeves Past. I: 8
hour holly Past. XVII: 38
hourt platform, dais CR IV: 34
hui today Past. X: 84
humanité life Lay XIII: 90
humeliier (s') be favorably disposed Ron. XIX: 1
hustin trouble, torment, pain Bal. XXIII: 21

I

ignorance awkwardness, gaucherie Bal. XII: 8
ignorant stupid, foolish Bal. XXIV: 9; Ron. XXXII: 5
imagination desire Bal. XXXIV: 1
imaginer, ymaginer consider, examine, meditate upon Lay VII: 147
impetrer obtain by request Lay I: 21
impression remembrance, recollection Lay V: 269
injure injustice Lay XII: 259
ire chagrin, sadness Lay III: 17; X: 175; Vir. VII: 5; App. Vir. XV: 4

J

ja now Lay I: 33; never Lay III: 166; Ron. XVIII: 6; already Lay V: 5; (+ subj.) whether Ron. XVII: 6
jame precious stone Bal. VI: 13; XXXVIII: 3
jeu amusement Vir. VIII: 8
jeuer, juer play, have a good time Lay III: 219; IX: 3; Ron. I: 6

jeuiel gift; jewel Past. V: 26
joint gracious Bal. XXVII: 19
jokier, joquier rest Lay I: 225; sit down Past. XIX: 46
joli pretty Lay VI: 101; gay, joyous Bal. XXII: 1; Vir. XI: 6; amorous Ron. LXII: 2
jolieté prettiness; pleasure of love, voluptuousness; gaiety, good humor Lay IX: 87
joliier (se) make merry, amuse oneself Ron. LXXV: 1
jour time; *en brief jour* — in a short time, soon Lay X: 35; weekday App. Vir. VII: 22
journee (bonne) good fortune, good luck App. Vir. X: 20
jouvent youth Lay I: 30
ju See *jus* 1.
juer See *jeuer*.
jugeour nom. pl. of *jugieres*, judge Past. X: 79
jugieres judge Past. X: 36
jun fasting Bal. XXIII: 3
jupel frock, tunic Past. I: 17; IV: 18
jus joy, happiness (?) Bal. XXXIII: 13; Cf. Bal. XXXIX: 8 ("*solas et ju*")
jus down Lay VI: 179
jusier maw; gizzard Past. XIX: 58

K

kas motive, reason Lay VIII: 44
kocés weathercock Lay III: 138
kokart fool; braggart Lay II: 44
kokevieus tufted lark Past. IV: 42

L

labiaus (Heraldry) labels Past. IX: 28
lacier seize, embrace Ron. XV: 5
laiier let, allow; leave Past. VII: 83; Ron. LXXVIII: 1
lairai 1 fut. of *laiier*, allow Bal. VIII: 26; XXIX: 17; Ron. XLIV: 6
lait 3 pres. of *laiier*, let, allow, leave Lay II: 62
lancier strike, combat Lay I: 99; Vir VIII: 28; excite Lay VI: 202
langagier speak, talk Ron. VII: 3
large generous, liberal Past. VIII: 38
las unfortunate, sad Lay VIII: 52; XII: 65
lé broad Past. VIII: 51
leece, liece, lieche joy, rejoicing Lay III: 34; VII: 112; App. Vir. V: 5
legier agile Lay I: 239; delicate, fragile Lay XIII: 90; capable, skillful Lay VII: 132; *de legier* — easily Lay VII: 61; X: 148
legierement easily Ron. XIV: 3; App. Bal. II: 22
lentieu slow Lay XI: 112
lés beside, near Past. IV: 56
lés side Past. X: 8; Bal. XXIV: 20; *d'un lés* — on one side Ron. LXVII: 5
leuier, leuwier wages, recompense Lay IV: 168; Past. XIX: 61

li represents both the disjunctive pronouns *lui* and *elle* Lay VIII: 186, 199 *(elle)*; Bal. VII: 6 *(elle)*; VIII: 7 *(elle)*, 16 *(elle)*, 22 *(elle)*
lie kind, obliging Lay I: 42; CR II: 20; *lie chiere* — joyous countenance Lay XII: 10; Past. VIII: 19
lié, liet joyous Lay III: 17; Bal. V: 6; Ron. XXI: 1
liece, lieche See *leece.*
liegement without reserve, absolutely, like a liege man CR I: 54; Vir. IV: 27; easily Lay III: 147
liement joyously; graciously, gently Lay II: 201; X: 76
liet See *lié.*
lin lineage, parentage Past. XIV: 16
liquour love potion, philter Lay I: 322
list 3 pres. of *lire*, read Ron. XCII: 2
lo 1 pres. of *loer*, advise, counsel Past. XVIII: 72; praise App. Bal. I: 7
loer advise, counsel Past. XVIII: 72; praise Bal. I: 7; CR V: 10
loi religion Lay XIII: 30; Past. XIII: 27
loier tie, bind Lay III: 222; XI: 101
loisir (avoir) de have an opportunity to, have time to Lay VIII: 105
lonch, long far Lay X: 13
longes long time Lay I: 109
los 1 pres. of *loer*, praise; *se loer de* — be pleased, well satisfied with Lay I: 83
los praise, honor, reputation Lay I: 94
losengier flatterer, deceiver App. Vir. X: 19
loudier kind of full-cut overcoat worn by people of low estate Past. II: 47

M

mac 1 pres. of *metre*, put, place Lay VI: 188
maçonner work, form, shape Lay I: 8
mai pleasure, amusement App. Vir. II: 3
main morning Lay I: 63; VIII: 15
mains less Lay VI: 78; *au mains* — at least Lay I: 143; *a tout le mains* — at least Ron. XCI: 5
mains 1 pres. of *manoir*, remain Lay VI: 77; VIII: 214
maintien behavior, conduct Lay I: 230; III: 126; protection, support App. Vir. XIII: 23
mais, més but Lay II: 185; *mais que* — provided that CR V: 41; Bal. VII: 23; even if Past. II: 42
maiseau butcher, slaughterer Past. III: 47
maisselle cheek Lay IV: 48
mait 3 pres. of *metre*, put, place Bal. XII: 11
mamelle bosom; chest Lay III: 46
manans rich, powerful Bal. II: 23
manant remaining, dwelling CR II: 45
mance sleeve Past. I: 28
mande two-handle wicker basket Past. I: 34
manecier (sans) without a challenge being given, by surprise Lay III: 51
maniere appearance, conduct, custom, manners Past. X: 68; Ron. LXXXVII: 6; *perdre maniere* — be abashed Lay I: 126
manoir remain, dwell Lay I: 48; VI: 77; XIII: 245

manoir influence, dominion Lay I: 49; dwelling, retreat Lay VIII: 150
mar (pour) inauspiciously, in an evil hour Bal. IX: 8
marchant merchandise Past. XII: 14
marcié market, bargain Past. XIV: 20; *en acquerre le marcié* — get what one deserves (?) Lay X: 39
marcier, marchier walk, advance Lay X: 45
marri vexed, sorrowful Vir. XI: 3
martire pain, affliction, torment Lay III: 1; Vir. VII: 17; massacre, martyrdom CR IV: 44
martirer torment, torture, martyrize Lay III: 213
mat feeble, weak; overwhelmed, crushed Lay I: 277; X: 208; pale Bal. II: 21
matere, matire matter, subject, material Past. XVII: 68; Vir. VII: 16
maton curdled milk, soft cheese Past. III: 29; CR IV: 51
mautalent anger, spite Past. XIX: 39
may green branches, a leafy branch honoring springtime Ron. LXII: 6
meffaire slander, vilify Lay XI: 199; do wrong, commit a crime, dishonor oneself Bal. XXIX: 15
meffet one who has done ill, a guilty person Bal. XV: 6; an ill deed Lay XII: 125; Bal. XVI: 20
mence 1 pres. subj. of *mentir*, lie, prevaricate App. Vir. VII: 4
mendier be unhappy, unfortunate Bal. X: 9
mener conduct Past. XV: 34
mengans edible Past. XIII: 46
merancolie sadness, pensiveness Lay I: 32
merancoliier become sad, unhappy; meditate, muse Bal. XXIV: 7, 11
merci grace, pity, mercy Lay I: 280; *par merci* — out of gratitude Lay VII: 174
merelle chance, lot Past. X: 14
merir recompense Lay VI: 8
merite one having merit, worthy of merit Past. XIX: 12
merler mix, mingle CR III: 15
més See *mais*.
més past part. of *manoir*, remain, stay Lay I: 183
meslee conflict, combat Bal. IX: 18
mesnie company CR V: 37
mesprendre commit a fault, crime, do wrong Lay III: 41; VI: 100; Ron. CII: 3
mesprison (sans) without being guilty, i.e., of seeking advantage *(pourfis)* Bal. X: 11
mestier business, occupation Past. VII: 33; *avoir mestier a* — be useful, be of help CR III: 17; *avoir mestier de* — need, be in need of Lay V: 134; Bal. IX: 17; XXV: 10; *faire mestier* — be necessary Lay V: 83; Bal. XXIX: 9; Ron. LXV: 6
mestire mastery, superiority (in knowledge, art, etc.) Lay III: 214
mestrie ability, talent, art Lay IV: 121; mastery, power Lay IX: 67
mestrier dominate, govern Lay VI: 112; Bal. VII: 12
meur custom, manners Bal. XV: 3
meut past part. of *movoir*, move Lay I: 217
mi middle, center Bal. IX: 12; Ron. LXXXVII: 5
mice small loaf of white bread Past. V: 9

mine minium, red lead Bal. XXVI: 14
miner threaten; exterminate Bal. XXVI: 15
miniere mine Lay V: 156
mire 3 pres. of *mérir*, recompense, reward Lay II: 57
mire doctor, physician Lay II: 68
mirer (se) consider, reflect, think Lay II: 70; III: 200, 226; Bal. IX: 5
mite, mitte copper coin of Flanders whose circulation Philip VI forbad in his kingdom by an edict of 1332 Lay XI: 152
moiien (sans) ceaselessly, endlessly Lay VIII: 79
mondain noble Lay VIII: 220
monde pure, spotless Bal. VI: 5
monstrer, moustrer teach Past. XIII: 74; show, point out Past. XVIII: 32
mont world App. Vir. III: 17
monteplier (se) increase, grow Lay XII: 78
morir kill Lay X: 23; die Ron. IV: 3
mors piece CR V: 7
motet song, melody Past. XVI: 6
moustrer See *monstrer*.
mouvoir leave, depart Lay IV: 89; Past. VIII: 34; incite, urge Lay V: 153; come, originate Ron. XLIII: 1; LVIII: 3
mu pale, wan, livid, colorless Lay IX: 222
muchier (se) hide (oneself) Lay X: 159
muir 1 pres. of *morir*, die App. Ron. IV: 3
musardie foolishness, stupidity Ron. LVII: 2
musart fool, dupe Lay II: 43
mystere ceremony, rite, office, service Past. XVIII: 38

N

nain stupid, foolish Past. XIX: 29
naviron oar Bal. VI: 10
navrer wound Lay I: 89; X: 107
nes not even Lay I: 237
nesunement in no wise, by no means App. Bal. II: 12
net pretty Past. XVII: 36; Bal. VIII: 11; clean, pure Bal. XV: 22
nive snow Lay V: 234
noer swim Past. XIII: 32; Bal. VI: 11
noiau small knot Past. VII: 27
noient not at all Lay III: 106; IX: 119; *de noient* — in no wise Bal. IV: 17; *pour noient* — in vain, to no purpose Past. XVI: 54
noir somber, sad Bal. II: 21
noncaloir unconcern, negligence Lay VIII: 155; *mettre en noncaloir* — neglect, give little consideration to Vir. XIII: 26
noncier, nonchier announce, recount Lay VIII: 112
nonpourquant nevertheless, notwithstanding Lay I: 54; VI: 9; X: 4
notable a memorable thing, done or said Past. XIII: 14; XV: 37; Ron. XXVII: 3
nourir nurture Lay VIII: 139
nu deprived Lay I: 278; divested, stripped Lay III: 144
nuiseus contrary, unfavorable; injurious, bad Lay X: 197

GLOSSARY 347

nullement some Lay II: 205
nullui no one Lay VI: 166
nus See *nu*.

O

o with Past. IV: 45; XVI: 35
obeïssance feudal homage, service, reverence Lay III: 63; XII: 203
obscur unpleasant, painful; mortal, fatal Lay II: 75; Ron. XIII: 6; obscure Ron. XLIV: 5
obscurté sadness, sorrow Vir. III: 27
oci the call of the nightingale Ron. XCVII: 5
ocire, ochire kill Lay II: 129; App. Vir. XV: 12
odour smelling, the act of smelling Ron. I: 5
oes profit, advantage, need; *estre a l'oes* — be at work, working Lay XIII: 167
oes eggs CR IV: 37, 51
offrir (s') give oneself up to Lay VIII: 94
ombrier (s') rest in the shade Past. XI: 84
ongement, onguement unguent Past. V: 22; Ron. LXXI: 6
onni, ouni modest, simple Bal. X: 4; Ron. LXIV: 3; favored App. Vir. X: 21
onques heure never Lay VII: 131
oquison cause, motive, occasion, opportunity Lay II: 5; III: 114; Bal. VIII: 26; XI: 17
or, ores now Past. II: 54, 59; VII: 17; then, therefore Past. XIV: 26
orains just now Lay VIII: 17; Past. XVII: 8
orbete obscure, difficult Past. XVII: 22
ordenance disposition, attitude, mien Lay III: 71; IX: 69; rule, government Lay XIII: 209; occupation Past. VIII: 6; Vir. V: 22; VIII: 16; event Past. XVI: 67; order, command CR V: 33; way of doing things Bal. V: 10; *en ordenance* — in ranks, in groups Past. II: 38; XIV: 82
ordener, ordonner, ordouner arrange, establish, ordain Lay I: 318; II: 137; XIII: 188; CR V: 8; Ron. XXXV: 6; App. Bal. II: 28; fashion, compose Past. V: 74; refl., submit oneself, yield Past. IV: 15
ordonneres one who sets in order, regulates Past. X: 37
orendroit immediately, now Lay IX: 145
ort filthy, unclean, dirty Lay IV: 138; CR IV: 18
os 1 pres. of *oser*, dare Lay I: 65
oster prevent, hinder, divert, dissuade, remove Lay I: 215; Past. I: 21
otel like, same, similar Vir. VII: 23; *d'otel* — equally, likewise Lay VI: 119
otretant as much, equally Bal. XIV: 25
otroi, otri gift, grant; amourous success, the ultimate favor App. Bal. III: 6; *don d'otroi* — permission granted by one's lady to court CR I: 7
otroier, otrier give, grant consent, yield Lay II: 18; VI: 108; agree, acknowledge Lay V: 80; refl., give oneself, yield CR II: 11
oublüer (s') seek diversion, amuse oneself Lay I: 246
oultre beyond Past. VII: 8
ouni See *onni*.
outrage imprudence, insult, injustice, wrong Past. X: 71; Bal. XIV: 21; XXIII: 16, 26

outrageus excessively desirous Lay X: 5; rash; stupid CR III: 6
outrer, oultrer penetrate Lay I: 75; surpass, conquer Lay I: 315; *outré* — penetrating, deep Lay IV: 211; *vois priés oultrée* — voice almost extinct Lay VIII: 202
ouvrer work, execute, create Lay I: 9; Past. I: 56; XIX: 33; CR V: 11; VI: 6; Bal. XXXVIII: 16
ouvrir enunciate, utter, publish Bal. XIV: 22

P

paier give service; pay Lay XII: 41; appease, satisfy Lay IV: 225; X: 119; refl., be satisfied, content Ron. LXXVIII: 3
pance stomach, belly Past. XVI: 53
panetiere bread sack Past. I: 116
paour fear Lay VI: 98
par (a) li spontaneously Lay II: 5; *a par moy* — to myself Lay VI: 157; *a par ti* — on your own authority, account Bal. XXVIII: 17
parer adorn, beautify Past. XVII: 29
parfont (de) from the depths of one's heart, deeply Lay X: 137
parfurnir accomplish, finish, complete Bal. XXXVI: 4
parler word, discourse Lay VI: 88
parmaindre remain, persevere Lay XIII: 3
parmaintenir maintain completely, sustain App. Vir. XI: 23
parperdre lose entirely Ron. XCVI: 6
parrai 1 fut. of *parler*, speak, talk Lay VIII: 57
parrons 4 fut. of *parler*, speak, talk CR IV: 16
parsis coin struck at Paris Past. VII: 82
part (de celle) in this direction, this way Lay VIII: 167; Past. IV: 38
parti past part. of *partir*, share, participate Lay IX: 71; *l'avoir mal parti* — be unhappy Bal. XXVIII: 6
parti state, situation Bal. XVII: 8; Vir. XI: 15; App. Vir. VIII: 26
partie part, concern, interest CR V: 46; Bal. VIII: 8
partir cease CR II: 57; have satisfaction, turn to advantage Bal. XVII: 11; *partir qqn. de qqch.* — bestow something on someone Lay VI: 45
partir (se) depart, leave, get free Lay II: 49; Past. VIII: 11; split, break Vir. VII: 6; *se partir de (qqun)* — be a supporter of (s.o.), side with (s.o.) App. Vir. V: 23
pas passage Bal. V: 8
pastourelle shepherdess Past. II: 5
pec See *pés*.
pecié sin; misfortune, disaster; harm, wrong Lay X: 37
pel, pieu, peul (Heraldry) pale Past. IX: 29
penance pain, torment Past. XVI: 52
penitance pain, suffering Lay I: 103; XII: 190
pensement thought, meditation Vir. X: 25
penser sad; pensive Vir. X: 3, 28
penser (fort) suffer melancholy Vir. X: 3
per equal Lay II: 88
peril pain, chagrin Lay VI: 138
perilleus painful Lay X: 198

perir destroy Lay VIII: 97
perselle bluebottle, corn-flower Past. VII: 56; Bal. VIII: 3
perseverer continue Past. XVIII: 55
pert 3 pres. of *paroir*, appear Past. III: 38
perverse unstable, changeable Lay III: 80
pés, pec pity, compassion; emotion Lay I: 172
pesande (fem.) unpleasant, difficult Bal. I: 27
pesme very bad Lay IV: 172
petiier walk, go and return Lay I: 239
peuins 4 past def. of *pooir*, can, be able Past. XIII: 21
peuls See *pel.*
peuture food, nourishment Lay IV: 179
piet foot, step; *piet a piet* — step by step Ron. CVI: 3
pieu See *pel.*
pieument drink composed of honey and spices (Godefroy); drink composed of wine and spices (Bartsch) Past. XIV: 5
pignonciaus streamers Past. IX: 63
pilos large stake, post Lay I: 70
piloter build on piling, stakes Lay I: 10
pipe reed pipe Past. VII: 40
piteus worthy of compassion, pitiable Lay X: 202
place 3 pres. subj. of *plaire*, please Ron. XV: 3
plaçon See *plançon.*
plaier wound Lay X: 107; XII: 51
plain full Lay I: 119; *a plain* — fully, entirely Past. XVIII: 20
plaindre (se) lament, complain Lay I: 127
plaint complaint, lamentation Lay I: 118; VIII: 1
plaisance pleasure Lay I: 105; V: 104
plaisant pleasing Lay I: 153
plançon, plaçon pike, spear Past. XII: 49
planer efface, remove, take away Lay VI: 223; XII: 124
plas que like, as Past. XIX: 59
plentiveus abundant CR I: 3
ploi disposition Past. XIII: 25; fold Past. IX: 46; difficulty, perplexity Lay X: 100
plommee leaded club Past. XII: 55
plour tear Lay VII: 7
pluisour, pluiseurs many Past. X: 68; *li pluisour* — the majority Past. X: 61
poesté power, authority Lay I: 67; CR VI: 43
poindre prick, spur, sting, bite Lay X: 107; Ron. XXVIII: 6; sew, embroider Past. IX: 79
point situation, condition, status Lay IV: 12; Ron. IX: 2; moment, point of time Bal. XXVII: 3; *a point* — accurately Ron. XCIV: 3; as one would wish it, perfect Bal. VIII: 14; *a mon point* — my size (?), just like I want (?) Past. IV: 19
pointure wound, hurt, injury; grief, sorrow Lay IV: 182; Bal. XVIII: 26; XIX: 18
poise 3 pres. of *peser*, weigh Lay IV: 17
ponee, posnee arrogance Lay III: 141; XI: 134
pooir capacity Lay VI: 94; influence, domination, power Lay I: 50; VIII: 150

porion leek Past. VII: 62
port favor, aid Lay X: 26; hearing, comportment, demeanor Lay XI: 206
posnee See *ponee*.
poupart baby, young child Lay II: 41
pourcacier (se) put oneself out (to acquire something) Past. XIX: 32; Bal. XXIX: 10
pourciel little pig CR IV: 18
pourfis advantage, profit Bal. X: 10
pourfiter augment, enhance Lay III: 106
pourkas 1 pres. of *pourc(h)acier*, pursue Lay VIII: 45
pourpos subject, theme, thought, reflection Past. VII: 73; Ron. XI: 6; *tant qu'a mon pourpos* — as far as I am concerned Lay I: 64
pourprendre obtain, gain, win; take possession of, seize, carry away forceably Lay XI: 13
pourpris surrounding wall, enclosure, fence Lay XI: 12
poursievre, poursivre earnestly proceed in, go on with, pursue, follow CR II: 10; Bal. XII: 12
pourtraire fashion, represent, paint, engrave Lay I: 148; XI: 194; Ron. LXXIII: 1
pourveance consolation, assurance; concern, solicuture Lay IX: 70; wisdom, prudence Ron. LXX: 5; *avoir de pourveance* — have on hand Lay IV: 110; Past. V: 5
pourveïr See *pourveoir*.
pourveoir, pourveïr assist, help Lay II: 81; IV: 216; procure, acquire App. Vir. IV: 11; *pourveoir de* — put in a position to, enable CR IV: 3
pousset disease of sheep Past. I: 21
praiel prairie, meadow Past. XVII: 29
prangeler have the noon rest (speaking of herds) Past. XIX: 36
prangiere noon hour (when sheep rest) Past. I: 4; VIII: 4
premerains first Lay VI: 71; Ron. CIII: 5
prendre take, choose (as a partner) Past. XI: 68; *prendre a* — begin to Past. II: 45; IV: 39
prés, preste (f.) ready Lay I: 182; App. Bal. I: 4; Lay IV: 25 (preste)
prés, priés almost Lay III: 183; VII: 205; VIII: 202; X: 22; Past. XIX: 44
present gift, present Past. X: 49; object App. Vir. XVI: 26
present (en) immediately, right away Past. X: 51; in one's presence App. Vir. XVI: 24
presentement immediately Lay I: 39
presse, priesse eagerness, readiness, willingness Lay XI: 122; Past. XIX: 8; very hard work Past. XVI: 52
presser torment, beset Lay XII: 116
preste See *prés* 1.
prestement promptly Lay VIII: 21
preu profit, advantage Lay X: 17
preu happy, fortunate Vir. XII: 30; valiant, wise Lay VII: 53
priés See *prés* 2.
priesse See *presse*.
pris curdled Past. III: 29
pris prisoner Bal. X: 5
pris honor, reputation, esteem Bal. X: 4; *rendre pris a* — glorify, exalt Bal. X: 2

GLOSSARY 351

prise   captivity Ron. CVII: 3
prisier   esteem, value Past. I: 30; CR I: 60
prison   prisoner Lay V: 261; captivity Ron. CVII: 1
procurer   be active, preoccupied Ron. XLIV: 3
promoes   2 pres. of *promovoir*, incite, excite Lay XIII: 161
promotion   intervention CR VI: 59
promovement   instigation CR VI: 4
promovoir   incite, urge, excite Lay V: 154; XIII: 161
propre   suitable, apt, fit Lay I: 69; V: 70; Past. III: 56
proprement   even Past. XVIII: 36; CR VI: 48; fittingly, suitably CR I: 43
puis   since Lay VII: 21; Bal. XXXII: 11
puissedi   since that day, afterward Lay XIII: 100
pun   apple Past. V: 8

Q

qoi   See *quoi*.
quanque, quanq que   all that, everything that, whatever Lay III: 174; Past. XV: 21; Bal. I: 10; IV: 9; XXXI: 10; although Vir. XI; 28
quant   since, because, seeing that Lay I: 84; Past. V: 33; XIX: 40; App. Vir. I: 3; *tant ne quant* in any manner Past. VIII: 52
quaré   square, four-cornered Lay I: 205
quaremiaus   meat days; carnival Past. IV: 14
quarriere   large road, road Past. XII: 267
quasser   conquer Lay I: 216
que   like, as Lay XII: 272; (with omission of *aussi, si*) Lay VI: 52; when Ron. XCIX: 1
que   because Past. VI: 27; *que ... et que* — both ... and Past. IV: 23
quellent   3 pl. pres. of *quoellir (cueillir)*, gather, collect Past. XVIII: 26
querelle   cause, reason, motive Lay V: 226; VII: 38; subject of discussion Ron. XLIII: 3; case, matter, affair Lay IV: 53; Past. X: 46; *sans autrui querelle* — without worrying about others Bal. XXXIV: 8
querre   look for Lay VI: 165; desire, want Lay IV: 146
qui qui   whoever, no matter who App. Vir. VII: 14
quidier   See *cuidier*.
quoellier   gather, collect Lay I: 69
quoi, qoi   tranquil, peaceful, calm Lay II: 181; V: 39; Vir. I: 19
quoi (ne), ce ne quoi   nothing at all Past. XIII: 52
quoi que   although Lay IV: 92; however, in whatever way App. Vir. V: 22

R

rabat (sans)   without restriction, without diminishing anything Lay I: 290
raccat (sans)   without reserve, without restriction Lay I: 284
raccater   buy back, redeem CR V: 43
rachine   root Bal. XV: 1
rade   violent, impetuous Bal. VI: 11
rai   dart, javelin Lay VI: 51; Bal. XXVIII: 3
rainne   frog Past. XIX: 59

raison reasonable, natural, just Lay I: 187; Past. V: 16; Bal. XXI: 8
raison speech, discourse Bal. XI: 11; *par raison* — as a result, necessarily Lay IX: 142; Bal. XV: 22
raloier (se) combat, fight, contend Lay III: 221
ramenter recall Lay II: 82
ramentevoir recall, remember Past. VI: 35
ranoé (of clothes) patched, full of knots CR IV: 33
rataconner patch up Past. XIX: 50
rataint stricken, condemned CR IV: 2
ravaler reduce, diminish Past. XII: 47; treat with scorn Past. XIX: 37
ravoiier bring to a successful conclusion Bal. XXIX: 11; refl., be brought back to the right path, be brought to a good end Lay XI: 97
rebous (a) against the grain, the wrong way Ron. LXXVII: 5
rebouter (se) withdraw, hide Lay X: 154
recelee secret; secret place; *a (en) recelee* — in secret, secretly Lay V: 175
reclamer invoke, implore Lay VII: 206
reconfort comfort, consolation Lay X: 75; Vir. VIII: 7
reconforter console, encourage, cheer Lay II: 140, 205; Bal. XXIV: 2, 3
recongnoistre (se) know from experience App. Vir. IX: 1
recorder recall to memory Lay VII: 145; relate, tell, say Past. VI: 33; Vir. I: 22; Ron. VI: 6; mention; recognize, acknowledge, admit App. Vir. I: 4
recort, record reflection, mention Lay I: 304; remembrance Lay V: 107; VI: 96
recouvrance deliverance, help Lay VI: 211; VII: 111; Ron. LXX: 3
recouvrer obtain; repair, reestablish, restore Lay VII: 108; Bal. XIX: 9
recreant faint-hearted, coward, weakling, one who gives up Bal. XIV: 7; Ron LXXXVII: 5
refui refuge, retreat, shelter; consolation Lay VI: 165
refuir flee, take refuge Lay XI: 65
regard, regart that which occasions criticism, reproach Lay V: 259; look, glance Lay X: 78; *sans regart* — unreservedly, without limitation Lay VIII: 79
regarder examine closely, consider Lay I: 3; IV: 222; examination, consideration Lay V: 210
regés rod, bar, grill Lay I: 181
regrascier, regratiier thank, be grateful Lay II: 197
remanant (sans) without exception, without omitting anything Vir. I: 2
remerir pay in return, recompense Vir. III: 1
remettre sus set upright again, adjust Bal. XXXIII: 12
remirer look at, gaze at, contemplate, examine Lay II: 144; CR II: 8; *remirer de* — look up, befall Vir. VII: 1
remonstrance display, exposition Past. X: 9
remonstrer manifest, expose, show Bal. XXVII: 6
remontiere afternoon Past. XIII: 29; *basse remontiere* — late afternoon Past. VII: 3; XX: 53
remordre recall, cause to remember Lay XI: 6; torment, disquiet Vir. X: 20; refl., remember Lay II: 179
remort recollection, remembering Lay IV: 144; *avoir remort a* — think about Vir. VIII: 10
remuer leave, depart CR IV: 13

GLOSSARY 353

renacerer make harder and sharper Ron. XXXVIII: 5
rendage restitution, payment, remuneration Lay II: 170
renouveler enliven, cheer Past. IV: 16
rens (pl.) footpath, sidewalk (Scheler, quoting Hécart) CR IV: 27
rente interest, revenue Lay V: 69; *devoir rente* — be obliged Lay III: 26; *de rente* — regularly Lay I: 259; XII: 227; Bal. XXXVII: 15; *par droite rente* — by steadfast promise App. Vir. II: 11
reont (au) all around, in turn Past. XI: 77
repaire dwelling place, home, place (in general) Past. XVIII: 45
repartir grant in return; present, endow Bal. XXVIII: 11
repentir (se) de abstain, cease Ron. XLVI: 1
repeu nourished, satisfied Lay XII: 68; CR V: 40
reploi fold Past. VII: 24
repondre, reponre, hide, place Past. I: 34; Ron. LXVI: 5; place aside, put up Past. XIV: 54
reprendre blame, find fault with, reprove Lay VI: 126; say, declare Bal. XXVII: 13; Ron. XXXIX: 3
representer show Lay IV: 86; Vir. II: 15; appear Bal. I: 22; call to memory Bal. XXX: 9
repus hidden Ron. LXVI: 5
requerir look for, seek Lay X: 4
requerre attack Past. XII: 57; search for Lay IV: 147; VIII: 148
requoel reception, welcome, greeting Lay II: 98
requoi remote place, secret place Lay II: 185; X: 98
rescourre See *reskeure.*
rescrire write Vir. VIII: 27
resgaier make happy, gay Lay XII: 53; refl., make merry App. Vir. VI: 16
reskeure, rescourre save, rescue, protect Bal. XXV: 13; Ron. XCVI: 5
ressongner, ressongnier fear Lay X: 150; Bal. XXIII: 20; XXIX: 1; Ron. XXX: 3
ressort retreat, refuge, relief, solace, help Lay I: 296; XI: 207; Vir. X: 24; energy, strength, surging Lay VII: 119
restat (par) in a certain way, invariable Lay I: 289
retenir engage in one's service Lay VII: 95; *bel retenir* — graciously engage in one's service Lay VII: 197
retolir take away, remove Lay III: 171; Past. XIV: 35
retour comfort, consolation, aid, support Lay VI: 84; healing, return to health Lay X: 24; refuge Ron. LXVIII: 6; *avoir, prendre son retour* — (to a place) go (there) often, frequent Lay V: 45
retournee healing Lay V: 173
retraire say, tell Lay VI: 3; X: 113; Ron. XCIV: 5; take back, remove, withdraw, recall Lay X: 181; XII: 21; Vir. III: 20; alienate, estrange App. Vir. XV: 3; *sans retraire* — without letting up Lay III: 193; refl., withdraw, back up, go away Bal. XIX: 19
revel joy, pleasure; amourous pleasure Past. IV: 47; V: 52
revenue return Lay IX: 1
revertir convert, transform Lay IX: 231
reviaus pl. of *revel*, q. v.
rien(s) thing, anything Past. XVI: 19; XVIII: 39; Vir. VI: 24; (with neg.) no one Past. XI: 28; in any respect Lay IV: 15; Past. VI: 49; *il ne m'est riens de* — I find no worth in Ron. II: 1

rieu channel, ditch; small stream Past. XIX: 1
rieuler regulate, moderate, govern Lay XII: 130; *se rieuler· de* — use moderately Bal. XXIII: 17
rire be pleasant, happy, smiling; *se rire* — rejoice; be delighted Lay IX: 3
ris laugh Past. XIV: 72
rivis slip knot (?) (Scheler) Past. VII: 45
rocelle wine from· La Rochelle Bal. XXXIV: 28
roiiel gold coin Past. XVII: 31
roller polish Past. XII: 52
roncin inferior horse, hack Past. XV: 26
rongne mange Past. V: 26; Bal. XXIII: 4
ront imperative of *rompre*, break (obstacles), struggle Bal. XXVIII: 17
ruer throw, cast, hurl CR IV: 58
ruiot small stream, gully CR IV: 59

S

sagement discreetly Lay II: 202; XII: 126
saie silk (*Saie: seta:: craie: creta* — Scheler) Lay XII: 48
saiette arrow Past. XVII: 65
saillir jump, dance Past. V: 65; IX: 35
sain breast Lay I: 163
sainner (se) make the sign of the cross on oneself Past. III: 37
sainnier, saner heal, take care of Lay I: 327; Past. I: 21
saintuaire sacred object App. Vir. XVI: 18
saisine power Lay XIII: 115
saison time, season, time of year Lay I: 179; V: 264; Bal. VIII: 11
saison seisin, possession Lay XII: 41
sakiau small sack Past. VII: 35
samblance face Lay VIII: 201
samblant image, ressemblance, portrait Lay III: 52; XII: 23; appearance, "hint" Lay X: 74; *par samblant* — apparently Bal. XIX: 10
sanc without Lay I: 254
sancier stanch, stop Lay VI: 213; XII: 82; CR IV: 11
saner See *sainnier*.
santé well-being, comfort Lay IV: 146; App. Vir. V: 5
saquelet small sack Past. XVI: 45
saquierent 3 pl. past. def. of *sachier*, take out, remove Past. VII: 61
saurra 3 fut. of *saillir*, jump, leap Ron. LX: 6
saus sol Past. III: 12
saus willow Past. III: 13, 16
saus safe, unscathed, unhurt Bal. XIII: 8
saut 3 pres. of *saillir*, jump up, spring up Lay IX: 97
saut (de) at first, to begin with Lay IX: 103
savourer consider Lay VII: 31; taste Lay IV: 129; experience Lay VIII: 217
se Functions as *si* (if) of modern French. Ron. XXXII: 2; LVIII: 6; See also *si* 2.
seance (a ma) to my satisfaction Lay IX: 75
secours train of a dress, that which is turned up Past. XVII: 25
secré intimate, discreet Lay XIII: 185; Ron. XXI: 8

secretaire confidant, counsellor, adviser Lay XI: 196
segur sure, certain CR V: 24
sejour existence Lay VII: 24; Bal. XXV: 22; respite App. Vir. IV: 16
semainne (de) for a long time Past. VI: 39
semille charitable deed Lay VII: 148
semondre urge, incite Lay V: 77; App. Bal. II: 14
sench 1 pres. of *sentir*, feel Lay I: 77; X: 38
sené wise, sensible, judicious Lay I: 189; Past. XVII: 4
sens good sense, wisdom, intelligence Lay VIII: 220; Bal. XXII: 3
sentamment, sentenment cordially CR I: 29; II: 27
sente path Bal. XXX: 2
sentement feeling, deep feeling Lay I: 40; X: 112; CR I: 32; Ron. XX: 3; effect Lay III: 143; CR VI: 8
sentir know, experience, feel Lay I: 34; VI: 111; XII: 236; enjoy Bal. XVII: 19
seoir be seated, rest Lay I: 226; Lay VIII: 63
serrer be impending Past. XII: 41
sés enough Lay XI: 138
sevrance separation, interruption; *sans nulle sevrance* — endlessly Lay VII: 96
si thus, in this manner Past. VIII: 8; Vir. VII: 31; *si com* — just as, in the same manner as Past. VIII: 55
si (after a negative clause, the verb in the future) until Past. XIII: 11; however, nevertheless CR II: 22; Ron. VII: 3; XVI: 3
si (sans) without reserve, without restriction Lay I: 287
sieuch 1 pres. of *sievir*, follow, pursue Bal. I: 12
signe face, countenance, appearance Bal. XXVIII: 3; Vir. I: 11
simple modest, timid, gracious, humble Lay II: 181; V: 39; Past. XX: 12
siques thus, therefore Past. XIV: 45; Bal. XXIII: 17
sitost que as soon as CR III: 3
sivre follow, pursue Past. XV: 28
sodacre insulting epithet for Fortune the meaning of which is not clear (Scheler) Lay III: 97
soel 1 pres. of *soloir*, be accustomed Lay IV: 208
soeler satisfy, sate Lay IX: 146
soet 3 pres. of *soloir*, be wont, be accustomed Lay V: 159
soi used for *lui* or *elle* Lay IV: 20; VIII: 80; XIII: 31; Past. XIII: 39; XVIII: 30
soille rye Past. VII: 43
soing, soins anxiety, worry, concern CR I: 35; preoccupation Bal. XXIX: 2
soit thirst Past. XI: 43
solacier delight, gladden, cheer Lay V: 82; refl., have a good time Lay IX: 175
solaire wages, pay; recompense, reward Lay VI: 7; Vir. XII: 23; Ron. XXXVI: 5; *oultre solaire* — priceless Lay XII: 139
solas pleasure, rejoicing Lay VIII: 53; Bal. XX: 10
soler shoe Past. VII: 26
soloir be accustomed Lay IV: 208
somme (sans) beyond all expression Lay VII: 199
songne care, concern, worry Past. XIV: 10
songnier care; be busy with, have one's mind on Lay I: 255; Bal. XXIII: 22

sons 4 pres. of *être*, be Past. V: 52; XX: 59
sor reddish-brown, deep chestnut Vir. II: 13
sort issue, outcome (?) Lay IV: 136
sotie foolishness, silliness CR IV: 57
soudant sultan Bal. III: 1
souef calm, peaceful, gentle, sweet Bal. I: 3
souffir, souffire please Ron. IV: 3
souffissance contentment Lay II: 154; IX: 35; Vir. V: 7
souffissans esteemed, respected, distinguished, notable Past. III: 54; XIII: 44
souffrance truce, respite; *mettre en souffrance* — postpone Past. X: 25
souffrir be patient, be resigned App. Vir. VIII: 18; *se souffrir de* — do without Ron. IV: 5
souhaidier wish Ron. LIX: 5; *par souhaidier* — according to one's wishes, to one's liking Bal. XVIII: 5
soumilleus indolent, unenthusiastic Bal. V: 13
sourdir spring, well up CR IV: 23
sourplus (au) besides, moreover Bal. I: 10
soussi care, anxiety Lay I: 260; Past. VI: 56
soussi calendula Bal. VIII: 6
sousté existence, sustenance, growth (?) (Scheler) CR VI: 28
soutieu subtle, gentle Bal. XL: 10
souvenir thought CR II: 56; Ron. XVI: 3
substance nourishment, sustenance Lay III: 67; CR VI: 11; resource, aid Lay XII: 185
suour sweat Lay VIII: 218
sus upon, on Lay I: 83; Past. II: 50; on the point of Lay X: 165; Past. XIX: 44; thereon Lay I: 83; Past. XV: 5; *remettre sus* — set upright again, adjust Bal. XXXIII: 12

T

taillié de capable of Ron. XL: 2
taillier prepare, shape, cut Lay VII: 66; Past. IX: 82
taindre reach, overtake Lay XIII: 242; *taindre la coulour* — change color, blush Lay VIII: 208
taint painting Lay I: 137; hew, color Lay VI: 66; VIII: 209; complexion, color Bal. XXVI: 14
taint pale Lay VIII: 221
taion granduncle; grandfather Past. I: 42
takené with ornamental pieces of leather attached (Scheler) Past. VII: 26
talent will, desire, Lay IV: 236; CR IV: 53
tamaint many a, several Lay I: 149; VII: 6
tamburer strike, make a loud noise Past. II: 51
taner tire, annoy, bore Bal. I: 16
tant com as long as Lay III: 61
tant que as long as Lay VIII: 60; until Lay IV: 175; Past. VIII: 20; *tant que pour me partie* — as far as I'm concerned Bal. VIII: 8; *tant que* — just as Lay VII: 121; *tant qu'a* — as for Bal. XVIII: 4; XXXIII: 3; to, up to Bal. XXXIV: 7; *tant qu'a mon pourpos* — as far as I'm concerned Lay I: 64

GLOSSARY

tant ne quant   in any way Past. VIII: 52
tart   late; *estre tart a (qqn)* — be anxious, long for, to Lay VI: 59; VIII: 169; Vir. IX: 1
tel   of this nature, quality, kind Lay I: 160
tempre   soon, early Lay II: 31; X: 163
temprement   early, immediately, promptly, very soon Bal. XIII: 15; Vir. VII: 21
tencier   reproach, blame App. Vir. VII: 14
tendre   aspire Lay VI: 90; Ron. XXXIII: 5; App. Vir. XVI: 32
tenir   bestow Bal. XXXI: 10; hold, not let go Lay VIII: 89; *tenir a* — consider as Past. XVII: 41, 55, 73; Ron. XCVII: 1; (impers.) depend on Ron. LXXXIII: 3; App. Bal. II: 21; *se tenir* — remain, stay Lay III: 175; VI: 40; CR I: 14; Bal. XII: 7; XXXVI: 9; restrain oneself, contain oneself App. Vir. VIII: 7; *se tenir a* — consider oneself to be Vir. II: 6; *estre tenu de* — be obliged to CR I: 44
terme   space of time, season Lay XI: 141; CR IV: 3
termine,   term, period of time; limit Lay XI: 86
terriiens   land, fief Bal. III: 22
tirer a   tend, aspire to Lay VI: 195; Bal. XII: 15; Vir. IV: 24
tollir   take away, remove Lay VII: 189; Vir. X: 24; Ron. XLIX: 1
tonson   fleece Past. XIII: 36
toriel   bull Past. XIII: 37
toueller   mix, confuse, embroil, throw into confusion Bal. XXXIII: 11
tour   means, way Lay IV: 61; turn, trick, ruse Vir. IV: 12
tour (venir a)   happen, occur, take place App. Vir. XI: 12
tourner   change, alter Lay I: 16; turn Lay III: 137
tournois   said of coins struck at Tours until the 13th century, then of royal coins struck on the same model Past. III: 12
toursiau   bouquet of flowers Past. XVII: 9
touse   girl Past. VI: 50
tousé   shorn Past. XII: 20
tousete   girl who wears her hair short Past. IV: 10
tousiaus   young man Past. XI: 49
toutdis   always Lay VI: 131; VIII: 133
traire   draw a bow or a crossbow; cast, hurl Lay IV: 24; go, march, proceed Past. XII: 46; attract, draw along Lay VI: 231; endure, suffer Lay X: 68, 69; sketch, draw Lay VI: 67; draw (a sword), weigh Ron. LXVII: 6; App. Vir. XV: 11; refl., go to, come, leave, withdraw, present oneself Lay I: 155; VI: 48; X: 53; Vir. XII: 20; Ron. CV: 1
traïte   treacherous, perfidious, traitorous Lay III: 97; XI: 160
transir   die CR VI: 36
trauwé   provided with holes Past. VII: 42
traveillier   travel Past. XV: 31; *traveillier a* — endure the griefs, sorrows of Bal. XI: 7
travel   pain, difficulty, hardship, fatigue Bal. XI: 12; XIII: 22
travers   hostile, contrary Lay III: 86
treper   dance, jump Past. V: 65
trés   since Past. V: 46; CR I: 56; *trés que* — from the moment that CR V: 7; App. Vir. VII: 5 *(tr. donc q.)*
tresoriere   guardian Lay I: 135; confidante Lay XII: 6
tressaut   1 pres. of *tresaler,* quiver; thrill Lay II: 108

tretost (si) que as soon as App. Vir. XI: 21
trestous all Lay IX: 115
tretier what one wishes to say or propose, composition, narrative, account Lay IV: 148
tretier drag Lay XII: 255
tretis well formed Lay I: 169
trieuwes truce, respite Lay XI: 155; Bal. XVI: 1
trin triple Lay XIII: 123
trop much Lay X: 89, 135; very Ron. LXXVI: 1
truis 1 pres. of *trouver*, find Lay X: 151; Bal. XX: 20; Ron. XXX: 5
tuter blow, play (a musical instrument) Past. XVI: 17

U

u or Lay XII: 276
u where Bal. XXXIX: 3; Ron. LIV: 6
uiseuse leisure; laziness; folly Bal. IX: 13
uns, unes (pl.) some; a pair of Lay VI: 75; XII: 70, 71, 72; Past. I: 18 (f.)
user, act, behave Lay I: 23; employ Lay VI: 26; VII: 4; X: 81; Vir. V: 20

V

vaillant worth, value Past. XIX: 68; worthy of esteem Bal. XXXVI: 7
vainne weakness Bal. XXXIX: 18
vainne (for *avainne*) oats Past. XIX: 57
vair shining Lay I: 168; V: 188; VI: 227
valeton young man, young boy, servant, valet Past. XVI: 21
valoir be of use, avail Lay II: 113; be worth App. Vir. XII: 28; *valoir pis* — lose in esteem, lose Bal. XL: 16
vaniau, vanneau lapwing Past. IX: 84
vanter (se) de guarantee, affirm Past. VIII: 41
vasselage valiance, bravery Past. XIII: 65
veer forbid, refuse Lay V: 177
veïr See *veoir*.
vellier be awake, watchful Lay IX: 177
venir reach, achieve Ron. XL: 2; *venir par devant* — come to mind Lay V: 192; *venir en place* — present itself, offer itself Bal. XXIX: 2
veoir, veïr, vir see Lay II: 147; VII: 192; Bal. XXXIV: 29
vers, viers in comparison with Lay XII: 76
verse hostile, contrary Lay III: 92
vertu power, force Lay VI: 176; quality Lay VIII: 138; happy effect, happy outcome Bal. XXXIII: 23
viaire face Lay III: 195; XI: 189
vifs 1 pres. of *vivre*, live CR III: 49; Bal. I: 21; Ron. XXXVI: 3
vir a form of *veoir*, see Bal. XII: 21
virgongne damage, injury, harm Past. XV; 46; Bal. XXIII: 11
vis face Lay II: 92; XI: 208
vis opinion; *estre vis* — seem, appear Lay IV: 174; XIII: 181; Bal. X: 15
vis alive, living Bal. X: 17

viser see, look, observe, reflect, examine Lay I: 4; VII: 181; XII: 120; aspire Past. I: 11
viseus idle, unoccupied Lay X: 208
voel will Lay II: 103; IV: 196; App. Vir. XI: 7
voiant in the presence of, before, in front of Bal. XIX: 12
voie means, way, road, path Lay VII: 122; IX: 30; voyage, mission Lay VIII: 121; IX: 29; *enmi voies* — in the middle of the road, publicly Ron. LXXXVII: 5
voie 1 pres. subj. of aler, go Lay III: 15
voier walk, make one's way Lay III: 16
voir truly, in reality Lay I: 44; *de voir* — truly Lay XI: 158; true Past. X: 43; truth Lay II: 167; Past. X: 26; true story (as opposed to false) Past. XIII: 12
voist 3 pres. subj. of *aler*, take place, happen Lay III: 88; go Lay XII: 10; Past. X: 62
volee (a le) lightly, without due consideration Lay VIII: 193
volenté affection, feeling Lay XII: 24
voloir affection, feeling Lay IV: 88; will, desire Lay VIII: 153
vremaus red Bal. XXVI: 14
vuis void, destitute, empty Lay VIII: 32; Bal. XII: 8

W

wages leggings Past. I: 18; IV: 18
wagnier act of taking away, winning, achieving Past. VII: 71
wans gloves Past. VII: 28
wastiaus cakes Past. VII: 61
waucrer wander Ron. XLVIII: 5
widier leave, go away Bal. XXXI: 11
wissier usher, doorkeeper CR III: 39
wivres (Heraldry) a monstrous serpent swallowing a child or man (Mod. Fr. *guivre*) Past. IX: 28

Y

ymagination See *imagination*.
ymaginer See *imaginer*.
ytel similarly, likewise CR I: 42
yvretongne drunkenness Past. V: 73

INDEX OF NAMES

A

Abacuc Habakkuk, the eighth Minor Prophet of the Old Testament CR V: 27

Absalon Absalom, rebellious third son of his father, David, king of Israel Lay III: 117; XI: 166

Acilles Achilles Lay XII: 73, 179 Bal. XXXII: 13; XXXV: 11; XXXIX: 1

Acteon Actaeon (Froissart told this story to a squire of the Count of Foix. See Lord Berners' translation of the *Chronicles*, II, 78) Lay XII: 60 Bal. XXXII: 15

Adam the first man, according to the Bible Lay XIII: 46, 72 CR V: 7, 53 (Adans)

Adams a peasant Past. III: 19

Adins a shepherd Past. I: 43; II: 52 (Adains)

Albidos Abydos, town on the Hellespont Bal. VII: 11

Albion ancient name for the British Isles excluding Ireland Bal. XXXI: 4, 18

Alemagne Germany Past. IX: 25

Alixandre Alexander the Great Bal. IX: 22

Aloris a shepherd Past. XIV: 57

Aloris d'Oisi a shepherd Past. I: 45

Amans Lover, a courtly lover who thus designates himself Bal. I: 25

Amours Love, God of Love (also *Amors* and *Amours*), personage in the *Romance of the Rose* Lay I: 64, 84, 262; II: 133, 148, 197; III: 38, 70; IV: 6, 55, 58, 148, 216; V: 25, 92; VI: 6, 64; IX: 68, 162; X: 33, 43; XII: 40, 92; CR I: 13, 17, 27, 31; II: 55; III: 15, 19, 35, 40; V: 12 Bal. IV: 20; XIII: 17; XVI: 19; XVII: 9; XX: 17; XXXII: 1; XXXVI: 13; XXXVII: 17; Vir. XII: 20; Ron. II: 5; V: 2; X: 5; XV: 5; XVI: 6; XXI: 1; XXII: 3; XXVI: 6; XXIX: 3; XLIV: 1; LI: 1 (bis); XCII: 3; XCVIII: 2 App.: Bal. I: 7 (refrain); Vir. I: 1; III: 14; VI: 5; VII: 2; XV: 17; Ron. II: 3, 8; VI: 1

Ancien Testament the Old Testament Lay XIII: 36, 164 (Viels Testamens)

Andrieu a shepherd Past. XIX: 72

Anne (Sainte) Saint Anne, the mother of the Virgin Mary, according to tradition CR V: 3

Ansiaus a shepherd Past. IV: 12, 35, 53 (Ansel); VI: 5 (Ansel); IX: 70 (Ansiauls), 81 (Ansiaus); XI: 17; XIV: 53; XVII: 15, 43 (Ansiel, *bis*), 67 (Ansiel)

Ansiaus d'Aubri a shepherd Past. I: 37, 44 (Ansel)
Anten Oudinet a shepherd Past. XVIII: 66
Anthones a young nobleman Ron. XCIII: 2
Arcipoles an archer Bal. IX: 11
Ardant Desir Desire personified (See *Desirs*.) Bal. XIII: 3
Arragon Aragon Past. IX: 13, 72
Artois Past. III: 10; IX: 23
Assi the Viscount of Acy Past. XV: 33
Astropole the island where Colchis is located, according to Past. XIII: 34 (I cannot identify it otherwise.)
Atalente Atalanta Lay XII: 216
Aubrecicourt Auberchicourt, commune of the arrondissement of Douay, department of Nord Past. I: 1
Auviergne Auvergne Past. VIII: 33

B

Baiviere Bavaria Past. IX: 18
Bandas clearly in A and B, but I cannot identify. *Baudas* (Bagdad), as Scheler has it? Past. IX: 23
Bar French fief between Lorraine and Champagne Past. VI: 27; IX: 25
Bar Henry of Bar Past. XVI: 65
Bastis (Les) Les Bâtis, locality near Laneffe, Namur, Belgium Past. VII: 76
Baudour commune of Hainaut, Belgium Past. X: 45
Belle a shepherdess Past. XVII: 17; XIX: 12, 26
Beneoit a shepherd Past. XVIII: 5
Berne Béarn Past. VIII: 41; IX: 16 (refrain), 75
Berri (la pastourelle de) Marie, daughter of the Duke of Berry Past. XIV: 15 (refrain)
Berri (le pastourel de) the Duke of Berry Past. XV: 11 (refrain); XVI: 57
Biauté Beauty, personage in the *Romance of the Rose* Lay XII: 87; Bal. XIII: 9; Ron. VIII: 5
Bietrisons a shepherd Past. XVI: 20
Binch Binche, a city of Hainaut, Belgium, situated between Mons and Charleroi Past. VI: 1
Blance de Saint Venant a shepherdess Past. XI: 72
Blanche a shepherdess Past. XVI: 25
Blase Bleise or Bleys, the master of Merlin Bal. XXXI: 8
Blois Past. IX: 14
Blois (le pastourel de) Louis of Blois Past. XIV: 16 (refrain) (See also l. 41.)
Bonne Esperance abbey of Prémontres founded southwest of Binche, Hainaut, Belgium, before 1126 Past. V: 2
Boulongne Boulogne Past. IX: 22
Boulongne (la pastoure de) Jeanne, daughter of the Count of Boulogne Past. XV: 12 (refrain), 52
Bourbon Louis II, Duke of Bourbon Past. XVI: 59
Bourch la Roijne Bourg-la-Reine, commune in the arrondissement of Sceaux, department of the Seine Past. XVI: 1
Bourdiaus Bordeaux Past. IX: 13
Bourges capital of the province of Berry Past. XIV: 14, 30 (Bourghes)

Bourgongne Burgundy Past. IX: 20; XIV: 76
Bourgongne the Duke of Burgundy Past. V: 54; XVI: 58
Braibant Brabant, a former province of France, divided at present between Belgium and the Netherlands Past. VI: 12 (refrain); VIII: 53; IX: 19
Brainne Braine, the name of three cities in Belgium, two in Brabant, the other in Hainaut. The latter (Braine-le-Comte), because of its proximity to Binche, is probably intended by the poet. Past. VI: 15
Bretagne Brittany Past. IX: 14
Brie district and medieval county east of Paris Past. VIII: 32
Bructus Brutus, grandson of Ascanius and first king of Britain in Wace's *Le Roman de Brut* Bal. XXXI: 3, 11, 21, 28
Bruges capital city of West Flanders, Belgium Past. XII: 16 (refrain)
Brugois inhabitants of Bruges Past. XII: 83
Bruidis an unidentified mythological personage Bal. VII: 17
Brun a greyhound Past. VIII: 25
Buriaus a shepherd Past. IX: 31
Bustiniaus a shepherd Past. XI: 65

C

Cadés Kadesh, probably Kadesh-barnea, a wilderness region where the Israelites camped during their journeys CR VI: 28
Calcas Calchas, the wisest soothsayer among the Greeks at Troy Bal. XXXI: 1
Cambrai sub-prefecture of the department of Nord Past. XIV: 74
Campagne Champagne Past. IX: 23
Candasse Queen Candace, a personage of the *Roman d'Alexandre* Bal. IX: 10 (refrain), 21
Cassel city in the arrondissement of Dunkirk, Flanders Past. XII: 71
Castille Castile Past. IX: 12
Caton Cato Lay III: 123; XI: 172
Cene the Eucharist (See also *Saint Sacrement*.) CR V: 38
Cepheij Cepheus Past. XVII: 57
Charle Charles VI of France Past. XII: 62
Charles li Roix Charles V of France Past. III: 58
Cippre Cyprus Past. IX: 23
Cleophee Mary, the wife of Clopas (also called Cleophas) and sister of Jesus' mother. She was one of the women who stood by the cross of Christ. (John 19: 25) Lay XIII: 119
Climene Clymene, Phaeton's mother Bal. XI: 1
Cole (dame) a shepherdess Past. XIII: 7
Colque Colchis Past. XIII: 34, 60; Bal. XXXII: 24 (Colcos); XXXVI: 8 (Colcos)
Con:tanse a shepherdess Past. X: 40; XVI: 39 (Constance)
Couci Enguerrand de Coucy, patron of Froissart Past. XVI: 65
Coulogne commune of the arrondissement of Boulogne, department of Pas-de-Calais, in Flanders Past. XV: 58
Coustantinnoble Constantinople Past. IX: 24
Cremeur Fear personified CR III: 17, 21, 27, 39
Croustiaus a shepherd Past. XI: 67
Cupido Cupid Bal. IX: 1, 7

D

Dable Dable Castle, belonging to the Dauphin of Auvergne Past. XV: 1
Damas Damascus Past. IX: 22
Dane Daphne Bal. XXXII: 11
Dangier Danger (also Resistance), personage in the *Romance of the Rose* Lay XI: 153; XII: 250; Bal. XVI: 9; Ron. XV: 1
Daniel (Saint) Past. VII: 68
Daufin Berault, Dauphin of Averne, Count of Clermont; benefactor of Froissart Past. XV: 2
David king of Israel Lay XIII: 61
Davis a shepherd Past. X: 43
Denis (Saint) Past. II: 9
Desirs Desire personified (See *Ardant Desir.*) Lay VI: 112; XII: 226; Ron. XII: 1; CVI: 2; App.: Vir. VI: 19
Diex God (See *Peres.*) Lay II: 20, 57; III: 5, 197; VI: 34; VII: 54; VIII: 100, 170; XI: 90, 147; Past. I: 13; II: 54; XVIII: 11; CR IV: 57; V: 5, 39; Vir. VII: 22; Ron. VIII: 1; App.: Vir. XI: 23; XV: 15; Ron. IV: 1 *Dieu* Lay V: 58; VI: 4; VIII: 1, 2, 6, 8, 11, 12, 16 (bis); IX: 28, 41, 229; XIII: 68, 124, 184; Past. III: 43; IV: 53; VI: 11; VIII: 15; XIII: 31; XVII: 35; XVIII: 7, 33; XIX: 53; CR V: 2, 25; VI: 4, 9, 18, 26; Bal. XL: 3 (Dieus); Ron. XL: 3; LXXXVI: 3; XCIII: 3 (Dieus); App.: Bal. III: 13; Vir. VIII: 15
Dompiere Dompierre, commune in the department of Nord, northwest of Avesne Past. IX: 20
Douay Douai, sub-prefecture of the department of Nord Past. I: 51
Dour commune of Hainaut, Belgium, west of Mons Past. X: 29
Dous Regard Douz Regart (also Sweet Looks), personage in the *Romance of the Rose* CR I: 15
Droiture Justice personified Lay XII: 257
Dyane Diana Bal. XXXI: 9, 19, 21, 28

E

Ector Hector Vir. II: 16
Egypte Egypt Lay III: 102
Eloi (Saint) Past. XIII: 72; XVIII: 47
Eltem Eltham, community southwest of London in Kent Past. II: 1
Emmanuel the name given by Isaiah to the prophesied deliverer of Israel and meaning "God with us" CR V: 17, 21
Eneas Aeneas Bal. IX: 28
Engherans a shepherd, a peasant Past. III: 43; VIII: 55; IX: 65
Engleterre England Lay VII: 129; Past. IX: 11
Eqo echo Bal. IX: 3
Escondit Refusal personified Lay XI: 153; Bal. XVI: 9
Esperance Hope, personage in the *Romance of the Rose* Lay VI: 207; Bal. XXVIII: 13; Ron. CVI: 1; App.: Ron. I: 2
Espoir Hope personified Ron. LXVI: 1; LXXXVI: 1 (bis); LXXXIX: 6
Euchalions Deucalion ? (B. J. Whiting) Lay XII: 74
Eve the first woman, according to the Bible Lay XIII: 46

F

Fedri   a peasant Past. XI: 70
Fil   i.e. Jesus Christ (See also *Jhesucris*.) Lay XIII: 52, 173, 176, 184, 210, 235; Past. XVIII: 33; CR V: 9, 10, 25, 55; VI: 4, 9, 40, 52
Flamens   the Flemings Past. XII: 75
Flandres   Flanders Past. IX: 19; XIV: 43
Florent   a shepherd Past. XIX: 72
Fois   Foix Past. VIII: 41; IX: 16 (refrain)
Fois   Gaston, Count ot Foix (See also *Gaston*.) Past. XV: 44
Fortune   the goddess Fortune Lay II: 39, 58; III: 80, 169, 181, 210; IV: 78; XI: 120, 133; Bal. XXXI: 6; XXXVI: 20; Ron. **XXXV**: 5; LXIII: 3; App.: Vir. V: 18
Fouchaus   a shepherd Past. XX: 41
Fouqueré   a shepherd Past. XIV: 11
Fouqueree   a shepherdess Past. XI: 68
France   Past. V: 33; VI: 30 (Franche); IX: 11, 60; XVI: 13 (refrain) (Franche)
Francise   Franchise (also Openness), personage in the *Romance of the Rose* Lay II: 149
François   the French Past. XII: 47

G

Gabriel   the angel Gabriel Lay XIII: 128
Galatee   Galatia Past. XVII: 60
Gand   Ghent, capital city of East Flanders, Belgium Past. XII: 16 (refrain)
Gantois   inhabitants of Ghent Past. XII: 83
Gascongne   name of a wine treated as a personage Past. V: 14 (refrain), 66
Gaston   Gaston, Count of Foix (See also *Fois*.) Past. VIII: 40, 43, 48, 49
Gave   Gave de Pau, which flows through the department of Basses-Pyrénées and joins the Adour before emptying into the Atlantic Past. IX: 2
Geneve   Geneva Past. IX: 22
Geneviere (Sainte)   Saint Geneviève Past. IX: 52
Genevre   Guinevere, wife of King Arthur and beloved of Lancelot Lay IX: 157
Gerles   Gueldre, province of Holland Past. VI: 20
Givri   Givry, village in Hainaut, Belgium Past. VII: 70
Gobins   a shepherd Past. II: 47
Godefroi   a shepherd Past. XVIII: 4
Gommer   a shepherd Past. XII: 29
Guedon   a shepherd Past. XII: 65
Gui de Blois   Guy of Blois, patron of Froissart Past. XIV: 44
Guibours   a shepherd Past. XVII: 71
Guillaume   Count of Ostrevant (See also *Ostrevant*.) Past. XVI: 64
Guios   a shepherd Past. II: 48; XX: 63
Guis   a shepherd Past. XI: 70; XVII: 72
Guis   a young nobleman Ron. XCIII: 1
Guis de Fouquieres   a shepherd Past. X: 50

INDEX OF NAMES 365

H

Hainne (le bos de) the Bois d'Haine, situated north of and adjacent to La Louvière, Hainaut, Belgium Past. VI: 1
Hamel commune of the arrondissement of Douai, department of Nord Past. VI: 50
Haynnau Hainaut, Belgian province Lay VII: 11; Past. VI: 28; IX: 20; XIV: 42 (Haynau), 76 (Haynau)
Haynnuier (conte) Guillaume II, Count of Hainaut and Holland Lay VII: 52
Hector a greyhound Past. VIII: 25
Helainne Helen of Troy Lay IX: 157; Past. XI: 46; Bal. IX: 10 (refrain), 23; XXXII: 14; XXXIX: 5
Helainne a peasant Past. III: 15; VI: 14; XVIII: 43
Helainne (Sainte) Saint Helen Past. XIX: 3
Helenus son of Priam, skilled observer of auguries and knowledgeable in the council of the gods Bal. XXXI: 6
Helie the prophet Elijah of the Old Testament Lay XIII: 61
Hellés the Hellespont Bal. VII: 11
Hendris a shepherd Past. XX: 33
Henris a shepherd Past. X: 74; XII: 42
Herbi Derby, earldom and city in England (The *d* of this family name was construed as the nobiliary particle.) Past. IX: 26
Hercules Bal. VI: 4
Hermant a peasant Past. XI: 73
Hermenie Sainte-Hermine, city of the arrondissement of Fontenay-le-Comte, department of Vendée Past. IX: 24
Heros Hero, beloved of Cepheus Past. XVII: 59; Bal. VII: 13; XXXIX: 3
Hetrut dou Busquoit a shepherdess Past. XI: 75
Hongherie Hungary Past. IX: 25
Honnouree a shepherdess Past. VIII: 8; XI: 5
Honte Honte (also Shame), a personage in the *Romance of the Rose* Bal. XVI: 10
Hubiers a shepherd Past. XI: 75
Humilité Humilité (also Humility), a personage of the *Romance of the Rose* CR I: 43

I

Inde Majour India (See *Nestor*) Bal. IX: 26
Ippre Ieper (Ypres, Fr.), city of West Flanders, Belgium Past. XII: 71
Irlande Ireland Past. I: 58

J

Jakes a young nobleman Ron. XCIII: 1
Jalousie Jealousy (also Jalosie), personage of the *Romance of the Rose* Lay XII: 95

Jame (Saint) Saint James, (1) one of the twelve disciples, son of Zebedee, brother of John the Evangelist; (2) James the Less, one of the twelve disciples, son of Alphaeus Bal. VI: 6
Jassons Jason Lay XII: 75; Past. XIII: 62; Bal. VI: 1; XXXII: 24; XXXVI: 2, 11
Jehan (Saint) Saint John, author of the gospel of that name Lay XIII: 27, 210
Jehan (Saint) John the Baptist Past. III: 30; XVIII: 6, 37
Jehan de Poquieres a shepherd Past. X: 66
Jehans (li Sains) a festival day Past. III: 30
Jehans a young nobleman Ron. XCIII: 1
Jehans a shepherd Past. X: 20
Jessé Jesse, the father of David, king of Israel, from whose lineage would arise the prophesied Messiah, the Christ Lay XIII: 199; CR V: 18
Jheremie the prophet Jeremiah of the Old Testament Lay XIII: 60
Jherico Jericho, ancient Palestinian city CR VI: 30
Jhesucris Jesus Christ (See *Fil.*) Lay XIII: 112; Past. VII: 81; VIII: 68
Joachins Saint Joachim, the father of the Virgin Mary, according to tradition CR V: 4
Joffroi a shepherd Past. XIII: 55
Joffroi a shield bearer Past. XVIII: 44
Joie Joy personified Ron. CVI: 1
Juïs the Jews Lay XIII: 183
Jullers Juliers, region of Aix-la-Chapelle, Germany Past. VI: 19
Jupiter Past. XVII: 64

K

Kateline de Linieres a shepherdess Past. X: 21
Katherine a shepherdess Past. XVI: 43

L

Lagni Lagny, city on the Marne in the arrondissement of Meaux, department of Seine-et-Marne Past. XI: 1
Lancastre Lancaster, city of Lancashire, England Past. IX: 26
Laomedon Lay III: 120; XI: 169
Leander Bal. VI: 10; VII: 12, 18, 21; XXXIX: 3
Levrins Cope-osiere a shepherd Past. I: 5
Lille capital of medieval Flanders Past. XII: 1
Lis (Le) Lys, or Leie, river in northern France and western Belgium, flowing into the Scheldt Past. XII: 74
Lorainne Lorraine Past. VI: 27
Lore de Saint Venant a shepherdess Past. XX: 49, 55
Lorrainne John I, Duke of Lorraine Past. XVI: 61
Los Lot (also Loth), Father of Gauvain (For similarity of origin of Loth and Lancelot du Lac, see Loomis' *Arthurian Tradition and Chrétien de Troyes*, Columbia University Press, N.Y., 1949) Lay XII: 75
Louviere (Le) La Louvière, commune of the arrondissement of Soignies, Hainaut, Belgium Past. IV: 1; VII: 1

INDEX OF NAMES 367

Loyauté Loyalty personified Lay XII: 29
Loïjs Louis of Blois Past. XIV: 41 See also 1. 16 (refrain).
Lucresse Lucretia Lay IX: 158; Bal. VI: 5
Luniel Lunel, city east of Montpellier, department of Hérault Past. VIII: 1
Lus Luke, a young nobleman Ron. XCIII: 2
Lussembourch Luxemburg Past. VI: 12 (refrain); IX: 19
Lyban Lebanon CR VI: 27

M

Magdelainne Mary Magdalene, biblical personage of the New Testament, witness to the crucifixion of Jesus and to the empty tomb Lay XIII: 118
Mahieus a young nobleman Ron. XCIII: 1
Mainseus (dame) a peasant Past. XVIII: 67
Manessiere a shepherdess Past. XX: 5
Marciaus (Sains) Saint Marcel Past. III: 62; VI: 38 (Saint Marsel); VII: 18 (Saint Marsel)
Marés dou Rosier a peasant Past. VIII: 57
Marés dou Vivier a shepherd Past. II: 12
Margheritte de Braibant a shepherdess Past. XX: 51
Marie the Virgin Mary (See *Virgene.*) Lay VII: 207; XIII: 66; Past. VIII: 44; CR V: 4
Marion de l'Aunoit a shepherdess Past. XI: 74
Marne Past. XI: 1
Mars Bal. IX: 18
Marsel (Saint) See *Marciaus, Sains.*
Martin (Saint) Past. XIV: 17, 33
Mauni Mauny, commune of the arrondissement of Rouen, department of Seine-Maritime Past. I: 1
Mauvoisin d'Ere a shepherd Past. XVIII: 71
Meaus Meaux, sub-prefecture, department of Seine-et-Marne Past. III: 26; IV: 25 (Miaus); IX: 60 (Miaus); XI: 1 (Miaus); XIV: 20
Medee Medea Past. XIII: 67; Bal. VI: 1; XXXII: 21; XXXVI: 3
Melampus one of Actaeon's hounds Lay XII: 59
Melun seat of the Seine-et-Marne department, on the Seine Past. III: 1
Mercurii Mercury Bal. IX: 14
Merlins Merlin Bal. XXXI: 8
Moisy Moses, biblical personage, giver of the Decalogue Lay XIII: 179; CR V: 31 (Moysés), 48 (Moysés)
Mons commune of the province and arrondissement of Liège, Belgium, but this reference may also be to Les Mons, q.v. Past. V: 11
Mons (Les) a translation of Berg, a German county which was at that time annexed to Juliers (Scheler) Past. VI: 19
Montpellier capital city of the department of Hérault Past. VIII: 1
Morpheüs Morpheus Bal. XXXIII: 10
Mort Death personified Lay VII: 39
Mortemer city of the arrondissement of Neufchâtel, department of Seine-Inférieure Past. IX: 26
Moysés See *Moisy.*

N

Namur city and province in Belgium Past. VI: 29
Namur Robert, Count of Namur Past. XVI: 65
Narcissus Lay XII: 73
Nature Nature personified; also a personage in the *Romance of the Rose* Lay III: 26; IV: 190; V: 254; XI: 194; Ron. VIII: 3; LXXIII: 6; LXXV: 2
Navare Navarre Past. IX: 13
Nestor beloved of Ptolemaea and slain by Aeneas in an unidentified incident Bal. IX: 26
Noes Testament the New Testament Lay XIII: 164
Noirete (dame) a peasant woman Past. IV: 41
Noiron Nero Lay III: 119; XI: 168
Normendie (La duçoise de) the Duchess of Normandy Past. IX: 57
Nort the North Bal. XXXI: 9

O

Ogier a peasant Past. I: 42; VIII: 29
Ogier Louviere a shepherd Past. IX: 34
Oize Oise, river in northern France. It begins near Chimay, Belgium, and enters the Seine near Paris. Past. XX: 2
Oleüs metathesized form of *Eolus*, Aeolus Bal. VI: 19; VII: 15
Olivier a peasant Past. VIII: 43
Oliviere a shepherdess Past. XX: 38
Omer a shepherd Past. XII: 81
Omer (Saint) Past. I: 44
Orable a peasant Past. XIV: 25
Orliens (La duçoise de) the Duchess of Orleans Past. IX: 58
Orpheus Lay XII: 61; Bal. VI: 3
Ortais Orthez, city in the department of Basses-Pyrénées located on the Gave de Pau Past. IX: 3
Osterice Austria Past. IX: 14
Ostrevant Guillaume de Hainaut, Count of Ostervant (See also *Guillaume.*) Past. XVI: 63
Oudinet Verde-Avainne a shepherd Past. XIX: 31, 45
Oudins a shepherd Past. XI: 72
Oudins dou Crousage a shepherd Past. X: 39
Oudin Willemel a shepherd Past. XII: 7
Ovide Ovid Bal. IX: 17

P

Pallés Apelle (Scheler), the most illustrious of the Greek painters, lived at the court of Alexander the Great Lay I: 146
Paour Fear (also *Peor* and *Paor*), personage in the *Romance of the Rose* Bal. XVI: 10

INDEX OF NAMES 369

Paris son of Priam Lay XII: 75, 179; Past. XI: 46; Bal. IX: 23; XXXIX: 5
Paris (France) Past. III: 2; V: 45; XVI: 14 (refrain)
Pau city in the department of Basses-Pyrénées located on the Gave de Pau Past. IX: 3
Pegason Pegasus Bal. VI: 15
Penelope Bal. VI: 7
Peres God the Father (See *Diex*.) Lay XIII: 173; CR V: 8; VI: 40
Peronnelle a shepherdess Past. II: 39
Perrette de la Bruiere a shepherdess Past. XX: 52
Perros a shepherd Past. XI: 73
Perros du Mainne a shepherd Past. III: 13, 37
Perrotins a shepherd Past. II: 50
Pharamon Pharamond, first king of the Franks, according to legend Bal. XXXI: 5
Phebus Phoebus (Apollo) Bal. XI: 4; XXXI: 24; XXXII: 12
Phelippe Philippa of Hainaut, wife of England's King Edward III and Froissart's benefactress and protectrice Lay VII: 50
Phelippes a young nobleman Ron. XCIII: 2
Pheton Phaeton Bal. XI: 1
Piere (Saint) Saint Peter Past. I: 50; VII: 19; IX: 37; XX: 14
Pieres a young nobleman Ron. XCIII: 1
Pieres a shepherd Past. X: 20; XIX: 72; XX: 43
Piquardie Picardy Past. III: 10; VIII: 33 (Pikardie)
Pité Pity (also *Pitié* and *Pité*), personage of the *Romance of the Rose* Lay II: 149; XII: 5, 30, 85, 140, 241, 257; Ron. XV: 2; XXV: 2; LXXIII: 5
Plaisance Pleasure personified Lay VI: 197; XII: 51, 88, 211, 231; CR I: 15, 30; II: 28; III: 48; Bal. XIII: 9; Ron. CVI: 2; App.: Ron. I: 1
Plaisance a fountain Past. XI: 83; Ron. XII: 1
Platon Plato Lay III: 124; XI: 173; Bal. VI: 8
Poitevin name of a wine treated as a personage Past. V: 14 (refrain), 15, 20, 35, 64
Polixena Polyxena Bal. XXXV: 4, 10, 25; XXXIX: 1
Portugal Past. IX: 12
Poupee a shepherd Past. XII: 21
Praiaus Préaux, small locality near Ath, Belgium Past. IV: 1
Priamon Priam Lay III: 118; Bal. XXXV: 2 (Priant)
Prouvence Provence Past. VIII: 32
Pymalion Pygmalion Lay I: 145; XII: 45; Bal. VI: 17; XXXVIII: 19

R

Raimbours a shepherd Past. XVII: 72
Raouls a shepherd Past. II: 30; X: 35
Refus Refusal personified Lay IV: 142; XI: 153; XII: 250; Bal. XVI: 9
Renauls Fromons a shepherd Past. XX: 20
Renier a peasant Past. I: 43
Rion Riom, sub-prefecture of Puy-de-Dôme Past. XV: 14, 56
Riviere (1) city in the arrondissement of Chinon, department of Indre-et-Loire; (2) commune of Puntous, department of Hautes-Pyrénées Past. IX: 21

Riviere the Lord of la Riviere Past. XV: 33
Robin a peasant Past. VIII: 20; XI: 71; XIV: 65; XVIII: 65
Robins Coursable a shepherd Past. XV: 49
Robins d'Aire a shepherd Past. XVIII: 15
Robins de la Bassee a shepherd Past. XII: 50
Robins Hume-Vent a shepherd Past. XVI: 9, 21, 26, 43, 51
Roes Roeulx (?), northeast of Mons, Hainaut, Belgium Past. VII: 1
Rogier de Sauveterre a shepherd Past. XII: 72
Rogier Triquedondainne a shepherd Past. XIX: 33, 43
Rollant a shepherd Past. XX: 13
Rollant a greyhound Past. VIII: 25
Roumorentin Romorentin, sub-prefecture of the department of Loir-et-Cher Past. XIV: 1
Ruielle a shepherd Past. XX: 34

S

Sainne the Seine Past. III: 1
Saint Denis sub-prefecture of the arrondissement Seine, on the canal of Saint Denis, north of Paris Past. XVI: 33
Saint Esperit the Holy Spirit, also called the Holy Ghost in the King James Version of the Bible Lay XIII: 52, 174 (Sains Esperis); CR V: 11 (Sains Esperis); VI: 14 (Sains Esperis)
Saint Omer sub-prefecture of the department of Pas-de-Calais Past. XX: 43
Saint Remi Saint Remy, town situated in Hainaut between Avesnes and Berlaimont Past. VII: 39
Saint Sacrement the Eucharist CR V: 36
Saint Venant city of the arrondissement of Béthune, department of Pas-de-Calais Past. XII: 30 (See also Past. XI: 72.)
Salemon Solomon Lay III: 122; XI: 171
Salome one of the women who companied with Jesus in Galilee. She was present at the crucifixion and among those who came to the tomb of Jesus on the morning of the resurrection. Lay XIII: 120
Sanson Samson Lay XI: 167
Sapience Wisdom Literature of the Old Testament CR VI: 32
Sarrasin the Saracens Past. XVIII: 36
Sarre a shepherdess Past. XI: 69
Sarre de la Buissiere a shepherdess Past. XX: 50
Sausoire Louis de Champagne, Count of Sancerre Past. XV: 32
Sausoirre Sancerre, city in the arrondissement of Bourges, department of Cher Past. IX: 21
Savoie Savoy Past. IX: 21
Seneffe village of Hainaut, Belgium, situated between La Louvière and Nivelles Past. VII: 76
Senlis sub-prefecture of the department of Oise Past. III: 26
Sens common sense, intelligence personified CR III: 17, 21, 27, 39
Septentrion the Septentrion Bal. XXXI: 22
Sohelet a shepherd Past. VI: 9
Sohiers a shepherd Past. V: 29, 48, 62
Soissons sub-prefecture of the department of Aisne Past. XX: 9

INDEX OF NAMES

Solel Helios Bal. XI: 2
Soussie a shepherdess Past. VIII: 30
Soustree a shepherd Past. XI: 69
Symons a shepherd Past. XVI: 49; XX: 62 (Simons)

T

Tantalus Lay XII: 65; Bal. XVII: 2
Tassine d'Aubri a shepherdess Past. XI: 71
Thessalle Thessaly Past. XVII: 58
Thetis Bal. VII: 18
Thier the village Chiercq (?), located between Tornai and Valenciennes (Bartsch) Past. VII: 67
Thieris a shepherd Past. V: 43; VII: 12; X: 58; XII: 59
Thieris le Viaus a shepherd Past. IV: 34, 39
Tholomee Ptolemaea, died for love of Nestor in India according to an unidentified incident Bal. IX: 10 (refrain), 25
Thomas a young nobleman Ron. XCIII: 2
Thoumas a blazoner Past. IX: 39
Thumas a shepherd Past. XI: 74
Tourainne Louis, Duke of Touraine, grandson of John II, the Good Past. XVI: 60
Tremoulle Guy de la Trémouille Past. XV: 33
Tristran a greyhound Past. VIII: 25
Tristrans Tristan Lay XII: 75; Bal. I: 25; II: 8 (refrain), 24
Triviere Trivières, locality in Hainaut, Belgium, southwest of La Louvière Past. III: 67

V

Vacaris a shepherd Past. X: 27
Valentine a peasant Past. XVI: 15
Venus Bal. IX: 2, 15
Viels Testamens See *Ancien Testament*.
Virgene the Virgin Mary (See *Marie*.) Lay XIII: 51; *Virgne* Lay XIII: 125, 183, 225, 240; CR V: 10, 13, 16, 19, 24, 33, 51, 56; VI: 3, 13, 15, 24, 35, 46, 56
Volcanus Vulcan Bal. IX: 16
Vregi (la Chastelainne de) the Chatelaine of Vergy, the subject of a metrical romance of the same name. The story also forms the substance of the seventieth tale of Marguerite de Navarre's *Heptaméron*. Lay IX: 159
Vregile Vergil Bal. VI: 8

W

Warneston Warneton, city in the arrondissement of Ieper, West Flanders, Belgium Past. XII: 1
Wesmoustier Westminster Lay VII: 65; Past. II: 1
Willemes Louviere a shepherd Past. I: 14

Y

Yolant a shepherdess Past. X: 17; XIX: 25
Ypomenes Hippomenes Lay XII: 216
Ysaïe the prophet Isaiah of the Old Testament Lay XIII: 59; CR V: 15
Ysseus Isolde Lay IX: 157; Bal. IX: 10 (refrain), 24
Ytalie Italy Bal. XXXI: 11
Yzabel a shepherdess Past. VI: 41; XI: 31 (Yzabiel); 33 (Ysabiaus); XVII: 43 (Ysabiaus)
Yzabelet des Pieres a shepherdess Past. X: 52, 75

Z

Zephirus Zephyrus Past. XVII: 66; Bal. VII: 15; XXXI: 17

BIBLIOGRAPHY

Anglade, Joseph. *Grammaire Elémentaire de l'Ancien Français.* Paris: Librairie Armand Colin.
Arnaud, Leonard E. "The *Sottes Chansons* in Ms. *Douce 308* of the Bodleian Library at Oxford," *Speculum,* XIX (1944), 68-88.
Bastin, Julia. *Froissart, Chroniqueur, romancier et poète.* 2nd ed. Bruxelles: Office de publicité, 1948.
Bartsch, Karl. *Introduction to the History of Provensal Literature.* Translated by Robert White Linker. Chapel Hill, 1963.
Bossuat, Robert. *Le Moyen Age.* Paris: del Duca, 1962.
Coulton, G. G. *The Chronicler of European Chivalry.* London: Studio, 1930.
Darmesteter, Mary. *Froissart.* Paris: Les Grands Ecrivains, 1894.
Davidson, F. J. A. "Froissart's Pastourelles," *Modern Language Notes,* XIII (1898), 229-231.
des Ombiaux, Maurice. *Froissart et le Génie du Hainaut.* Bruxelles: Les Editions de Belgique, 1935.
Faral, Edmond. "La Pastourelle," *Romania,* XLIX (1923), 204-259.
Froissart, Jean. *L'Espinette Amoureuse.* Ed. Anthime Fourrier. Paris: C. Klincksieck, 1963.
Froissart, Jean. *Œuvres de Froissart (Chroniques).* Ed. Baron Kervyn de Lettenhove. 25 vols. Reprint of the 1867-77 edition. Osnabrück: Biblio Verlag, 1967.
Froissart, Jean. *Œuvres de Froissart (Poésies).* Ed. Auguste Scheler. 3 vols. Bruxelles: Victor Devaux et Cie., 1870-72.
Gossen, Charles Théodore. *Petite Grammaire de l'Ancien Picard.* Paris: C. Klincksieck, 1951.
Graham, Audrey. "Froissart's Use of Classical Allusion in His Poems," *Medium Ævum,* XXXII (1963), 24-33.
Hoepffner, E. "La Chronologie des 'Pastourelles' de Froissart," *Mélanges offerts à M. Emile Picot.* 2 vols. Paris, 1913.
Jones, William Powell. *The Pastourelle: A Study of the Origins and Traditions of a Lyric Type.* Cambridge: Harvard Univ. Press, 1931.
Kervyn de Lettenhove, J. M. B. C. *Froissart. Etude Littéraire sur le XIVme siècle.* 2 vols. Paris: A. Durand, 1857.
La Curne de Ste. Palaye, Jean-Baptiste de. *Memoirs of the Life of Froissart.* Translated by Thomas Johnes. London: Nichols and Sons, 1801.
Leleu, Maurice Alexis. "Les Poésies de Froissart," *Mémoires de l'Académie des Sciences, des Lettres et des Arts d'Amiens.* XXXVI (1889), 31-131.

St. Leger, Barry. *Froissart and His Times*. 3 vols. London: Henry Colburn and Richard Bentley, 1832.

Shears, F. S. *Froissart, Chronicler and Poet*. London: George Routledge & Sons, Ltd., 1930.

Whiting, B. J. "Froissart as Poet," *Medieval Studies*, VIII (1946), 189-216.

Wilmotte, Maurice. *Froissart*. Collection "Notre Passé." Bruxelles: Renaissance du Livre, 1944.

Wilmotte, Maurice. "Le Sixième Centenaire de Froissart," *Flambeau*, Oct. 1937.

NORTH CAROLINA STUDIES IN THE ROMANCE LANGUAGES AND LITERATURES

I.S.B.N. Prefix 0-88438

Recent Titles

THE OLD PORTUGUESE "VIDA DE SAM BERNARDO," EDITED FROM ALCOBAÇA MANUSCRIPT CCXCI/200, WITH INTRODUCTION, LINGUISTIC STUDY, NOTES, TABLE OF PROPER NAMES, AND GLOSSARY, by Lawrence A. Sharpe. 1971. (No. 103). *-903-0.*

A CRITICAL AND ANNOTATED EDITION OF LOPE DE VEGA'S "LAS ALMENAS DE TORO," by Thomas E. Case. 1971. (No. 104). *-904-9.*

LOPE DE VEGA'S "LO QUE PASA EN UNA TARDE," A CRITICAL, ANNOTATED EDITION OF THE AUTOGRAPH MANUSCRIPT, by Richard Angelo Picerno. 1971. (No. 105). *-905-7.*

OBJECTIVE METHODS FOR TESTING AUTHENTICITY AND THE STUDY OF TEN DOUBTFUL "COMEDIAS" ATTRIBUTED TO LOPE DE VEGA, by Fred M. Clark. 1971. (No. 106). *-906-5.*

THE ITALIAN VERB. A MORPHOLOGICAL STUDY, by Frede Jensen. 1971. (No. 107). *-907-3.*

A CRITICAL EDITION OF THE OLD PROVENÇAL EPIC "DAUREL ET BETON," WITH NOTES AND PROLEGOMENA, by Arthur S. Kimmel. 1971. (No. 108). *-908-1.*

FRANCISCO RODRIGUES LOBO: DIALOGUE AND COURTLY LORE IN RENAISSANCE PORTUGAL, by Richard A. Preto-Rodas, 1971. (No. 109). *-909-X.*

RAIMON VIDAL: POETRY AND PROSE, edited by W. H. W. Field. 1971. (No. 110). *-910-3.*

RELIGIOUS ELEMENTS IN THE SECULAR LYRICS OF THE TROUBADOURS, by Raymond Gay-Crosier. 1971. (No. 111). *-911-1.*

THE SIGNIFICANCE OF DIDEROT'S "ESSAI SUR LE MERITE ET LA VERTU," by Gordon B. Walters. 1971. (No. 112). *-912-X.*

PROPER NAMES IN THE LYRICS OF THE TROUBADOURS, by Frank M. Chambers. 1971. (No. 113). *-913-8.*

STUDIES IN HONOR OF MARIO A. PEI, edited by John Fisher and Paul A. Gaeng. 1971. (No. 114). *-914-6.*

DON MANUEL CAÑETE, CRONISTA LITERARIO DEL ROMANTICISMO Y DEL POSROMANTICISMO EN ESPAÑA, por Donald Allen Randolph. 1972. (No. 115). *-915-4.*

THE TEACHINGS OF SAINT LOUIS. A CRITICAL TEXT, by David O'Connell. 1972. (No. 116). *-916-2.*

HIGHER, HIDDEN ORDER: DESIGN AND MEANING IN THE ODES OF MALHERBE, by David Lee Rubin. 1972. (No. 117). *-917-0.*

JEAN DE LE MOTE "LE PARFAIT DU PAON," édition critique par Richard J. Carey. 1972. (No. 118). *-918-9.*

CAMUS' HELLENIC SOURCES, by Paul Archambault. 1972. (No. 119). *-919-7.*

FROM VULGAR LATIN TO OLD PROVENÇAL, by Frede Jensen. 1972 (No. 120). *-920-0.*

GOLDEN AGE DRAMA IN SPAIN: GENERAL CONSIDERATION AND UNUSUAL FEATURES, by Sturgis E. Leavitt. 1972. (No. 121). *-921-9.*

THE LEGEND OF THE "SIETE INFANTES DE LARA" (*Refundición toledana de la crónica de 1344* versión), study and edition by Thomas A. Lathrop. 1972. (No. 122). *-922-7.*

STRUCTURE AND IDEOLOGY IN BOIARDO'S "ORLANDO INNAMORATO", by Andrea di Tommaso. 1972. (No. 123). *-923-5.*

STUDIES IN HONOR OF ALFRED G. ENGSTROM, edited by Robert T. Cargo and Emanuel J. Mickel, Jr. 1972. (No. 124). *-924-3.*

NORTH CAROLINA STUDIES IN THE ROMANCE LANGUAGES AND LITERATURES

I.S.B.N. Prefix 0-88438

Recent Titles

A CRITICAL EDITION WITH INTRODUCTION AND NOTES OF GIL VICENTE'S "FLORESTA DE ENGAÑOS", by Constantine Christopher Stathatos. 1972. (No. 125). -925-1.

LI ROMANS DE WITASSE LE MOINE. *Roman du treizième siècle*. Édité d'après le manuscrit, fonds français 1553, de la Bibliothèque Nationale, Paris, par Denis Joseph Conlon. 1972. (No. 126). -926-X.

EL CRONISTA PEDRO DE ESCAVIAS. UNA VIDA DEL SIGLO XV, by Juan Bautista Avalle-Arce. 1972. (No. 127). -927-8.

AN EDITION OF THE FIRST ITALIAN TRANSLATION OF THE CELESTINA, by Kathleen Kish. 1973. (No. 128). -928-6.

MOLIERE MOCKED: THREE CONTEMPORARY HOSTILE COMEDIES, by Frederick W. Vogler. 1973. (No. 129). -929-4.

INDEX ANALYTIQUE DE "CHATEAUBRIAND ET SON GROUPE LITTERAIRE SOUS L'EMPIRE" DE SAINTE-BEUVE, by Lorin A. Uffenbeck. 1973. (No. 130). -930-8.

THE ORIGINS OF THE BAROQUE CONCEPT OF PEREGRINATIO, by Juergen S. Hahn. 1973. (No. 131). -931-6.

THE "AUTO SACRAMENTAL" AND THE PARABLE IN THE SIXTEENTH AND SEVENTEENTH CENTURIES, by Donald T. Dietz. 1973. (No. 132). -932-4.

FRANCISCO DE OSUNA AND THE SPIRIT OF THE LETTER, by Laura Calvert. 1973. (No. 133). -933-2.

ITINERARIO DI AMORE: DIALETTICA DI AMORE E MORTE NELLA VITA NUOVA, by Margherita de Bonfils Templer. 1973. (No. 134). -934-0.

L'IMAGINATION POETIQUE CHEZ DU BARTAS, ELEMENTS DE SENSIBILITE BAROQUE DANS LA "CREATION DU MONDE," by Bruno Braunrot. 1973. (No. 135). -935-9.

ARTUS DÉSIRÉ, PRIEST AND PAMPHLETEER OF THE SIXTEENTH CENTURY, by Frank Giese 1973. (No. 136). -936-7.

JARDIN DE NOBLES DONZELLAS BY FRAY MARTÍN DE CÓRDOBA, by Harriet Goldberg. 1974. (No. 137). -937-5.

MOLIERE: TRADITIONS IN CRITICISM, by Laurence Romero. 1974 (Essays, No. 1). -001-7.

STUDIES IN TIRSO, I, by Ruth Lee Kennedy. 1974. (Essays, No. 3). -003-3.

LAS MEMORIAS DE GONZALO FERNÁNDEZ DE OVIEDO, Vols. I and II, by Juan Bautista Avalle-Arce. 1974. (Texts, Textual Studies, and Translations, Nos. 1 and 2). -401-2; 402-0.

ESTUDIOS DE LITERATURA HISPANOAMERICANA EN HONOR A JOSÉ J. ARROM, edited by Andrew P. Debicki and Enrique Pupo-Walker. 1975. (Symposia, No. 2). 952-9.

When ordering please cite the *ISBN Prefix* plus the last four digits for each title.

www.ingramcontent.com/pod-product-compliance
Lightning Source LLC
Chambersburg PA
CBHW030603230426
43661CB00053B/1824